# コルチャックと「子どもの権利」の源流

塚本 智宏

子どもの未来社

# 目　次

はじめに　7

## 第Ⅰ部　コルチャックとはだれか

### 第1章　コルチャックの生涯と業績 ─────────── 14
1. 子どもの権利条約とコルチャック・ポーランド　14
2. ヤヌシュ・コルチャック小伝　生涯と作品　18
3. コルチャックは世界にどのように知られるようになったか　28
4. 日本におけるコルチャック受容　35

### 第2章　「最後の行進」伝説の虚像と実像 ─────────── 38
はじめに　子どもを育てること、匿い守ること　38
1. 最後の行進伝説　39
2. 貨車に向かうコルチャック　41
3. 孤児院から積換場へ　45
4. 「ドイツ人による救済」　50
5. コルチャックと子どもたちの最後　55
6. コルチャックが守ろうとしたもの　58

## 第Ⅱ部　国際的な子どもの権利史の幕開け

### 第1章　1924年ジュネーブ宣言の成立と子どもの権利
　　　　　─E. ジェブと子どもの権利宣言 ─────────── 62
はじめに　62
1. ジュネーブ宣言前史　63
2. ジュネーブ宣言成立の過程　74
3. ジュネーブ宣言と子どもの権利　83
補論①　研究動向　ジュネーブ宣言とコルチャック　84
補論②　研究動向　子どもの権利史研究の一動向、
　　　　M. リーベルの問題提起「下からの子どもの権利」　86

第2章　ロシア革命とヴェンツェリの子どもの権利宣言 ──── 90
　はじめに　90
　1. ヴェンツェリ『子どもの解放』（1906年）と
　　　「子どもの権利宣言」の提起　92
　2. ヴェンツェリの子どもの権利論とロシアの家族　101
　3. M.I. レヴィチナの子どもの権利論　104
　4. 1917年2つのロシア革命とヴェンツェリ子どもの権利宣言　107
　5. 本章のまとめ　113

第Ⅲ部　コルチャックの子どもの権利思想と実践
　第1章　"子ども＝すでに人間"思想の誕生と発展 ──── 120
　　はじめに　120
　　1.「子どもはすでに人間である」　122
　　2.「子どもの発見者」について　124
　　3. 子どもを人間として尊重する思想とその方法的態度
　　　　その後の展開（1918-1939年）　127
　　4. 子どもの歴史具体的問題状況
　　　　──ユゴー『レ・ミゼラブル』とワルシャワの子どもたち　132
　　5. 本章のまとめ　138

　第2章　子どもの権利思想と実践──探究のプロセス ──── 140
　　はじめに　140
　　1. 小児科医として　乳幼児研究の時代（1906-1912）
　　　　「子どもの権利」のための闘い　141
　　2. ポーランドの独立と子どもの大憲章
　　　　（『子どもをいかに愛するか』1918-1920）　145
　　3. 孤児の家「仲間裁判」の実践と
　　　　子どもの権利の2つのレベル（1912-1914, 1917-）　148
　　4. 1921年小児科医協会と憲法　子どもの生存に対する権利　150

5. 1921年『春と子ども』子どもの解放と子どもへの配分要求　152
6. 子どもへの権利の問いかけと対話　児童文学マチウシの連作　155
7. ジュネーブ宣言と1929年『子どもの尊重される権利』　158
8. 本章のまとめ　166

## 第3章　コルチャックと現代——コルチャックを読む　171
はじめに　171
1. 子育ての困難（子どもを持つ親たちへ）　171
2. 子どもの人間としての子どもの権利の尊重
　　（子ども支援に関わる人々へ）　190
3. 教育者の責任と成長（教師・教育者へ）　198

あとがき　207
注　211
年譜　コルチャックの作品と生涯　235
資料　コルチャック『子どもの尊重される権利』（1929年）　237
文献リスト　262

---

（時間のない人へ）
＊コルチャックという人物を手短に知りたい人　⇒第Ⅰ部第1章の2
＊コルチャック映画「最後の行進」に関心がある人　⇒第Ⅰ部第2章
＊コルチャックの思想についてコンパクトに知りたい　⇒第Ⅲ部第3章
＊コルチャックの思想の形成について知りたい人　⇒第Ⅲ部第1章,第2章
＊国際的な子どもの権利史について知りたい人　⇒第Ⅰ部第1章,第Ⅱ部第1・2章
＊直かにコルチャックが書いたものを読んでみたい人　⇒第Ⅲ部第3章,巻末資料

## はじめに

　私は、1989年国連子どもの権利条約の起源を探る動機から、コルチャックの思想とポーランドの子どもの歴史を調べ、調べたことをそのままいくつかの論文にしたものや講演記録、さらにポーランドの雑誌論文の翻訳をもとに、2004年に『コルチャック　子どもの権利の尊重』（子どもの未来社）を出版させてもらった。直後、各地に子どもの権利条例をつくる動きが現れるなかで、コルチャックの子どもの権利の考え方について札幌市や恵庭市、士別市などでお話しする機会があった。他に子ども・教育関係の団体からも要請があり講演し交流する機会にも恵まれた。2004年の拙著は、教育の現場で、児童福祉関係の大学でのテキストやコルチャック教育論の入門書などとして利用されてきたように思う。

　その後、文部科学省の科研費を受けて、コルチャックの思想を本格的に調査する歴史研究の機会に恵まれた。2007-2009年の3年間にワルシャワを3度訪れ、2014-2016年の3年間にはモスクワ・ジュネーブとともに再度ワルシャワを訪れることができた。

　その間2010年には、国際コルチャック協会がヨーロッパ各市やイスラエルで開催してきたコルチャック国際会議を日本ではじめて、日本ヤヌシュ・コルチャック協会の主催で開催することができ、多様なコルチャック研究やその蓄積の国際水準に接することができた[1]。また、条約成立後ポーランドに誕生した子どもの（権利）オンブズマン庁から招待を受け、2012年、コルチャック没後70年記念のワルシャワ国際会議に参加し、日本の子どもたちの権利の現状に関するコルチャック的アプローチについて報告する機会もあった[2]。そのレセプションで、オンブズマン庁官M.ミハラック氏が、日本（東京・札幌）でも同時開催していた国際コルチャック年の成果はいかに？　と尋ねられ、「子どもの権利は…」と口ごもっていると、返事を待つことなく、氏の方から笑顔で冗談まじりに、「そうですか。（これほどのイベントをやっている）こちらでも大人の反応はさっぱりだ」と言われたのを記憶している。同じレセプションにスウェーデン出身で当時ヨーロッパ評議会の人権担当コミッショナーのトーマス・ハンマーベルリ氏が参加されており、日本からの参加者に興味をもち、話しかけてくれた。「日本にはコルチャック研究者は何人いるのか」と……。けっ

して多くはないだろうという、いやむしろ圧倒的に少数派であろうというような、これも笑顔での質問であった。彼は、コミッショナーとして人権・子どもの権利認識に関わるコルチャックの見解をメインとする国際的な学習セミナーを何度か開催していた。そういった機会で彼が述べていたことをときおり思い出す。子どもの権利を実現することについて、実は世界でも多くの（大人たちの）「抵抗」に直面しているのだということである。彼は言う。

「（我々の）目標は、より大きな受容性の文化すなわち子どもの意見を受け入れこれを尊重する、そういった文化を創造することである。不幸なことに多くの大人がこの見通しを脅威とみなしているのである。子どもの影響力の問題をゼロサムゲームのように、一方の側が勝てば他方が何かを失うというような状況とみなしているのである」と[3]。

　日本は、子どもの権利条約の中の最も重要な部分、子どもの意見表明権について、国連の子どもの権利委員会によって、日本の大人たちの子どもに対する「伝統的な見解」のためにこれを受容することができないでいるとの評価を下され続けている。その大人の伝統的な見解が、長期にわたり形成されてきた歴史的なものだと考えるとき、やはりじっくりと進む以外にないのだとも思う。子どもの権利の前進のためには、コルチャック流にいえば「大人の成長が不可欠」なのである。

　目の前で子どもの権利・人権状況が危機的とも思える状況に直面している人々にとっては、歴史から何が学べるのかということについてはあまりに迂遠に感ぜられるかもしれない。しかし、子どもの権利・人権という、子どもを守り・発達させ・その存在価値を高める概念装置が、どんな歴史社会を背景にして登場し、どんな子どもたちの生活をきっかけとして、どんな子どもたちと共に、どんな大人たちがその権利を大人たちの議論の場に持ち込んだのか。なぜその概念が社会の中に定着しないのか、あるいはどんな類のものであれば大人たちは受け入れようとするのか、また、彼らがどんなときならそれを受け入れようとするのか。こういったことを、現代的な課題で子どもたちと向き合う人々と研究会や学習会など触れ合う機会の中で考え続けてきた。それらの会の中では、現実の困難や努力をいつもそこから基本的に学ぶ立場で、そこで学んだものを歴史のフィールドに持ち帰るという、そんな参加者として加わってきた。本書は、歴史のフィールドでの研究の成果を多少なりとも現場に返し、貢献で

きればと願うものである。

　筆者は、子どもの権利・人権思想のパイオニアといわれる、コルチャックの思想や実践を主として解明しようとするところから研究をはじめたが、彼の生きた時代は、彼のみならず多くの人間たちが子どもの権利について考えはじめていた時代である。例えば、隣国ロシアの革命を志向するリベラリスト、K.N. ヴェンツェリも、また古くから知られてきたイギリスの国際的な社会事業家 E. ジェブも、ほぼ同じ歴史の中にあって、子どもの権利の前進に貢献してきた人物であり、本書では彼らの考え方や行動を検討することが不可避となった。1989 年に子どもの権利条約が成立するまでを遡れば、この時代がオーソドックスな意味で子どもの権利史の草創期といえるのではないかと考えた。ジュネーブ宣言が成立し、その直後までの時期で終わっているが、少なくともコルチャックの子どもの権利に関する思考・探究の歴史的なプロセスの解明に一定程度迫ることができ、この段階でひとまず広く皆様に問うことが可能となったと考える。本書を『コルチャックと「子どもの権利」の源流』と名づけたゆえんである。

　コルチャックについて現時点で到達している事実認識や理解から振り返ると、前著『コルチャック　子どもの権利の尊重』は、率直に言って、粗削りな試作品であったと評価せざるをえない。これを機会に同書の大幅な改訂版として本書を公刊することをご容赦願いたい。

　以下、本書で検討することについて概要を示しておきたい。
　第Ⅰ部第 1 章では、全体としてコルチャックが世界に知られるようになるまでの歴史的な背景について、また、子どもの権利条約の精神との関わり、また、彼の生涯と活動、業績についての概要（前掲拙著のまま）を踏襲・確認し、加えて、日本では、どのような経緯で関心が高まるようになったのかを紹介し、さらに第 2 章では、よく知られているコルチャックの「最後の行進」という、いわば伝説について、その虚像や実像の考察を試みている。
　第Ⅱ部では、コルチャックが子どもの権利思想を形成する時代のなかで、各地に現れていた多様な子どもの権利論、また、その背後で様々な分野で活発に議論されていたヨーロッパの児童保護・権利擁護の動向をとらえることを課題としている。その上でとりわけ激動の歴史を経験し、ポーランドにも直接間接

の影響を与えていたロシア革命の動向と、そこでのヴェンツェリによる「子どもの権利宣言（1917年）」の構築の過程を明らかにし、若干時期が遅れて第1次世界大戦後に活発化する戦時・戦後救済のなかから生まれてくる、イギリスのE.ジェブの児童救済活動に端を発する「国際連盟ジュネーブ子どもの権利宣言（1924年）」について、当時の女性の権利や児童憲章づくりの国際的な社会活動との関連においてその成立過程を解明し、それらの歴史的意義を考察している。

　そして、第Ⅲ部では、前Ⅱ部をふまえて、コルチャックの"子ども＝すでに人間"思想形成と子どもの権利思想の探究の過程を解明し（第1・2章）、本書の中心課題の考察をしている。また、第Ⅱ部と第Ⅲ部は、全体として国際的な子どもの権利史の草創期を対象としており、そこでコルチャックとともに子どもの権利のフロンティアたちといえるだろうジェブとヴェンツェリという、3者の子どもの権利史における国際的な位置をおおよそ示すことができたと考えている。また、本研究の進展と同時に、第Ⅱ部補論①②で、近年すすめられてきたヨーロッパの関連する研究動向について言及し、あとがきとともに今後の子どもの権利論の歴史研究に一定の先鞭をつけることができたと自認している。最後に、第3章は、2004年拙著からほぼそのまま転載している。現代においてコルチャックを直接読むときの関心の所在、意義を考察したものである。

　なお本書巻末に、コルチャックの著作で子どもの権利論に関して、『子どもをいかに愛するか』と並んで、最も重要と考えている『子どもの尊重される権利』を資料として紹介した。今後のコルチャックの思想翻訳紹介がすすむひとつの契機となればとも思っている＊。

＊本書初出一覧
　本書は、前掲拙著『子どもの権利の尊重』から再掲した一部を除いて[4]、この間学会発表したものあるいは論文で公表してきたものを再構成し、また部分的に書き改めたものである。第Ⅰ部第1章の1は⑤より転載、第2章は⑥をもとに執筆、第Ⅱ部第1章と第2章は基本的に②と③によって、第Ⅲ部第1章と第2章はそれぞれ④と①によって転載・一部修正執筆しており、第Ⅰ部第1章の2.と3.並びに第Ⅲ部第3章は前掲拙著より再掲した。今回掲載した資料、1929年『子どもの尊重される権利』は、⑦を土台に一部訳を改め掲載した。
①「コルチャックの子どもの権利思想の展開とジュネーブ宣言」（『子どもの権利研究第29号　子どもの権利が拓く』）2018年2月
②「1924年ジュネーブ宣言の成立と子どもの権利」（『子どもの権利研究第28号　子どもの権利が拓く』）2017年2月

③「20世紀初頭ロシアの子どもの権利宣言・児童法制度をめぐる思想動向と児童保護問題」(『東海大学国際文化学部紀要』第9号) 2016年
④「ヤヌシュ・コルチャックの子ども・教育思想の歴史的形成 (1890-1920年代)」(『名寄市立大学紀要』第4号) 2011年
⑤論文連載記事「コルチャック先生と子どもの権利」(『子どものしあわせ』694-710号) 2008-2010年
⑥「コルチャック先生『最後の行進』―種々の証言と記憶」(「日本教育学会ラウンドテーブル報告 2013年8月28日」)
⑦拙訳「子どもの尊重される権利(子どもの権利の尊重)」(『季刊教育法』92号、pp.94-98) 1993年 [5]

　この間コルチャックの研究を通じて、多くの方々のお世話になってきた。研究の面では、ポーランドに行くたびにお世話になった松本照男氏、奥様ハリーナさん(故人)、大澤(鈴木)亜里ご夫妻、W.タイス・バルバラご夫妻、そして国内では日本教育学会でのラウンドテーブルを開催し、ずっと研究をともにしてきた石川道夫さん、小田倉泉さん、さらに、子どもを守る会の会長であられた故正木健雄氏、また、ずっと以前から子どもの権利条約の研究仲間として受け入れてくださった「子どもの権利条約総合研究所」の喜多明人氏と荒牧重人氏、そして、コルチャックの世界に直接・間接に導いてくれた先輩たち、新保庄三さん、藤井忠英さんと井上文勝さんらにも、心から感謝の気持ちをここに表しておきたい。
　そして最後になるが、私の家族たち、教師として働きながら私の生活を支えてきてくれたパートナー塚本裕子、また、それぞれ看護師、児童福祉司、特別支援教育教師として子どもに関わる仕事に就き、いずれも子どものことを教えてくれ、またコルチャックの話を聞いてくれる娘たちにも、心から感謝したい。

2019年3月　塚本智宏

# 第Ⅰ部

## コルチャックとはだれか

# 第1章
# コルチャックの生涯と業績

## 1. 子どもの権利条約とコルチャック・ポーランド

　本年（2019年）、国連採択30周年を迎える子どもの権利条約。条約が成立するまでに長い子どもの歴史があった。国連の条約策定の中心にいた人物、ポーランド人アダム・ウォパトカ（Łopatka, Adam, 1928-2003）はその晩年、ポーランド国内向けにこの条約成立に自らが強く関わったその理由を、自国の子どもの歴史との関連で次のように説明している。

ヤヌシュ・コルチャック

　「ポーランドには世界の子どもの運命を好転させる事業に従事する固有の国際的伝統があった。その伝統は子どもの悲運に対するポーランド社会の特別なアレルギーに根ざすものであった。世界大戦のさなか、第1次大戦とそして特に第2次大戦中、ポーランドの子どもたちは筆舌に尽くし難い苦痛を経験した。（中略）こうした状況はポーランド政府が、世界の子どもたちの運命を好転させることに対する責任を引き受けようとするその動機となっているのである。世界の子どもの運命は、知られているように、しばしば悲劇的であったし、そして、いまも悲劇的である。」（ウォパトカ論文「子どもの権利条約成立の周辺」）⁶

　ここでは、ウォパトカのいうポーランドの子どもの悲運、並びにポーランド政府が引き受けるべきとする責任の意味について考えておく。

## (1) ポーランドの子どもの悲運と記憶

　第2次世界大戦中の子どもたちの悲運、その元凶は、ウォパトカによれば、ポーランド領内で行われた軍事行動であり、「子どもたちは飢えに苦しみ、健康を保つ回路をまた教育を受ける回路を奪われ、力ずくで労働を強いられた。第2次世界大戦において、子どもたちは家族と共にそれまで住んできた居住地からみないっせいに退去させられたり、ポーランド人家族から引き離されドイツ化の運命をたどる者たちもあった。医学的実験の犠牲になるユダヤ人やジプシーの子どもたちもいた。」(同上)[7]

　この戦争で亡くなった子どもは、最近の研究によると、16歳未満のポーランド人180万人（内ユダヤ系ポーランド人60万人）、16歳から18歳までの犠牲者は22万5千人。ドイツ化の目的で第三帝国へ連れ去られたのが約20万人で、そのうち戻ってこられたのが2割弱で、以上の総数、未成年の子どもの被害者合計は222万5千人で、ポーランド被害者全体の実に35％を占めた。第2次大戦で人口比での成人を含め死者の割合が最も高かったのはポーランドだが、さらにこれほどの子どもの犠牲者が出たのもこの国だった。

　ウォパトカは、先に引用したように子どもたちの「悲運」を列挙しているが、その1つで、しかし今徐々に人々の記憶から遠ざかろうとしている歴史的事実に言及している。ナチスドイツがウッヂに建設したポーランド人の子ども専用の強制収容所では、1000人の子どもたちが亡くなったという。

　2008年の夏、そのウッヂの収容所跡地を訪れた。今は木々の豊かな気持ちの良い公園となっているが、その一角に記念碑「子ども受難の碑」があった。足元には鋼板の堅い文字型が、一語一語、刻まれていた。大人たちの苦い記憶である。

　　　Odebrano　Wam　Zycie
　　　Dzis　Daiemy　Wam
　　　　Tylko　Pamiec
　　　あなたたちの　奪われた　命
　　　今日　あなたたちに　さしあげます
　　　私たちの記憶のなかの命として

2008.7.27. 筆者撮影

## (2) コルチャック先生と子どもたち

　コルチャック先生が院長であった孤児院の子どもたち約200人もユダヤ人で、同じポーランドの子どもたちの「悲運」の歴史のなかにあった。
　ヤヌシュ・コルチャック（本名ヘンリク・ゴールドシュミット，1878-1942）は、ポーランドでは「コルチャック先生（博士）」として知られ、ワルシャワで活躍した小児科医であり、作家であり、人間としての子どもを探究し、子どもの権利の擁護を求めた教育者である。1930年代後半、国営ラジオ放送番組（老博士のお話）のパーソナリティーとしても有名であった。
　彼は、1939年にナチスドイツがポーランドを占領した後は、生活の場所を1940年末までに子どもたちとともにユダヤ人ゲットーに移される。1942年8月には、そこから子どもたちと一緒にウムシュラクプラッツ（積換場、駅）に移動させられ、さらに列車でトレブリンカ絶滅収容所へ送られた。この間のコルチャックと子どもたちの行進を目撃した人々により、それは「最後の行進」と名づけられ、今日に伝えられている。第4節で詳述するように、その最後に至るまで彼は何度も周囲から救出の手を差し伸べられ、しかし、それらを拒否し続けたといわれる。

## (3) 大人の責任・ポーランドの責任

　コルチャックはその昔、ポーランドが第1次世界大戦終了後の1918年に、周囲3国の長い占領・支配から脱してようやく独立を果たし、この国の一時的な「春」に大人たちの歓喜の声があがったとき、これをたしなめて次のように述べた。

　「我々は、子どもたちに対して、してきた戦争そしてするだろう戦争について責任がある。また、何万人もの子どもたちがこのたびの戦争で死んだということについても責任がある。だから、今は、まだ、春の宴を祝うときではない。今はまだ鎮魂のとき、犠牲になった子どもたちの弔いの日々なのだ。」[8]

　子どもの権利条約成立の背景の第1にアダム・ウォパトカは過去の戦争のこ

とを挙げる⁹。彼は、本論冒頭で紹介した文章のなかで、コルチャックのいうこうした大人の責任を考えていたと思われる。

　第2次世界大戦当時、ウォパトカは年齢からすれば子どもで、彼に戦争責任はない。しかし大人の過ちによってもたらされた悲惨な子どもの過去を知り記憶している大人であり、今や目の前の子どもに対して過去の過ちを繰り返さない責任を有する大人である。とりわけ子どもたちに「筆舌に尽くしがたい苦痛」を与えてしまったポーランド（の大人）には、「子どもの運命を好転させる」歴史的な事業に、つまり子どもの権利条約策定に向けて、率先してたずさわる大人の責任があったし、また今後ともその責任を全うすべきだというのが彼の晩年のメッセージだったと思われる。そしてそれぞれの国の子どもの歴史に応じて、大人には果たすべき世界的責任があるのだとも。

## (4) 子ども期の新しい概念

　子どもの権利条約作成の中心人物、アダム・ウォパトカは、条約成立の背景・動機と関わって、第2次世界大戦での自国の悲惨な子どもの歴史に目を向けることのみならず、同時に、戦前ポーランドの言論界での子どもに関する新しい概念にも目を向けることを求めていた。彼によると、1918-1939年のポーランドにおいて、子ども期に関する次のような今日的な概念がすでに形成されていたこと、および、その見解表明の中心人物がヤヌシュ・コルチャックであったということである。

　「子どもは、自分の必要と利害そして権利を有する自立的な人間なのであり、単に保護や配慮の客体であるだけではなく、尊重されて当然のその利害や権利をもつ主体なのである。この概念はまた、次のことをも承認するものであった。子どもは、その発達の確かな段階において、自らの見解を形成し表明する力をすでにもっており、また、その見解は当然考慮されてしかるべきものだ。」¹⁰

　この文章はいうまでもなく、子どもの権利条約の基本精神を意識したものであるが、同時にそこにはコルチャックの見解を意識してこれを重ねたものであると見える。

私は、以前、ウォパトカが子どもの権利条約を説明する際にコルチャックの言葉を引用している事実（1996年発表の文章）[11]を紹介しながら、条約案策定の段階でもコルチャックに学んだのではないかということを推測してきた。この点は今でも推測なのだが、しかしここで重要なことは、その当時彼が述べていなかったことで、コルチャックの見解がすでに戦前ポーランドにおいて一定程度影響をもっていたという認識が示されていることである。すなわち、子どもの権利条約を推進するためのポーランドの伝統は前記の戦争での子どもの歴史のみならず、戦前の子どもに対する思想や精神に根ざすものだということである。

　コルチャックの子どもや子ども期についての見解が、ポーランドにどの程度行き渡っていたのかということは、後の第Ⅲ部で確かめることになる。いずれにしても、子どもの権利条約の基本的な考え方と彼の考え方は、まずは、第1に子どもを人間として尊重すべきだという点で基本的に同じ認識に立とうとしているということ、そして第2に、そういった基本認識を前提にして、子どもの権利（条約）を具体的な場や時に即して考えるための深いインスピレーションを与えてくれるという、実践的な支援の力があるのではないかということをここでは強調しておきたい。

　本書では、彼が子どものなかに人間を探究し、それを大切にし続けていた彼の人生や作品に学びながら、子どもの権利とは何なのか、彼の生きた時代のなかで、じっくり考えてみたいと思う。


## 2. ヤヌシュ・コルチャック小伝[12]　生涯と作品

### (1) 子ども時代と学校時代　1878-1898年

　1878（あるいは1879）年、コルチャックはワルシャワの比較的裕福なユダヤ人弁護士の家庭（祖父は医者）に生まれた。ワルシャワは当時帝政ロシアの支配下にあった。

　1886年に初等学校へ入学し、その後、1891年にはプラスキギムナジアに入

学する。入学後、彼の父が精神的な病で倒れ、1894年頃から家庭教師によって家計を助けることになる。

　ギムナジア6年生、15-16歳の彼は早くも教育問題への関心をもちはじめており、そんな彼にとって家庭教師は、子どもについて、親について、また、両者の相互関係について、観察の領域と湧き出る知識を融合するものであったという。その年に、彼の頭に浮かんだ著作計画は、「子どもという偉大なステージ、自分自身と友人の資料を入念に集めて……」「第1章　教育の環境、……第2章　世界観と人間観……第3章　思想の変革……」といったものであり、また夏（8月）に新教育に関して読んだ本（特定できず）の影響で、彼の当時の日記に書き留められたことは、「スペンサー、ペスタロッチ、フレーベルなど。いつか、僕の名前もその列に並ぶ」ことであった（この同じ3者の名は、後の1899年の「19世紀隣人愛思想の発展」に列挙されることになる――第Ⅲ部第1章参照）。さらに、翌95年1月には、教育改革に関する最初の思想が現われていたという。すなわち、「世界を改革することは、すなわち教育を改革することだ」と。これは後の『蝶々の告白』（1912年）で回想されていることである。

少年時代

　とはいえ、教育に関する仕事を将来の仕事と決定したわけではない。どのように家計を支えていくかということが彼に課せられていたからである。同年3月には将来の不安を抱えながら、「文学、これは言葉だ、他方、医学、これは行為だ」という言葉を残している。教育、作家、医者はすでに若きコルチャックのなかに同居していた[13]。

　1896年4月、父親が死亡する。同年9月には作家としてデビューする。以後雑誌『コルチェ（棘）』への作品投稿が始まる。

　1898年6月ギムナジア卒業。夏8月には『みんなの読書室』での執筆活動を開始し、このポーランド人家庭向けの週刊誌（文学と小説）の廃刊（1901年6月）まで執筆を継続した。

　ちょうどこの頃投稿した戯曲「どの道を」が翌年3月パデレフスキ賞を受賞することになる。

## (2) 大学での研究時代　1898/1899-1903/1904

　1898年ギムナジア卒業後、ワルシャワ大学（ロシアの帝国大学）に入学する。子ども・教育への強い関心を持っていたコルチャックではあったが、生活を成り立たせるためであったろう、彼が選択したのは医学部であった。しかし子どもへの強い関心は、裕福な家庭での家庭教師を続ける一方で、ワルシャワのヴィスワ河沿いや旧市街やヴォラ地区など貧しい子どもたちのもとへと足を運ばせていた。そこでの観察記録とでもいうべき文章が『みんなの読書室』に書き連ねられていたが、これが彼の最初の小説、1901年の『街頭の子ども』となる[14]。

医学生の頃

　1899年8月、ファルコフスカによると、ペスタロッチの教育学の著作にさらに親しむためにスイスへ留学する。（タデウシ・レヴォヴィツキによると、コルチャックはスイスでの医療の問題、健康サービスの問題にも関心をもっていた）[15]

　この留学先のスイスで、ある回想記録によると、「子どもたちのカール・マルクスになる」、「子どもたちの国際連帯をめざす」と彼の夢が語られたといわれている[16]。前者のフレーズは、心理学者ベッテルハイムも紹介している[17]。

　いずれにしても、子どものことは彼の頭から離れることがなかったということである。この年の論文「19世紀隣人愛思想の発展」で、彼は、子どもに対する最初の明確なテーゼ「子どもはだんだんと人間になるのではなく、すでに人間である」を提起する。

　1902年からは、ワルシャワ慈善協会主催の貧しい子どものための無料読書室でのボランティアをはじめているが、以降何年かにわたるこの読書室の仕事も彼に子どもの豊富な観察資料をもたらしたという。

　1904年の夏、医学部5年生の彼は、ボランティアとして、ユダヤ人子弟のグルー

学生仲間と夏季コロニーで（下から3人目）

プの"ミハウフカ"サマーキャンプ（夏季コロニー）に参加する。そこでの少年たちの生活に基づく観察、事実、出来事は、一連の論文執筆にインスピレーションを与える材料となり、それらは、後に「ミハウフカ、ユダヤ人児童の夏季コロニー、管理人の記録より」としてまとめられることになる。

作家としての活動は、1904年1月に週刊誌『声（グヴォス）』（文学、科学、社会科学・政治学）でコラムを手がけ、そこには「サロンの子ども」の断章も含まれていた。『街頭の子ども』と『サロンの子ども』は、文学作品としては作風の全く異なるものだが、彼の目は社会の2つの階層の子どもを見据えていた。

## (3) 小児科医時代 1905-1912年

1905年3月、医師資格を取得し、4月には市内の小児科病院（ベルソンズ－ベルマンズ病院）に勤めはじめ、途中休職はあるが、そこで7年間働くことになる。

その年の6月、すでに開戦していた露日戦争に従軍予備医として招集され、極東に向かう。彼が従事したのは軍招集の拠点地の軍の病院、また、ハルビンからハバーロフスクまでの傷病兵移送列車内の病室であった。1906年3月に帰国し、病院内の医者として、また訪問家庭医として、そして、作家としての仕事を再開する。

コルチャックは、雑誌『声』で執筆を開始していたその続きとして、雑誌『社会評論』（1907年）や雑誌『社会』（1908年）のコラムで、後に「生活の学校」というタイトルとして完成する小説（それは「空想小説」と呼んでいたが）の断章を書き続けていた。その執筆の動機は、ファルコフスカによると、「もしかしたら存在するかもしれない人類全体に奉仕する改革学校」であった。

1907年夏、彼は再びユダヤ人児童のための"ミハウフカ"サマーキャンプに参加し、さらに1908年には、はじめてクリスチャンの、すなわちポーランド人児童のサマーキャンプにも参加する。後者はシチャーヴィン村の"ウィルヘルムウカ"サマーキャンプであった。

彼は、この時期、医学知識を広げるために3度の外国旅行に行っている。1907年9月にベルリンへ1年、1910年にはパリへ半年、1911年（8月以前）にはロンドンへ1か月である。彼は『子どもをいかに愛するか』（1920年「寄

宿学校編」78章）で、ベルリンとパリについて、以下のような有名な回想を残している。

「ベルリンの病院とベルリンの医学書は、私たちがすでに知っていることについて考えることと、段階的に、体系的に先へ進むことを私に教えてくれた。パリは、私たちが知らないけれども、知ることを望んでおり、知る必要があり、知ることになるであろうことについて考えることを教えてくれた。ベルリン、それは小さな心労や努力に満ちた平日だ。パリ、それは、目がくらむような予感、強い希望、思いがけない大成功を伴う明日の祭日だ。希望の力、無為の苦痛、探求の喜びを私に与えてくれたのがパリだ。些事における単純化の技術や工夫の才、細部の調和を私はベルリンから持ち帰った。

子どもの大いなる総合。それこそが、私がパリの図書館で、興奮で顔を赤らめて、フランスの医者たちの古典的著作を読んでいたときに夢見たものだ。」[18]

以上のようにこの時期、彼は、「子どもの大いなる総合」へ向かって、小児科医として来院する親子や訪問医として裕福な家庭の親子と接しながら、また、街頭の子どもや夏季キャンプでの子どもと接しながら、ますます、子どもという存在への観察・探究を深めていった。そして、同時に、孤児院での仕事に収斂する道を歩みはじめていたのである。

彼は、1908年「孤児救済」協会のメンバーとなり、1909年には同協会運営委員となる。彼は孤児のための特別施設の建設計画を担当する人物の一人であり、現在も残るクロフマルナ通り92番地の「孤児の家」のデザインと建築に関与していたのである。

1909年いくつかのはっきりしない理由で逮捕抑留され、同じ留置場で当時の著名な社会活動家、ポーランド独立後の社会学者ルドゥィク・クシヴィツキ教授と同居することとなり、2週間後の7月20日釈放される。

1911年から1912年にかけて、ポーランド文化第5局に協力する事業のなかで、ワルシャワ市内のあちこちで、主に街の労働者を相手として、教育問題や心理学、健康問題について、一連の講話を行っている。

この時期次の本が出版されている。社会風刺『コシャウキ、オパウキ』(1905)、雑誌『コルチェ（棘）』に書いてきたものをまとめた『サロンの子ども』(1906)。

文壇ではこの作品が彼を一躍有名にした。『モシキ、ヨシキ、スルーレ』(1909) 並びに『ユジキ、ヤシキ、フランキ』(1910)、これら各々ユダヤ人とポーランド人の子どもを扱った2つのサマーキャンプ小説は、子どものための挿絵入り週刊誌『プウォミク』のコラムで連載されていたものであった。

## (4) 孤児院にて そして戦時期
## 1912-1918年

1912年10月7日、コルチャックを孤児院の院長とし、ステファニア・ヴィルチンスカを教育主任として、85人の養育生を迎え入れたクロフマルナ「孤児の家」が孤児救済協会の施設として運営を開始する。それは両者の協力によって、ひとつの"労働の家"であり、

孤児施設の子どもたちと（中央）

"生活の学校"となっていく。そこでは、「子どもたちはお客であり、働く者であり、支配人」であった。

その一方で、家庭医としての子ども医療の仕事は継続し、医学から離れることはなかったし、作家の仕事として以下の作品を出版している。『名声、ある物語』(1912)、『ボボ』、『不幸な1週間』（学校の生活より）、『蝶々の告白』。1914年に第1次世界大戦がはじまり、大尉として軍隊へ招集されると、孤児院の管理はヴィルチンスカが引き継いだ。

彼はキエフ近郊の軍の野戦病院の副病室長として任務にあたり、そこで、ワルシャワですでに着手していた『子どもをいかに愛するか』の執筆のために多くの時間を費やすことになる。

1915年12月、最初の休暇3日間を、キエフにあった寄宿制職業学校ですごした。この学校は寄宿学校教員たちによって運営されており、マリア・ロゴフスカ - ファルスカ（1877-1944、独立後ワルシャワで孤児院を経営する）がその代表であった。コルチャックは、その寄宿学校の生徒たちの力を組織化するために支援し、彼らと一緒に作成したパンフレットの前書きを書いたという[19]。

1917年、ロシア軍が解散すると、村落の家屋や別荘を利用する形であちこ

ちに散らばっていたウクライナ人児童のための複数の救貧施設で仕事を開始した。しかし、半年でその望みの薄い仕事を離れると、地下室に住んで日記を書き、また、本『子どもをいかに愛するか』の執筆をさらに続けた。帰国する前の短期間、ポーランド人学校によって運営されていた幼稚園での臨床心理の仕事に就いた。

1918年6月1日、彼は『子どもをいかに愛するか』の原稿を携え、侵略者から解放されたワルシャワに戻った。

## (5) ヤヌシュ・コルチャックの行動と創造性のピークの時期 1918-1931年

彼は「孤児の家」(ドム・シェロット)での仕事にもどっていたが、1919年には再び家庭医の仕事を始めながら、プルシクフ(1928年からはビエラヌィ)の「私たちの家」(ナシュ・ドム)の医者および雇われ人としての仕事も始めた。それはマリア・ロゴフスカ・ファルスカの経営する孤児院だった。

彼はまた「寄宿舎の教育学」を主題として講義を行う講師として、遅進児教育国立教員養成所に雇われてもいる(1919年)。

孤児施設の子どもたちと

1919年から1920年のポ露戦争の間は、ポーランド軍隊の少佐の地位につき、ウッヂの熱病病院、その後カミオネクの伝染病病院に派遣され、チフスに感染してしまう。彼の母親セシリア・ゴールドシュミットは息子の看病で感染し、1920年11月死亡する。彼はしばらくそのショックから立ち直れず、自殺まで考えたという。

その後2つの慈善施設での仕事を続けながら、国立特殊教育研究所(1922-)と福祉研究センター(1929-)の事業への協力を開始している。また、国立教員養成所(1930-)では、その運営を国立特殊教育研究所のマリア・グジェゴジェフスカと協力して進めている。さらに、しばしば官庁主催の教員らのセミナーや講習会の講師を引き受けていた。

これもよく知られているが、地方の裁判所においては少年問題の弁護のエキスパートであった。

執筆していた教育関係の定期刊行物は、『特殊学校』、『児童保護』、『子ども』(ヘブライ語)などである。彼は若者と子どものための週刊誌『小評論』を創刊した。これは新聞『我々の評論』の付録として毎週金曜日に出版されたものであった。その編集長の地位は、最初の号(1926年10月)から、彼の友人であり秘書でもあったイーゴル・ネーヴェルリに引き渡す(1930年6月)まで続いた。その後も雑誌との関係を断つことはなかった。

　1926年7月、ポーランド復活十字勲章を授与された。この時期の作品は多彩であり、出版された著作は以下のとおりである。『子どもをいかに愛するか、家庭の子ども』(1918)、『教育の契機』(1919)、『子どもたちをいかに愛するか』(1920、第1巻　家庭の子ども、第2巻　寄宿学校・夏季コロニー、第3巻　孤児の家)、『学校新聞について』(1921)、『一人神と向かい合って、祈らぬ者たちへの祈り』(1922)、『王様マチウシⅠ世、小説』(1922)、『孤島の王様マチウシ』(1923)、『若きジャックの破産』(1924)、『もう一度子どもになれたら』(1925)、『恥ずかしげもなく短い…小説』(1926)。

　1929年には、ともにコルチャックの教育学的著作としてもっとも有名な『子どもをいかに愛するか』(第2版、増補改訂版)と『子どもの尊重される権利』が出版されている。

　1931年10月ワルシャワアテナエウム劇場にて、戯曲「狂人の議会」の初公演が行われている。

## (6) 危機の時代1932-1939年

　1932年「孤児の家」から住居を移して妹アンナと同居するが、週に1度、助言者として、金曜日の午後から土曜日の正午まで滞在するようになる。

　彼は、社会保険施設でのある仕事に就き、フランス語とドイツ語新聞の内容、看護師養成カリキュラムの発展、衛生博覧会の開催、夏季サマーキャンプといったことについての報告記録を書くことになる。

　この頃、戯曲「裏庭の子どもたち」を書き、公演もされていた。この劇はタチアンナ・ヴィソツカが監督して、1933年3月に「モルスキエ　オコ」劇場で幕を開けた。

　孤児の家の財政状況は悪化し、彼は「仕事を継いでくれるべき」継承者を探し出すことに苦労していた。「私の経験の果実をどのように手渡すべきか」と

頭を悩ませていた。

　孤児の家の卒業生の招きで、1934年に3週間、1936年に6週間、パレスチナを訪れてもいる。

　1934年12月からは、「老博士」のペンネームで、子どものためのラジオ番組に出演することになり、子どもだけでなく大人にも大きな人気を得る。翌年の秋、冬に週1回のパーマネントの新しいプログラムによるトーク番組が計画されたが、ポーランドラジオ局は2月末、突然彼の番組の終了を決定した。

　2年後復帰したが、番組は不定期で、青年や大人のラジオ講座番組の担当であった。

　彼は、マリア・ロゴフスカ・ファルスカとの対立の結果、15年間の共同事業を終え、ポーランド孤児のための「私たちの家」を離れることになる。

　この頃、コルチャックはうつ病状態にあった。孤児の家と同様に、自身の事態も悪化していたのである。ポーランドにはもう自分がなすべきことは何もないのではないかと、1年間パレスチナにいく事を考えぬいたが、何度か出発を延期していた。ようやく1939年8月、パレスチナへ向かうのを10月と決意し、パレスチナの友人に伝えたが、9月にナチスドイツ軍がポーランド侵攻を開始する。

　この時期の著作には、『魔法使いのカィトゥシ』(1934)、『強情な少年、ルドゥイック・パスツールの生涯』(1938)、『おもしろ教育学』(老博士のラジオおしゃべり)(1939)、パレスチナ子ども図書と呼ばれる叢書の一部として収められているふたつの物語、『人は善いものだ』(1938)、『ヘジェックの三つの冒険』(1939) がある。

## (7) 軽蔑と絶滅の時代1939-1942年

　戦争の知らせを聞いてすぐ、彼は少佐の軍服を身につけ志願を考えた。しかし61歳という年齢のため、軍に入ることは許されなかった。しかし、彼はこの軍服を脱ごうとはしなかった。空襲のさ中、「孤児の家」は、屋根は破壊されたものの崩壊を免れていた。

　空襲の日々、ポーランドラジオ局に応援する用意があると宣言して、彼は子どもや親たちに対して落ち着くよう話すことになる。

　ワルシャワへのドイツの侵攻が始まると、友人や知人に子どもの食料や衣服

また財政的な支援を求め、「孤児の家」のいくらかのストックは「私たちの家」に廻すこともあった。「孤児の家」の子どもたちは、コルチャックとヴィルチンスカの行動によって、比較的平常な生活を送ることができていた。

11月16日、「孤児の家」はゲットーへ移動することを余儀なくされ、もとの商業学校の建物に移ったが、移動途中で馬車1台分のじゃがいもが奪われている。コルチャックはその返還を求めてドイツ軍詰め所へ向かったが、ユダヤ人腕章をつけていなかったため逮捕された。が、コルチャックはけっしてそれを身につけることはなかった。1941年10月、孤児院はゲットー内で再度場所を移されることになる。

教育は、ステファニアの指導のもとで継続されていた。コルチャックは最後まで資金の調達の役割を演じ、その努力のおかげで困難な条件のもとではあったが、ゲットーのなかで「孤児の家」は子どもと大人にとっての文化的、教育的拠点となっていた。

彼はゲットーのなかでもっとも死亡率の高い「保護センターの家」の子どもたちを医療支援するために、4週間ほど滞在している。幾分か状況は好転し、それ以来、「孤児の家」（200人の子ども）のみならず、その「保護センターの家」（500人の子ども）の世話を始めたのである。

1942年5月半ばから日記をつけはじめている。彼の日記はコルチャックの自伝であるばかりでなく、ファルコフスカによれば、子どもに関しても大人に関しても、街をそして世界のすべてを、平穏から隔絶させた侵略者ヒトラーの残忍さへの抗議宣言書でもあった。

孤児院での最後の演劇上演は7月18日で、舞台に「郵便局」のセッティングがされた。ラビンドラナサ・タゴール作、エステルカ・ヴィノグルーフカが監督である。聴衆全体が「本当に芸術的な劇と子どもたちの演技」に心を動かされた。

7月22日、コルチャックの誕生日は、ユダヤ人絶滅をねらった「ユダヤ人東方移動」の最初の日であった。

8月6日、コルチャック、ヴィルチンスカ、200人の子どもたち、そして、孤児院のスタッ

50代

第1章 コルチャックの生涯と業績

フは貨物移送所ウムシュラクプラッツに連行される。そこから彼らはトレブリンカ絶滅収容所へ移送された（後になって知らされることだが）。この「最後の行進」については次章で考察する。

## 3. コルチャックは世界にどのように知られるようになったか

以下本節は、特別の注がない限り以下の論文を典拠としている。
　アレクサンデル・レヴィン「思想のさまよいかヒューマニティのモデルか」
(Aleksander Lewin, The Wanderings of Ideas or a Model of Humanity? "Dialogue and universalism", No.9-10 / 1997, pp.11-24)

### (1) 第1次世界大戦から第2次世界大戦まで
　——帝国ロシアと社会主義ロシアへ、そしてイスラエルへ

　コルチャックの思想がポーランドを越えて外国に達しはじめたのは、きわめて早い時期からである。
　まずは1908年ロシアで*、サマーキャンプ（夏季コロニー）への訪問と経験に関する諸論文（「夜明けの子どもたち」は雑誌『教養』1908年の各号に連載）にはじまり、『サロンの子ども』からの断章、『モシキ・ヨシキ・スルーレ』はヴィルノで1911年に単行本として刊行されている。コルチャックが活動したポーランド・ワルシャワがロシア帝国の植民地に位置していたことはいうまでもないが、A. レヴィンによれば、その出版はユダヤ系出版社の努力によるという。しかし、ほぼ同時期ロシアの教育家 M. シャツキーがモスクワ近郊で同様のサマーキャンプ活動を行っており、共通の歴史的土壌をもったのである。このことはコルチャックとロシアのさらに2つの注目すべき事実を確認するうえでも重要である。そのひとつ、レヴィンは、その頃コルチャックに対して同様の活動をしていた人物たちが彼とコンタクトをとっていたかもしれないと述べている。というのも、モスクワで1915年に近代的な養護教育の施設建設が計画されたが、それは1912年に完成し、これをコルチャックが以後長きにわたって

主宰するクロフマルナの「孤児の家」をモデルとしていたからである。

> ＊本節のロシアでの著作の発行年などについては、以下による。
> 教育科学アカデミー教育学学術情報部が編集（学術編集 E.S. ルーベンチック）「ヤヌシュ・コルチャック教育学遺産、文献目録」1978 年[20]。これは、1970 年代末に至るロシア・ソ連のコルチャック研究の軌跡を示すものである。

　第 1 次大戦への従軍医としての参加をはさんで、ロシアへの彼の影響はもっと明瞭なものとなる。戦時中に同時にロシア革命がおこり、戦争終結とともに 1918 年、コルチャックは独立ポーランドに帰還することになるのだが、ロシアでもポーランドでも戦争と革命は社会の大崩壊を生み、そのなかで大勢の子どもたちが街でも農村でも親と食を求めて放浪することになる[21]。そういった子どもに対する保護がロシアとポーランドで不可避となっていた。『子どもをいかに愛するか（寄宿学校編）』（4 部作のひとつ）が、革命後のしかも露ポ戦争直後のロシアで出版されるのはそのような歴史的背景においてである。この翻訳書には、クルプスカヤが序文を書いている。「ヤヌシュ・コルチャックの本は多大な関心をもって読まれるだろう。そこには多くの鋭い心理学的な観察がある。著者は子どもというものを知っており理解している……」[22]と。

　この時代、ロシアで早くもコルチャックの子ども向け作品、1924 年に『王様マチウシ（Ⅰ世）』、1929 年には『（若き）ジャックの破産』＊が翻訳されている。

> ＊前者の『王様マチウシⅠ世』は、ロシアでの演劇関係者に強い関心をもたらした（ついでながらコルチャックは、この作品に関心をもった日本の大井数雄らの努力によって、このロシアからのルートを通じて日本に持ち込まれてくる）[23]。その後 30 年代から 50 年代末までのソ連邦では翻訳・研究とも完全な空白であるが、『もう一度子どもになれたら』は、1961 年に翻訳出版され、他方、60-70 年代教育家スホムリンスキーの著書『教育の仕事』（邦訳 1971 年，新読書社）[24]などを通じて、コルチャックは尊敬すべき教育家の先人として徐々に知られるようになっていく。
> コルチャックの児童文学作品のうち『王様マチウシⅠ世』は、世界の子どもにもっとも多く読まれている。ポーランドはもちろん、ドイツ、ロシア、英語圏のほか、オランダ、デンマーク、スウェーデン、フランス、イスラエル、それぞれの国でそれぞれの言語に翻訳されている。そして、日本。日本ではこれらの国で出版された文献の重訳という形で紹介されてきている。アメリカの翻訳本[25]、フランスの抄訳本[26]、そして、ロシアでの翻訳本（ポーランド版の併用[27]）を通じてである。

　さて、ロシアへのコルチャック思想の伝達に次ぎ、レヴィンによると 1920 年代中頃から、パレスチナに移ったポーランド系ユダヤ人によってイスラエルへ

の伝達が始まったという。新天地での翻訳の試み、また、イスラエルでの実践へのコルチャック教育の応用が開始される。その役割を果たしたのがコルチャックとステファの指導のもと孤児の家で学び育った教師たちである。例えばコルチャックについて戦後いくつか論文を書き残している、ユーゼフ・アルノン（1911-1978）は、1929-32 年クロフマルナの孤児の家での教師であった[28]。

コルチャックは、パレスチナを 1934 年と 1936 年に 2 度訪問し、招待されてキブツを訪れていた。

ところで、この頃、彼の教育実践はヨーロッパでは次第に著名なものになっていった。彼の仕事に関心をもつ人物のなかに若き心理学者ピアジェもいた。彼は、1920 年代半ばと 1930 年代の前半にコルチャックの施設を訪れている。コルチャックとの直接交渉については不明だが、そこでピアジェが強烈な印象を受け、その印象について、戦後になっておそらく記憶をたどり書いた報告が残されている*。

 ＊これは日本でも読まれているものである。ピアジェの報告論文「現代世界における教育の権利」（ジャン・ピアジェ，秋枝茂夫訳，『教育の未来』[29]所収）がそれである。「東ヨーロッパのある国」のある施設の「尊敬すべき勇気ある人物」（この論文は具体的な人物名をこの個所に限らず記していないが）とその指導下にあった子どもたちの自治の様子を驚きをもって描いている。日本ではこれがだれなのかを特定してこなかったが、筆者はコルチャック以外にありえないと考えてきた[30]。
 ポーランドのコルチャック伝記研究者のファルコフスカも、ピアジェがコルチャックの施設を 30 年代前半に訪れ、その際の印象を先の論文のなかで書いたものとして、同論文を引用している[31]。この報告論文は、1948 年の国連の世界人権宣言の教育の権利条項に関わって書かれたものであるが、とすれば、すでに第 2 次世界大戦後の早い時期に間接的ではあるが国際的な人権文書にコルチャックの歴史的営みがその足跡を残していたといえるだろう。なおこれを基本的に否定する見解もある[32]。

## (2) 第 2 次世界大戦以降 1978 年まで

戦後世界が、コルチャックに関心を寄せるようになる契機は、まずは彼の伝説的な死の事実が次第に明らかとなっていく 1950 年代末以降のことである。戦前の伝播においてまず、彼の"仕事"に対して関心が寄せられていたとすれば、戦後はむしろ"人物"に関心が移行したとレヴィンはいう。すなわち、彼の伝説的な死の事実に関してである。

彼の死は、戦後明らかとなっていく「何百万という同様の運命のひとつ」にもかかわらず、それが今や「ホロコーストのもっとも新しい最後のシンボル」となっていると、レヴィンは考察する。なぜ、人々の心をかくもとらえることになったのか。

すでに周知の人であったからか？　いや、そうではなく、コルチャックの毅然と立ち向かう姿勢に、人々が時代と闘う自分自身を見たからではないのか。コルチャックは後に「道徳的権威」にまで押し上げられることになる。そこには人々にとってのシンボルがあり、もはやある人の運命ではなくなったのであると。

しかし、コルチャックという人物像に関する世界への最初の伝播には、同時に、他の要因も絡んでいたという。それは、1957-58年の最初の『コルチャック全集』の出版であり、それ以上に、『狂人の議会』、『(ゲットー)日記』という作品と新事実がそこにおさめられていたことに対する衝撃であった。

『狂人の議会』のナチズムに対する狂気の予感が、『(ゲットー)日記』の、いかに死へ向かっていくのかという事実が、世界の人々の注目を集めたのである。そして、この全集が各国にコルチャック思想の原典が伝播していく唯一の土台になったのである。

『(ゲットー)日記』は、ポーランドで1958年に発表されて以来、1972年に(西)ドイツで抄訳、その後1980年に完訳本が、そして、アメリカでは1978年と1980年に、さらに、イスラエルで1981年に、また、同じイスラエルでのロシア語訳が1982年に出版されている[33]。

コルチャック著作選の普及という点でいえば、ロシアがもっとも早く、1966年に教育学著作選[34](その後1979年[35]、1990年[36]に再版、ウクライナ、キエフで1983年)、英訳選集は1967年にポーランドで出版[37]、同年(西)ドイツでは『子どもをいかに愛するか』が翻訳\*され、その後、特に1970年代前半から1980年代前半にかけて「子どもの尊重される権利」をはじめとする諸作品が次々に翻訳され、例えばコルチャック研究者として有名なE. ダウツェンロートらによって著作選が編まれる。70年代後半から(東)ドイツでも、『子どもをいかに愛するか』などが翻訳紹介され、フランスでも70年代末には『子どもをいかに愛するか』『子どもの尊重される権利』のほかテキストの翻訳紹介[38]が、また、ほぼ同じ頃イタリアでも、『子どもをいかに愛するか』、さらにデンマークでも、コルチャックテキストの翻訳紹介、そして、オランダでは、1984年に4巻本のコルチャック選集が刊行されている。こうしてみるとヨーロッパではほぼ70年代

末以降周知の人物になっていったと考えられる。

> ＊（西）ドイツでその翻訳書に対するボルノウの書評[39]が同時に日本で翻訳紹介されている。（西）ドイツではエーリッヒ・ダウツェンロートとアドルフ・ハムペル、共にカトリック信仰者がコルチャック運動ともいうべき積極的な活動を展開してきたという。前者が『コルチャック、ワルシャワのペスタロッチ』（1978 年）というコルチャックに関する最初の著作を著し、これに次いで、ルドルフ、Schridde やヴォルフガング・ペルツァー（1951 年生まれ）らがシリーズもので『ヤヌシュ・コルチャック』（1987 年）を、ダウツェンロートはさらに、『コルチャックと子ども（の死）』を何度か再版している。さらに、文献目録の作成に関しては、レイナー・ポーゼンがそれに着手し、ダウツェンロートとハムペルの努力もあるが、コルチャックに「毒された」フリードヘルム・ヴァイナーが 2 巻本の文献目録を作成している[40]。

先に述べたような意味で彼がシンボリックな存在となり、そのために、彼を記憶から呼び戻すために各国で動いた人々の姿は一様ではない。とりわけ、フランスでは、亡命者たちがコルチャックを個人的に知っており、記憶にとどめている人々が、彼ら自身のためにも、コルチャック委員会を立ち上げ、その普及に努力した。フランス在住の芸術家や医者たちである。

ドイツでは、いうまでもなく過去の自国の罪に対する責任を果たすかのように、レヴィンは端的に「贖罪(しょくざい)から」と述べているが、先にみたようにここでは翻訳・出版のみならず、1972 年に彼に死後平和賞を与えている＊。

> ＊ドイツ語によるコルチャック研究文献目録[41]は、主として戦後の（西）ドイツにおけるコルチャック研究の軌跡を見出せるものである。その論文記事の件数を一瞥して（筆者はドイツ語は読めない）1959 年以降 60 年代に徐々に関心が高まってくるのがわかるが、その後 1970 年代とくに先の賞受賞の 1972 年は、ひとつの転換期であったようだ。60 年代はなお研究論文などは合計 40 点ほどであったが、この年だけで 100 点以上の論文記事が記録されている。この後、1978 年も同様に記事は特別のピークをなして以後、一貫した関心が寄せられるようになっている。（西）ドイツでのコルチャック研究・受容はひとつの重要な研究領域であろう。

この後、1970 年代末以降、コルチャックの世界的受容が始まる。学問の様々の分野へ、また、彼の最期を描く演劇「最後の行進」や児童演劇「王様マチウシⅠ世」の上演、そして彼を描く芸術家などを通して、アートの世界へも広がっていく。

## (3) 1978年以降現在に至るまで

　世界がコルチャックを最終的に受け入れていく最も大きな契機となったのは、やはりユネスコによる1978-9年国際コルチャック年の設定である。各国での翻訳作業の進行とともに、このキャンペーンが、コルチャックの名を文字どおり世界的なものにしていく契機となった。

　また、すでにいくつかの国で生まれていたコルチャック委員会・協会は、90年代中頃までに、レヴィンによるとその数は20に達していた*。

> ＊アメリカ、あるいは英語圏のコルチャック受容は遅れていたといわなければならない。アメリカでの研究は、ポーランド系のアメリカ人と思われるクラヴェツ（近年「子どもの尊重される権利」および「もう一度子どもになれたら」を収めた翻訳書[42]を出版している）が1970年代から研究の足跡を残しているが、ワシタによると、本格的な研究の転機は1988-89年で、アメリカのジャーナリスト、B.J.リフトンによる伝記研究[43]もそのひとつであるとして、彼女の仕事について、おおよそ次のように述べている。最初はコルチャックの生きた時代のポーランド問題やポーランド・ユダヤ人問題についてほとんど何も知らなかったが、数年にわたって何百というコルチャックという人間を知る者ならだれのところへでも出かけるほどの精力的な仕事ですぐれた業績を残したと評価されている[44]。

　これら世界各地の協会を母体にして、1979年には国際コルチャック協会が誕生する。前年、コルチャック研究者らがワルシャワに一堂に会して、コルチャック研究のシンポジウムを開催している。その成果は1982年に刊行されている。この文献におさめられている研究テーマはすでに多岐にわたる。教育者や医者や作家としてみならず、哲学者、心理学者としてのコルチャックを対象に、ポーランド  はもちろん、ロシア、旧東西の両ドイツ、フランス、イスラエル、アメリカ、イタリア、ブルガリア、イギリスなど各国の研究者たちが66本の報告を行い、様々な角度からコルチャックの相貌にせまっている[45]。*

> ＊その後、国際コルチャック協会は、不定期であるが、イスラエルやワルシャワ、またヨーロッパの協会所在の国・諸都市でコルチャック研究のための国際会議を開催している。

2010年には日本でも初めて国際会議が開催されている。その後大規模な国際会議の企画としては、2012年にポーランド政府・オンブズマン庁が主催する国際コルチャック年が設定され、ワルシャワを中心として各国で関連会議・イベントが開催された。日本でもポーランド大使館の協力を得て「コルチャック先生」の映画上映やポーランドのコルチャック研究者、ワルシャワ大学教授（当時）W. タイス教授の講演（東京・札幌）が行われた。この記念行事に際してつくられた共通のスローガンがコルチャックの思想を端的に表現する、そこにいるのは「子どもではなく人間」であり、図はイベントに際して作成されたシンボルである。なお、東京でのコルチャック国際会議については注1の論文参照。

　ところで、この頃、1978年にポーランド国内では新たな4巻選集が編まれ、先にみたように各国での翻訳に拍車をかけていた。コルチャックの資料・作品は、それまでボランティアによって収集され始めていたが、その頃ようやく系統的に収集する機関（現在のコルチャック研究所・コルチャッキアムの前身）も生まれ、1980年代末までに新たな作品の追加、伝記資料の収集・整理などかなりの前進を見せるが、その延長線で1990年代に至って、全16巻20冊の全集が刊行され始めた（2019年完結予定）。ドイツでもこれまでの翻訳の蓄積から独自編集の新たなドイツ語版コルチャック全集が刊行されている[46]。こうしていまや、レヴィンの言葉を借りるなら、世界のコルチャックへのアプローチは、彼自身、彼の見解、行動そして業績への"興味"の段階から彼のオリジナルな原典により依拠した"重要なさらに重要な仕事"の段階に入ったのである。それも各国の現代的な課題に対応した研究の段階にである。

　以上の補足として、最後にドイツのダウツェンロートの90年代末のごく短い論文から2点加えておくなら、まず、第2次世界大戦後、コルチャックのテキストは世界で知られるようになっていくが、その世界とは、アルファベット順に、アルゼンチン、オーストリア、ベルギー、ブラジル、デンマーク、フランス、ドイツ、オランダ、ハンガリー、イタリア、ルーマニア、旧ソビエト連邦、スペイン、スウェーデン、スイス、トルコ、アメリカ、ユーゴスラビア、そして、日本である。また、彼は、世界で知り得る限りのコルチャックに対する呼称、コルチャック像を列挙している。
　「現代子育てのパイオニア」「クロフマルナ通りから来た善良なる人間」「他人の子どもの父」「子どもたちの代弁者」「教師であり殉職者」「ワルシャワとトレブリンカから来た教師」「子どものチャンピオン」「子どもの王様」「子ど

もの最良の友」「たくさんの子どもの父」「ポーランドのペスタロッチ」「殉教者」「不幸な王様」「現代世界の道徳と宗教のシンボル」「現世紀に向けてのヨーロッパメッセージ」「悲しい王様」「人類の悲しげな友だち」「光輝く教育者」「進歩的子育ての開拓者」「生きる伝説」「心と感性のドクター」「永遠を生きる人物」「魔術師」「父であり母であり友人」「認められざる教育者」「天命なき愛の教師」「現実と夢の教育者」「光輪なき聖者」「トレブリンカの聖者ヤヌシュ」「我らが聖者」……。ダウツェンロートは、コルチャックはさらに将来……15番目の「聖者補」にならんとさえしていると述べている[47]。

## 4. 日本におけるコルチャック受容[48]

わが国のコルチャックとの出会いは、ごく一部の翻訳による書評論文を除けば、演劇の世界であった。その世界で先鞭をつけたのが劇作家の大井数雄であり、雑誌『教育』にその小伝を書いたのが1978年である。最初に日本にコルチャックを紹介した人物でもある。実は、この年ヨーロッパではコルチャック生誕100周年を記念して各国で翻訳の広がる契機となるが、残念ながら日本では、この小伝の他は彼の生涯に対する関心は広まらなかった。しかし大井は「マチウシⅠ世」の演劇上演に向けて翻訳を続け、1984年に劇団仲間によって「No.84『少年マチウシ』」を成功させた。この際の原稿は、大井の亡き後、大井弘子さんの手を通じて出版されることになる（2000年）。

演劇の世界は、1990年代に入って日本が本格的にコルチャックの生涯を知るようになって、コルチャック自身を対象とするようになる。井上文勝が書いた脚本を出発点にコルチャック自身の生涯や思想を描き、まずは、故俳優加藤剛の主役、音楽を加藤登紀子が担当するなどした公演は多くの人々の関心をひきつけた。当初は劇団ひまわりが、その後俳優座などが描くコルチャック像が探究され続けている。また、未見であるが、コルチャックを描く国外からの（人形）劇団も招聘された。

こういった演劇の世界とは別に、日本での本格的なコルチャック研究・紹介は、1990年にアンジェイ・ワイダ監督の映画「コルチャック先生」が全国上

映されることで、一気に前進しはじめる。前後して近藤二郎の著書以降、B.J. リフトン、モニカ・ペルツ、そして、近藤康子らの主として伝記、翻訳伝記の出版が続いた。他方で、80年代末すでに紹介されていた中村妙子訳の「王様マチウシⅠ世」に続き、近藤康子によるコルチャックの児童文学作品も翻訳紹介され、そこに付される解説の類も新鮮な情報を伝えはじめた。これらはヨーロッパに比べると十数年遅れたが、90年代前半はやはり日本とコルチャックの本格的出会いであったといってよい。

これらとほぼ同時に、コルチャックの生涯や業績に深い関心をもつ新保庄三のポーランド調査の著書や、井上文勝と歩調をあわせての当時の「没後コルチャック記念実行委員会（後のJKA事務局長）」の藤井忠英によるウェブ上でのコルチャック紹介や地味な活動ではあるが各地でのコルチャック展（日野、東京、熊本など）によるコルチャック普及活動も進められ、これらコルチャックへの関心は95年を前後して一つのピークをなしていた。

1990年代後半からは、その延長線上で、教育学研究者や文学者による個別テーマの研究が徐々に現れだした。ドイツ語圏の研究に依拠する形で石川道夫の諸論文が発表され、フランスでの研究を背景にして西川のぶ子、また、ロシアや過去のソ連時代での研究を背景にしながら筆者が研究を開始し、そして英語圏児童福祉研究者による翻訳紹介や保育・教育思想研究者小田倉泉などの研究もあらわれ、多分野に広がりだした。2000年に入って第3世代といってよい若い学生や大学院生が研究の世界に入ってくるようになり、ポーランド語原典による大澤（鈴木）亜里の研究も開始された。

その後2003年から隔年で、筆者、石川、小田倉が中心となり日本教育学会のラウンドテーブル企画を利用して定期的にコルチャック研究を進めることになった。日本におけるコルチャック研究の現状と課題、コルチャックの教育実践の意義、新教育運動、子どもの権利条約との関連でのコルチャック研究など、毎回テーマを決め、研究者・市民の参加者を募る形で運営してきている。

また、筆者にはポーランドを訪れ文献資料調査・収集の機会が与えられた。この時期、筆者自身の研究はもちろん、正木健雄先生を代表とする「日本子どもを守る会」との共同の教育・研究の前進の好機となり、何よりも、ポーランドのコルチャック研究者W. タイス・バルバラ夫妻、またワルシャワ在住のジャーナリストの松本照男氏並びにコルチャック記念館現館長のマルタ・チェシェルスカさんとの交流が可能となり、さらには、彼らを日本に招き国際的シ

ンポを開催するなどして研究への支援の機会を得ることも可能になった。とはいえ、日本でのコルチャック研究はコルチャックの基本文献の翻訳がまだこれからという状況で、研究の前進のためにはコルチャック国際協会や各国の研究者の応援が必要な現状に変わりはない。

　2010年に日本で開催されたコルチャック国際会議のテーマは、子どもの権利を研究対象とするものになったが、その意義について述べておく。日本でのコルチャック研究の関心の特徴は、子どもの権利条約との重なりにある。それはちょうど先述のワイダ監督の「コルチャック先生」上映の時期に、国連での子どもの権利条約採択があり（1989年）、その批准が日本国内で話題にのぼりだした頃でもあった。その後の日本でのコルチャック研究のテーマを並べてみるなら、最近は種々の分野に広がる兆しがあるとはいえ、なお主軸は子どもの権利研究と重なっている。これは、日本の子どもの現状を考えるとき、やはり「子どもの権利条約」の実施を強く望む、日本の現実があるからである。もちろん、各国での固有の関心から、この会議には同テーマでの多様な報告が準備され発表もなされた。その頃、ある子どもの権利に関係する札幌の会議でヨーロッパから来た参加者が、「私たちは、今日、『子どもの権利条約』という世界共通語をもつに至ったのだ」と述べていたが、私自身もその思いを強くした。コルチャック国際会議では、「条約のみならず、ぜひ、コルチャックの言葉が子どもたちのための世界の大人たちの"共通語"となるよう期待したい、また私たち自身そのことを努力したいと考える」と述べた。

# 第2章
# 「最後の行進」伝説の虚像と実像

## はじめに　子どもを育てること、匿(かくま)い守ること

　コルチャックは、ワルシャワ市内のクロフマルナの孤児の家から子どもたちとともにゲットーに移り、そこで最晩年を過ごすことになる。そして、1942年、彼は救出される可能性があったにもかかわらず、子どもたちとともに絶滅収容所トレブリンカ（のガス室）に向かう道を進んでいった。彼の最後の思想や行動を一言で説明することは困難だが、私は次の言葉に注目している。その年の2月、彼は次のような言葉を書き残している。「育てる」というポーランド語についてである。

　「育てる（wychowac）、これはつまり子どもを匿い(かくま)（chowac）守ることなのだ。侮辱や損害が彼らに及ばないよう隠し安全を確保することなのだ。育てる。この言葉は数々の襲来を前にして子どもたちを匿うための、その必要が産んだ美しい表現である。タタールの襲来、コサックの襲来、リトアニアの襲来、……そしてさらにさらに。」49

　第2次世界大戦下、ポーランドはナチスドイツの支配下におかれ、ワルシャワの中心部、わずか4平方キロの広さの区域に急造の壁で囲まれたワルシャワ・ゲッ

トレブリンカにて 2008年8月6日
コルチャックツアー参加者撮影

トー（1940-42）では、一時40万を超えるユダヤ人が押し込められて過酷な生活を強いられていた。その生活・生存環境がますます悪化する状況のなかで、街路に子どもの死骸が無造作に放置され、その横を子どもたちが遊びながら通り過ぎていく。そういった異常な日常光景がますます頻繁につきつけられるなかで、コルチャックは、予期される子どもへの危害、例えば暴力や威嚇、そして侮辱に対して、何としても自分の孤児院の200人の子どもたちを守らなければならなかった。それは彼の義務であった。

彼は、以前に書いた著書、『子どもをいかに愛するか』（夏季コロニー45章）のなかで教育者の子どもを守る義務に触れて、「権力者には社会を有害分子による強制や不法行為から守る義務があり、教育者には子どもたちを拳骨や脅し、侮辱から守る義務」がある[50]と述べたことがある。その当時（1920年頃）ゲットーのような極限状況を想定することはできなかったであろうが、そこで守ろうとしていることは本質的に同じであろう。黙っていれば子どもに危害が及ぶような状況を避け、彼らを守ることが健全な心や身体を維持することになる、あるいは、子どもの中にある尊厳を保つことになると。「教育をすること、それは子どもを守ることだ、彼らにふりかかる侮辱や損害を防ぎ彼らの身を守ることである」との言明は、その極限のなかで彼が「教育者」として自らを全うしようとした意志の表明であった。

# 1. 最後の行進伝説

コルチャックとほぼ同じ運命にあり、ゲットー内の様々な情報に良く通じていたユダヤ人教師ハイム・カプワン（カプラン）の日記を読むと、1942年7月10日、強制的な大移動（「東方移住」）が始まり、身の危険を察知し始めてゲットー内がひどく動揺していた様子が窺える[51]。そして7月下旬からはゲットーの人々を、一旦「積換場（ウムシュラクプラッツ）」に集め、そこから貨車で、日に何千何万という規模で「再移住」させるための異常な事態が始まった。

カプワンの日記とコルチャックの日記は同じく8月4日を最後に途絶えることになる。8月5日あるいは6日は、後に様々なモチーフが加わって伝説とな

り人々の間で伝えられることになる、コルチャックと子どもたちの「最後の行進」(とトレブリンカでの死)の日であった。

そしてさらにもう一人のユダヤ人教師 A. レヴィン(1893-1943)のゲットー日記には、次のような記載が残されている。

「8月7日 金曜日 殺戮17日。昨日はもの凄い日であった。たくさんの犠牲者が出た。…連中はコルチャック博士の孤児院をからっぽにした。孤児の数200名。…

8月15日 土曜日 …孤児院は全部からっぽになった。コルチャックは子どもたちの先頭に立って移送された。…移送された女たちから手紙がきた、…といううわさが…。」[52]

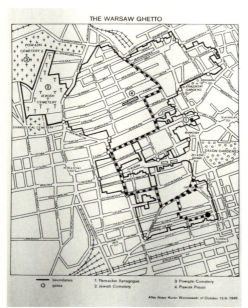

ワルシャワ・ユダヤ人ゲットー図[53]
出典は Ruta Sakowska, The Warsaw Ghetto 1940-1943 より
(点線は筆者記入)

8月7日、「昨日」つまり6日には、孤児院の子どもたちがいなくなっていたことが記されている。

ゲットーは、1940年頃からポーランドでは3000か所以上あったといわれているが、このワルシャワ・ゲットーは1940年末から1942年にかけてユダヤ人が隔離・収容された居住区画である。

ワルシャワ・ゲットーは南に小ゲットー、北に大ゲットーがあり、両者は1本の通りをまたぐ歩道橋によってつながっていたが、コルチャックと子どもたち約200人の「最後の行進」は、孤児院として利用していた建物があった小ゲットーから大ゲットーの北に位置する広場のある「積換場」まで、おおよそ2時間(別の諸資料によると4時間さらには途中待機を含む8時間)の道のりであった。そして、

そこからは、引き込み線である鉄路を通じて貨車で約100キロ先のトレブリンカ（絶滅）収容所に向かうのである。

「最後の行進」とは、この行進を目撃した人々が証言の形で、あるいは回想の形で記録して残した事実に関するものであり、他方では伝聞によって伝説化した話として我々に伝えられているところのものである。本節では、各種の様々な証言や研究者による見解を交えながら、そこで何が起こったのか、また、コルチャックはどのような行動をとったのか、それは現代の私たちにとってどのような意味を持つのかということについて考察してみたい。

「目撃者」の証言は、おおよそ積換場までの長い道のりと、積換場での貨車への乗車までの行進に関するものであって、それ以降の目撃はない。

そして、この「最後の行進」伝説の核心にある歴史的事実は、「コルチャックは、再三の救出・救命の機会があったにも拘わらず、これらを断り子どもたち200人とともに死地に赴いた」というものである。

## 2. 貨車に向かうコルチャック ——ナフム・レムバの証言

積換場には、「大移送」と呼ばれるゲットーの一掃がはじまる7月22日（なんとコルチャックの誕生日）以来、何万という人々がこの広場に運びこまれてきて、ルドゥニツキ（後述のように最後の行進に関する重要な証言者の1人）によれば、飢えた人や横たわっている人、あるいは、家族で名前を呼び合っている人など、大勢の人でごったがえしていた[54]。

その積換場では、SS（ナチス親衛隊）の監視のもとで仕事を強いられていたナフム・レムバがコルチャックと子どもたちを迎えいれ、そこでコルチャックの救済を試みたという事実が伝えられていて有名である。この事実は、ワルシャワ・ゲットーでの出来事を歴史として伝えることを任務としていた著名なユダヤ人歴史家リンゲブルム（E.Ringeblum, 1900-1944）が、レムバの報告を事実確認してのち記録集に収めている。レムバはコルチャックと子どもたちの行進の公式の証言者として事実を残せた人物であったといってよい。リンゲブルムは以下のようにレムバの報告を記録として残している。

「教育者としてよく知られたコルチャック、彼はワルシャワで偉大な犠牲的な精神で、自らのすべてをこれに捧げるなかで、自らの最も忠実な協力者ステファニア・ヴィルチンスカとともに寄宿学校を経営していた。……コルチャックがトレブリンカへ向かう道のりについて、かつてのユダヤ人役所の秘書官ナフム・レムバが報告を行っている。レムバは、多くの人々の命を救った人物である。彼は、コルチャックと子どもたちを、列車が出る広場の隅の壁際に行かせ、彼らの『もしもの時の乗車』から救おうとした。それに続き、コルチャックに自分と一緒に役所に赴くことを提案した。介入による生存の可能性があるかもしれないということだった。けれどもコルチャックは拒否した。"子どもたちを一瞬たりといえども彼らだけにしておきたくはない"と。貨車が一杯になるよう詰め込みが始まった。隙間のまったくないほどでひっきりなしに空間が埋められていった。」[55]

この「行進」のわき道への誘導は、そこにいたSSのSmeringによって、列を、まっすぐ貨車へ向かうよう命ぜられたため、成功しなかったという。またここでいう「介入」はドイツ兵による延命の取り計らいを意味するが、コルチャックの拒否によって、そこには及ばなかったことが述べられている。そして、その行進の様子についてレムバは次のように報告する。

「暑い日差しの日でした。……行進する孤児の先頭にはコルチャックが。私はけっしてその光景を忘れない。それは貨車への行進ではなく、ドイツの野蛮に抗する沈黙の抗議です。子どもたちは4列を組み、先頭をゆくコルチャックは両腕に2人の子を支え、眼を天空に向け行進を導きます。次の列を導いたのはステファニア・ヴィルチンスカ、第3の列はブロニアトフスカ（その隊列の子どもたちは青いリュックサックを背負っています）、第4の列はトファルダ通りの寄宿学校の子どもたちで、先導するのはシテルンフェルトです。これらの隊列は威厳をもって死に赴き、野蛮人に対しては軽蔑の視線を注ぐユダヤ人たちの行進です。」[56]

貨車に向かうまさにこの最後の行進が、伝聞によって様々な伝説を生むことになったと思われるが、コルチャックの行進が「死への行進」であり、ナチス

ドイツの野蛮行為に対する明確な意思ある抗議を示すものであったとの叙述である。実は、証言者レムバはゲットーのなかの非合法自衛組織の活動家であり、その組織から積換場に派遣されていた人物であったという[57]。だとすれば、仮にこの叙述がいくぶんナチスドイツに対する毅然たる姿勢を誇張し過ぎているきらいがあるとしても、彼にはそのように評価する権利があったといってよいのだろう。コルチャックはユダヤ人の抵抗のシンボルであった。

　この最後の行進に関する記録や伝聞のなかには、子どもの行進に注目するものたちの証言がある。それが意味するものは何か。

　積換場に向かう（向かわされる）人々の列は数限りなくあった。そこには家族ぐるみで「移」させられる悲運の子どもたちもたくさんいたであろう。しかし、喧騒の中を、ほとんど子どもだけの隊列が整然と歩いていく姿は人々に強烈な印象を与え、だれもが目を留めざるを得なかったのだろうし、それを人々は後に伝えていくことを望んだのである。この行進が組織的な死に直結するとは考えられていなかったが、1942年の年末までには徐々に転換していったであろう。

　ユダヤ人作家J.ペルレ（Jehoszua Perle, 1888-1943. 先のレムバの目撃とほぼ同じ時期に積換場から一時逃亡することに成功したといわれる）は、1942年そこで目撃したのだろうと思われるリアルな光景について（それは後述する証言者ルドゥニツキが説明する状況とほとんど重なっているが）次のように書いている。

「…子どもたちを殺人的なファシズムがその狂気と止まぬ銃声とによって取り囲んでいた。200人の子どもたちは刻々と迫る死の恐怖のもとにあった。と同時に何か異常な状態となっていった。この200人の子どもたちは大声を出すこともなく、だれ一人として逃げ出そうともせず、また身を隠そうともせずに、ただ傷ついたツバメが身を寄せ合うようにして自分たちの先生でまた自分たちの父親や兄弟であるヤヌシュ・コルチャックから離れなかった。彼は彼らを匿っているかのように見えた。彼は第一前列で、そのやせこけた弱々しい身体でもって子どもたちをかばって歩いていた。ヒトラーの野獣たちも乱暴に扱うことはできなかった。一方の手にはピストル、もう片方には鞭を持ち、" Marsz! Los! "……」[58]

また、先述のA. レヴィンの『日記』の編者の歴史家A. ポロンスキは、同じ行進を周囲の人々が悲劇的な出来事として目撃していた様子を、Y. パーラ「ワルシャワのフルバン（大破壊）」という作品（B. マーク編『生と死のはざまで、ゲットーと強制収容所での文学活動』、ワルシャワ、1955年所収）から紹介している。

　「舗道も石も、この連行に泣いた。しかしナチの殺人鬼どもは鞭をふりまわし、間断なく銃を撃った。ヤヌシュ・コルチャックは子どもをひとり腕に抱き、列の先頭に立っていた。白いエプロン姿の女性保育係数名が彼と共に歩み、そのうしろに200名の子どもたちが続いた。髪をきれいにくしけずり、こざっぱりとした服を着て、殺人鬼のもとへ向かうのである。」[59]

　この行進がいかに行われたのか、これを多少とも詳細に追求してみたいと思うのは、この子どもたちの行進という歴史的事実が、当時の人々にも、また現代の私たちに問うものがあるからである。
　ユダヤ人の救援活動組織にいて、ゲットーから2500人のユダヤ人を助け出したといわれている社会福祉家イレーナ・センドレローヴァ（1920-2007）は、行進を目撃して、当時次のように自らに問うていた。

　「これは、幻か。夢なのではないか。こんなことがあっていいのか。こんなに小さな子どもたちや若き者たちがなぜ死を宣告されたのか。彼らは何をしたのか。彼らに何か罪があるのか。だれにそんな前代未聞の宣告を下す権利があるのか。でもこれは幻でも夢でもない。これは現実なのだ。ドイツの全能の規律者、ヒトラーは、ユダヤ人の子どもを、ユダヤ人の大人、老人そして虚弱者たちと全く同じ方法で、ガス室へと向かうべく運命づける決定をしたのである。
　…どうしてそんなことが起こりえたのか、またありえたのか。
　これから大人になって花を咲かそうとしている小さくて年齢の若き子どもたち、どの国でもその誇りであり未来の希望である彼らが、なぜ、集団で歩かされ、ポーランドで、1942年の8月6日に、彼らの集団的な死に向かわねばならなかったのか。」[60]

大人たちによって引き起こされた世界の大崩壊の中を、その世界の破壊に何の罪もない純粋無垢な人間たちが整然と行進する。子どもたちは問えなかったが大人は問われていた。また、当時の大人も子どもも、彼らは知らなかったが現代の私たちは知っている、それが死（絶滅収容所）へ向かっていたことを。その死に向かう行進のことをどう考えたらいいのか。

　センドレローヴァには、子どもを救出する様々な「抵抗」の経験や、ゲシュタポに捕まって拷問を受けたり、ワルシャワ蜂起時の看護師として働いていた（祖国軍）病院で若者たちの死に遭遇したことなど、苦しい戦争体験がいろいろあるが、「コルチャックと子どもたちが彼らの死に向かう行進の光景ほど私に強烈な印象を残したものはない」と述べて、現代の私たちに問いかけている。

　「私たちはこういった獣性に本当に対抗することができなかったというが、これはいかにしてそうなったのか。これらすべてに対して私たちが果たすべき役割はなんだったのか。私たちが力不足だった、というのは何のことを言っているのか。助けを必要としている人を助けてあげること。これは教育の基本中の基本でしょ。それにあの民族はあのとき、あんなにも助けを必要としていたじゃない。」[61]

## 3. 孤児院から積換場へ

### （1）いくつかの目撃証言と回想

　さて、以上は積換場でのことであるが、寄宿学校として利用していたシエンナ通りの建物から開始された行進が積換場にたどり着くまでは、どんなであったのか。

　手元にあるいくつかの伝聞や回想を以下に紹介してみる。容易に想像できるかと思われるが2（あるいは4-8）時間の行程の途中、様々な場所で、様々な立場の者が目撃し、あるいは聞き、そして回想として後に記録している。ある場合には誇張であったり、全くの誤りであったりする。

行進の開始を当時15歳のメアリ・バーク（仮名）が、戦後1945年に自らの日記をもとに出版した本で書いている。

「日付も忘れてしまった。ヤノフスキ（ママ）・コルチャック博士の〈子どもの家〉ももう空っぽだ。2～3日前、わたしたちはみんなで窓のところに立ち、ナチスがあの家を取り囲むのを見守った。小さな手をつなぎあった子どもが列をつくって戸口から出てきた。なかには2つか3つの幼児もいた。いちばん大きな子で13ぐらいだと思う。どの子も白いエプロンをして小さな包みを抱えている。

子どもたちは2列になって、静かにほほえみさえ浮かべて歩いていく。この先に何が待っているのか、疑っている様子はつゆほども見えない。行列の最後にコルチャック博士がいて、子どもたちが歩道（の端）を歩かないように気をつけている。ときどき父親のようにやさしく、子どもの頭や肩をなでてやったり、行列からはみ出さないように注意したりしている。……

この胸痛む行列はチェルナ通りとスモチャ通りの角を曲がって見えなくなった。彼らはそれからゲンシア通りから墓地にいった。その墓地で子どもたちは1人残らず射殺された。コルチャック博士は子どもたちの最後を見届けるよう命令され、そのあとで博士自身も射殺されたという…博士は、教育者、作家としての人生をワルシャワのかわいそうな子どものために捧げた。最期のときにも子どもたちから引き離されることを拒んだ。」[62]

窓から誰かの行進を目撃していたというのは事実なのだろうが、その後の様子は事実として確かなものかわからない。とくに南から北の積換場に向かった行進がこの回想では途中から東ではなく西へ曲がり、最終地点が（ユダヤ人）墓地へと向かったことになっている。明らかに誤った憶測だが、子どもたちとの離別を拒んだという伝説の核心を失っていない。

最後の行進が、孤児院から出たのち、ジェラズナ通りからレシュノ通りへ、つまり北上からいったん東へ向けてと曲がるところで、この行進に出くわしたのが先述のセンドレローヴァ[63]である。彼女はゲットーの内外で社会福祉に関わる仕事をしながら子どもたちの救出活動をしていたポーランド人であるが、この行進を目撃した際、歩けなくなるほどのショックを受け、やっとのことで家にたどり着いたと回想している。

「その当時彼(コルチャック)はすでにたいへんな病気でしたが、それでもまっすぐ前を見据えて歩いていました。顔はまるで仮面でもつけているかのようで、心を落ち着かせようとしているようでした。彼は悲しい行進の先頭に立って歩いていました。一方の腕にはもっとも年齢の低い子を抱え、もう一方の手で2番目に小さな子の手をひきながら歩いていました。

…子どもたちはお祝いの日の一番いい服装をしていました。彼らは青いデニムの制服を着ていたのです。全体は4列になって、軽快に、リズミカルに、そして威厳をもって、ウムシュラクプラッツ——死の広場へと前進していきました。」

祝日のときに着るようなきちんとした服装で、行進の様子は、もっとも小さな子を抱いたり手を引いたり、戦後ユダヤ人墓地につくられたコルチャック像が、その記憶のシンボルとして残されている。

さらに、若干北上した地点であろうか、当時の医師でユダヤ人の社会運動団体ブントの活動にも携わったアディナ・ブラディ・シュヴァイゲルも、レシュノ通りの建物の窓からこの行進がジェラズナ通りからノヴォリプキト通りの方へ向かうのを目撃したという[64]。

ユダヤ人墓地のコルチャック像

そして、この北に位置するゲンシア通りで行進を目撃したのがゲットーの中、また廃墟となるワルシャワを生きのびた「戦場のピアニスト」(の映画でよく知られるようになった) シュピルマンである。その目撃の回想内容は上記のものとはかけ離れた印象に見えるが紹介しておく。

「私がゲンシア通りで彼らを見かけたとき、子どもたちは笑みを浮かべながらみんなで歌を歌い、小さなヴァイオリニストがそれに伴奏をつけていた。

第2章 「最後の行進」伝説の虚像と実像

コルチャックはニコニコしている 2 人の小さな子どもを抱え、何か楽しい話をしてやっていた。」[65]

そして、最終の積換場に近づいたあたりであろうか、前述のアディナと同じくブントの活動家であったヴラトカ・ミードがゲンシア通りの隠れ家から、行進がウムシュラクプラッツに向かって、ザメンホフ通りを行進する光景を目撃していた。

「孤児たちは毛布をかかえ、手をつなぎながら無言で歩いていた。先頭にはやや猫背の老人。両側にはドイツ人兵士たちの姿があった」[66] という。

## (2) マレク・ルドゥニツキの証言

以上の行進全体のプロセスについて近年最も確かなものと思われるようになったのは、おそらくそれまで口を閉ざしてきたのだろうが、戦後フランスにわたり 1980 年代に入って初めて証言したマレク・ルドゥニツキの証言である[67]。

ルドゥニツキは、当時 15 歳であった。彼の父親は医者で、ゲットー内の病院で働いていたが、実はコルチャックをよく知る人物で、8 月 5 日にはその父親がどういうわけか多くの孤児院が「明け渡されること」を察知していた。しかし彼自身は自分の仕事を離れることができないため、何が起こっているのか様子を見にいくようにと、息子をコルチャックの孤児院に行かせたのだという。

ルドゥニツキが 8 月 6 日、朝 10 時頃シエンナ通りのその建物に着くと、子どもたちがすでに 4 列で道路すみに集められていた。子どもたちはきちんとした服装で飢えている様子はなかった。そこからの行進の様子について、戦後様々に語られてきているが、彼が見た様子は、これまで語られてきたようにけっして勇ましくなかったし、つくられてきた神話には多くの疑問を呈せざるを得ないというものであった。

彼はこう述べている。

「私は偶像破壊者にも、神話反対論者にもなりたくないが、その当時私自身が見たことは話さなければならないだろう。あまりにも無気力、無意識、無感覚といった雰囲気が充満していた。あのコルチャックが行くというはっきりした興奮があったわけではない。敬意が払われていたわけでもない（これ

をどう表現したらよいのか）、おそらくユダヤ人評議会（Judenrat）の関与もなかった、誰1人コルチャックには近づかなかった。身振りもなかったし、歌もなかった、誇り高く持ち上げられた頭もなかった、だれかが孤児の家の旗を掲げていたのかどうか、覚えはない、人はそういっているが。恐ろしさのあまり、疲れもあって沈黙していた。コルチャックは足を引きずるようにして歩き、まるでけいれんでもするかのようにときどき何事かをぶつぶつ独り言を言っていた……。

"孤児の家"の大人たち、そのなかにはステファニア（ヴィルチンスカ）もいて、私のそばを通り過ぎていった。その後を追うように、子どもたちは最初は4列だったが、後はごちゃごちゃの隊列だった、ガチョウのように。ある子はコルチャックの服のすそに、または手にしがみつき、無我夢中で歩いていた。」

　積換場に着いて、ルドゥニツキは後にそれがレムバであったことを知るようになるが、おおよそレムバが証言していたことを自らも遠くで見ていたとしながらも、最後の姿、貨車に乗り込む様子を次のように話している。

「子どもたちは傾斜のある板をあがり、［貨車の−筆者注］暗がりのなかに姿を消していった。コルチャックは彼らの後からついていった。私は背中の丸まった姿を視界から消え去るまで見送ることができた。別の孤児院からの子どもたちはすでに背後から迫っていた。私は最後の列が乗るまでずっと長い間待っていた。そしてその列車が出るまでずっと待っていた。……」[68]

　ここに証言されているように、おそらく、必ずしも勇ましくはない行進でのコルチャックと子どもたちの疲れた様子、そして乱れた隊列はその通りであったであろうと思われる。2時間あるいは4時間以上も歩き通した子どもたちは、当時のあるいは後の時代の大人たちが描くままではいられなかったであろうし、15歳の目撃者の少年はそのまま見たことを記憶したのだろう。高くかざした孤児の家のホーム旗も記憶にないし、バイオリンを弾き、歌を歌いながらというのもなかったと。こういった伝説のいくつかのモチーフは、ドイツのコルチャック伝記作家モニカ・ペルツも書いているが、事実ではないものが付加されていたのであろう。

第2章　「最後の行進」伝説の虚像と実像　　49

## 4.「ドイツ人による救済」

### (1)「ドイツ人による救済(その1)」

　ところで、このルドゥニツキの証言がもうひとつ否定している伝説のモチーフがある。それはドイツ軍によるコルチャック救済というモチーフである。この救済の手がさしのべられたことについては、後述の出発の時点なのかこれから紹介する最後の積換場での出来事なのか、分けて考えておく必要がある。これに関わる「証言」は私の知る限り2つある。
　1つは、おそらくトレブリンカに向けた貨車にコルチャックと子どもたちが乗せられて行方不明になった直後の段階でつくられ、後の伝説に大きな影響を与えたと思われるもので、それはゲットーの詩人といわれたヴワディスワフ・シュレンゲル（W.Szlengel）の詩の記録である。彼は、行進のプロセスを詩にして残している[69]。

「今日、私はヤヌシュ・コルチャックを見た。
　彼は子どもたちと最後の行進をしているかのようだった、子どもたちはきれいな服装で、庭の中を散策しているときのような服装だった。
彼らは祝祭のときのきれいなエプロンを身につけていた。……
　（中略）
　子どもたちは、落ち着いていた。だれもけっして列からはずれなかった。孤児たちは、立ち止まることもなく前にぶつかるものもいなかった。濃青色の仲間は共にあった。広場で介入するものはなかったし、誰1人SSに耳もとで話させることもなかった。そして誰1人酔っ払ったラトビア兵のために家族の時計を集めることもなかった。
　ヤヌシュ・コルチャックはまっすぐ前に向かって歩いた。帽子もかぶらず、その目に不安を浮かべることなく。ポケットは子どもがそこにつかまれるようにして。脇に彼らを包み両手でもって抱えるようにして。
　誰かが飛びこんできた、紙切れを手にしていた。

何かしら説明し大声で叫んだ。「あなたは戻ってよい……これは司令部Brandtからの証書です。」

コルチャックは黙って首を横に振った。

ほとんど何も説明されなかった。それがドイツからの特赦だということが。

しかしそれがいかに無神経なものか、特赦は、自身が子どもを置き去りにすることを意味した。長い間、彼はその長旅に耐えてきた。子どもたちが太陽を抱えられるようにしてきた。こんなふうにしてきたのになぜ怯える子どもたちを置き去りにできるというのか、

彼らと共に行く、…さらにこの先も…最後まで。」

この詩のなかのドイツ軍による特赦が本当にあったのかは容易には信じがたく、また確たる証拠もないが、この詩にある様々な描写は後の様々な回想や証言と重なるその原典となっている部分が少なくないように思われる。

これに加えて、ドイツ軍将校による救済の伝説がもうひとつある。こちらは日本のコルチャック伝記研究者の近藤二郎の紹介によって有名となった話である（テレビ番組『知ってるつもり』でコルチャック先生の紹介をした際に決定的な事実として紹介している）。この話は、コルチャックの仕事の助手を務めていたI.ネーヴェルリによるもので、彼が戦前囚人として収容されていたアウシュビッツで聴き取った話といわれ、1963年に公表された話である。

これも確たる証拠が何もないのであるが、ドイツ人が積換場でコルチャックに列から離れるよう提案したとのことで、それも、死の貨車にすでに乗り込もうとしていた直前のことだという。この伝説は次のようなものだった。ドイツ軍将校がコルチャックに質問する。彼がほんとうに子ども時代の自分のお気に入りの本『若きジャックの破産』の著者なのかと。そしてその場で将校が解放の提案をしたのだという。つまり著名な作家ゆえの救済という話である[70]。

「あなたが本当に『若きジャックの破産』*を書いた方ですか」
「そうだ」
「いい本です、子どものときに読みました。どうぞここから降りてください」
「子どもは？」
「子どもたちは出発です。ですがあなたは残っていいのです」
「あなたはまちがっている……」、コルチャックは、そういって貨車のドア

第2章　「最後の行進」伝説の虚像と実像　　51

の向こうに消えていった。

＊ドイツ語版は1935年にベルリンで出版されている[71]。

　ここには有名な作家としてのコルチャックに対する救済という話が加わっているのであるが、先のシュレンゲルの詩にせよ、積換場でのことであれば、レムバをドイツ人将校にとり違えた話がどこかで生まれた可能性は否定できない。ドイツ人による救済という点は、当時のナチスドイツの行動様式からすればきわめて稀なことであり、容易に考えにくい。

　ただ、いずれにせよ、ドイツ人による救済さえ拒否したのだ、つまり仮にこういったことがあったとしても、コルチャックは子どもを裏切ることはないのだという子どもたちの願いと大人たちのコルチャックへの信頼がこういった伝説を生んだと考えることもできる。コルチャックと同じことをした大人たちはけっして稀有な存在であったのではないが、そのなかで彼はそういった存在のシンボルであり、大人の「模範たりうる」ことを求められたのである。それは将来の大人たちにもゆるぎない行為として伝達されなければならなかった。

　現代のユダヤ人史歴史家フェリクス・ティフは、編著『ポーランドのユダヤ人』のなかで、8月6日、ドイツ人たちはコルチャックの孤児院の子どもたちや他のゲットーの孤児たちをトレブリンカに送ったこと、また、当然そこで「全員がガス室で死亡した」と述べている。そして、コルチャックに対し次のような敬意を示している。

　「どんな場合でもコルチャックは一貫して自分の延命の提案を拒否し、子どもとともに死ぬことを選んでいる。かれの生涯は社会運動における一貫性、忠実な道徳的出所進退のシンボルとなっている。」[72]

　抵抗のシンボルではなく、大人が子どもに示すべき道徳的人間としてのシンボルなのである。

## （2）「ドイツ人による救済（その2）」

　ダウツェンロートによると、1943年非合法出版物（M.B., Likwidacja getta

warszawskiego, reportaz, Warszawa 1943）には、M.B. 氏による、日付など不確かな伝聞によるものだが、次のような記録が残っている。それは、1942年９月３日月曜日の日付のメモなのだが、そこに以下のように記されている。

「昨日、有名な教育家であり作家であるヤヌシュ・コルチャックの寄宿学校から例外なくすべてが強制移動させられ、そこはもぬけの殻となった。ドイツ人は教育者に残ってよいと許可したが、彼はこの申し出を断った。とはいえ積換場で彼は彼の子どもたちから引き離され別の貨車に乗せられた。この様子を目撃した者たちが確信をもっていう。かつてこれほどまでに心に突き刺さる何かを見たことはなかった。」[73]

後半の引き離しの記載は、レムバやルドゥニツキの証言・回想からすれば事実でないが、当時のヨーロッパ各地のホロコーストの世界で、どれほど多くの大人たちや親たちがシステムとして選別され、自分の子どもたちと引き離されることになったのかを考えるなら、一緒に貨車に入れたほうがむしろ例外であり、事実ではなかったかもしれないが、離別させられるそのときの悲しみの気持ちをこそ、想像して人々は伝えたのかもしれない。＊

　＊親子が引き離される事件は、同じ頃フランスのユダヤ人「大量移住」開始策と関わって起こったヴェル・ディヴ事件が有名である。70 年後、この事件を扱う２つの映画が 2012 年から翌年にかけて立て続けに上映された（「サラの鍵」、「黄色い星の子どもたち」）。

ところで、最後の行進開始直前の７月 10 日から８月４日までのカプワンの『日記』を読むとわかるように、人々が生き残る可能性は、年齢の若い男で唯一工場の労働者になることだけであった。そうやって生き延びる、そのための証明書獲得が必至となるといった話が出てくるのだが、後述のシュピルマンがこの時点で生き延びることができたのは、まさにこの証明書を手に入れたおかげであった。このシステムでは、この労働につけない、労働に不向きな「老人、女、子ども」は積換場へと連行されるしかなかったのである。

とすると、行進の最初から、すなわち孤児院として利用していた建物の地点から、子どもたちは分離される可能性があった。だからこそ、「あなただけ残ってよい」との上記のような文章が生まれる、そのような事実背景があったということだ。これは M.B. 氏だけの「誤解」ではない。

8月6日、それまで猶予されていた各孤児院施設の子どもたちもいっせいに移送の対象になったといわれている（その数は全体で3000人といわれる）。それぞれの施設で、施設長は子どものもとを離れることを要求されたか、あるいは、そこに残ってよいと「許されたのか」不明であるが、いずれにしろ、彼らは「子どもと別れるのを拒んだ」という。リンゲルブルムが、レムバの証言に従って次のように述べているのは、そのことを示している。

　「コルチャック博士、コニンスキ、ヤノフスキの英雄的行為。彼らは自分たちの孤児院の子どもと別れるのを拒んだ。コルチャックは、全員が一緒に積換場に行くべきだとの態度を貫いた。なにが自分たちを待っているかを知りつつも、このような苦難の時に子どもたちだけ行かせることはできない、自分たちも一緒に死地に赴くべきだと考えた孤児院長たちがいたのだ。」[74]

　さて、先のシュレンゲルの詩もそうだが、このリンゲルブルムの文章も読んだであろう、後に映画「戦場のピアニスト」として描かれることになるシュピルマンが、1945年に同様のことを述べている。彼はコルチャックのことをとても尊敬していた。

　「8月5日のことだったと思う。仕事の合間にゲンシア通りを歩いていると、ヤヌシュ・コルチャックと孤児たちがゲットーを後にするところに出会った。
　その朝、コルチャックが運営していた孤児院が立ち退きを命じられた。子どもたちだけが連れて行かれることになっていた。コルチャックには助かるチャンスがある。彼ができることは、自分も同行できるようにドイツ軍を説得するしかない。生涯を通じて、子どもたちと暮らしてきた。だから、この最後の旅を子どもたちだけでさせるのは忍びない。
　彼は、子どもたちのために、気分を和らげたいと思っていた。孤児たちに向かって田舎に行くのだから喜ばなくてはいけない、と励ましていた。…
　小さな隊列は子ども好きのSS隊員によって率いられていた。彼はふつうのドイツ人がするように、子どもたちが新しい環境に入っていくのを途中までつきそっていこうとした。彼はヴァイオリンを抱えた12歳の少年に特別の愛情を抱いていたのであろう。行列の先頭に立って何か弾くよう、その子

に伝えた。そして、子どもたちは出発した。

　私がゲンシア通りで彼らを見かけたとき、子どもたちは笑みを浮かべながらみんなで歌を歌い、小さなヴァイオリニストがそれに伴奏をつけていた。コルチャックはニコニコしている2人の小さな子どもを抱え、何か楽しい話をしてやっていた。」[75]

　隊列の先頭に立つのはコルチャックではない。なんとドイツ人それもSS隊員である。ここにあるのは今まで述べてきたドイツ人とはまったく異なるドイツ人像である。この文章は戦争が終わった直後、1945年に、廃墟と化したワルシャワのなかを逃げまわり、かろうじて生き延びることができたシュピルマンが書いた回想であり物語の一部である。周知のとおり彼が最後生き延びることができたのは、あるドイツ人大尉（彼はすでに任務中ナチスドイツの蛮行に憤慨し批判的だったといわれる）による救済の結果であった。「子ども好きのSS隊員」「ヴァイオリン弾きの少年」、「みんなで歌い」ながら……これらは、おそらく音楽家シュピルマンの創作であり、そして何よりドイツ人大尉に対する謝意をこめたものであったし、ドイツ人の中にもユダヤ人を救おうとする者はいたのだということを伝えたかったのである。

## 5．コルチャックと子どもたちの最後

　いったいコルチャックと子どもたちの死はどのようなものだったのか、すべては想像の域を出ない。

　ルドゥニツキの「確信」している事実、それは、貨車に詰め込まれた光景を目に焼きつけ、さらに、他の孤児たちの貨車への収容を見届け、発車するまでの長時間、列車の近くにいて思った「事実」である。「私はほとんど確信している。子どもの多くは列車のなかでトレブリンカに着くまでに窒息していたであろうということを。私はまたコルチャックもトレブリンカまでの旅を生きながらえることはなかったと確信している。」[76]

＊シュピルマンを助けた先述のドイツ人大尉の日記 1942.9.6 にも、人々を乗せた積換場から出る貨車への言及があり、同様のことが確認されている。「200人の人間が40人しか入れないような家畜車に詰め込まれ、連れ去られてどうなったのか、知っているのに誰もいわないけれど……そこはトレブリンカと呼ばれ、……貨車はそこで荷をおろしたが、人々の多くはすでに死んでいた。」[77]

あるいは、E. ダウツェンロート『ヤヌシュ・コルチャック 子どものための生涯』によると、コルチャックの教え子たちは、Oskar Berger がトレブリンカで見たこと、すなわち、子どもたちは足をつかまれ樹木の幹に投げつけられたといったことに遭遇したのかもしれないし、…あるいはまた、Bernd Nauman がアウシュビッツからの報告に書いていた次のようなことに出遇ったのかもしれないという。

「子どもたちはボールで遊んでいたが、彼らにはそれがガス室へと向かわせるためのものなのだなどということは思いもよらなかった。看守の女が手をたたき叫んだ。"さあもういいでしょう。子どもたち、シャワーを浴びに行きなさい"。」[78]

シュピルマンの回想（想像）のなかのコルチャックの最後を引用する。

「ガス室のなかでチクロンBが子どもたちの喉を窒息させ、孤児たちの心に希望ではなく、恐怖がもたらされても、老先生は最後の力をふりしぼって、"大丈夫だよ！ 子どもたち、大丈夫だよ！"と我が子たちにささやいていたにちがいない。そのようにして、生から死への通過点の恐怖を少しでも和らげようと自分のささやかな義務として最後まで子どもたちを思いやっていたのではないか、そう私は確信している。」[79]

ところで、コルチャック研究者アレクサンデル・レヴィンは、孤児の家の子どもたちは、何が彼らを待ち受けているかを知っていたのだろうかと問いをたて、以下のように述べている。

「もっとも年齢の低い子どもたちは理解できなかったが、もっとも年齢の高い子どもたちはつらい真実を理解していた。それはイダ・メルジャンが公表

している例に裏付けられる。孤児の家の12歳の寄宿生ハリンカ・ピヘンゾンはアーリアふうの顔つきで、助かることができた。彼女の母親は、積換場で働いており少女を列から引っぱりだそうとしたが、そのとき、ある子が言った。『この娘(こ)は「家(うち)」の子なの。家で家族に何か良くないことがあるときに、それも今は子どもたちが死に向かっていくときよ。そんなときに、子どもたちを引き離すなんて。いいえ、そんなことはしてはだめ。この娘の居場所はみんながいるところよ。それにハリンカはコルチャックにとてもなついていて、まるで神様のように"おじいさま"って慕っているのよ。そのことも理由としていわなきゃならないわ』と。」(I.Merżan Ostatnia droga Janusza Korczaka,《Folks Sztyme》1986 nr 6/8.)[80]

この例が証拠としておそらく十分だとはいえないが、子どもたち（少なくとも年齢の高い子どもたち）は何が彼らを待ち受けているかを知っており、推し量っていただろうとレヴィンは推察する。

そういった死と同じものとはいいがたいが、この行進の3週間ほど前の7月16日に、コルチャックはゲットー内の孤児院のホールに人々を招き、子どもたちの一部を俳優にして、タゴールの作品『郵便局』を演じさせている。これによってコルチャックが子どもたちに死を教えたのだと解釈される向きもある。他方、この解釈をとらないものもいる。ゲットーの中でこの演劇を見たというセンドレローヴァは、確かに過酷な現実が周囲で進行し、ギリギリのところに追い詰められていたときに選び取られた題材であることにまちがいはないが、死を主題に選択したわけではない、過酷な現実とは異なる別の、いわば子どもたちが望むファンタジーの世界へと彼らを一時的にせよ誘導したかったという解釈をしている。彼女によれば、子どもにとっての死とは、「トレブリンカに向かう彼らの殺人列車のドアをドイツ人の邪悪な手がぴしゃりと閉めるその瞬間まで、そのときまで死が何を意味するのかわかるはずがない」[81]と述べている。

仮に理解はできなくとも何かを感じている子どもたちと一緒に居続け、子どもたちとともにあることは、本論で見るように子どもの尊重・尊厳を訴え続けてきたコルチャックにとってごく当然のことであったし、子どもたちの気持ちに寄り添って生活してきたコルチャックにとっても当然のことであった。

ドイツの福祉現場で働きコルチャックを研究するに至ったGabriel Eichsteller

は、コルチャックの子どもの権利論を彼の死を紹介するところから開始している。

　「ヤヌシュ・コルチャックは 1942 年 8 月、ナチの絶滅収容所のトレブリンカで亡くなった。彼はワルシャワのユダヤ人孤児院の子どもたちに、絶望的な状況のなかで希望を与えながら、彼らと一緒に亡くなった。コルチャックは子どもたちのもっとも暗くなる時間に、それは彼らがコルチャックをもっとも必要とする時間であったが、その時に子どもたちと一緒にいることを望んだのである。すでに彼はガス室からの彼の脱出を手配する様々な誘いを断り続けていた。」[82]

　ますます危害がせまりつつあるなかでは、何としてもその危害から子どもを守らなければならなかった。その危害は大人が招いたものである。第 1 次世界大戦後のポーランド独立の直後、彼は述べていた。「我々は子どもたちに対し、してきた戦争、そして、するだろう戦争に対する責任がある。」[83]

## 6. コルチャックが守ろうとしたもの

　ポーランドを含む東ヨーロッパそしてソビエト連邦の体制転換は、冷戦の終局とともに、ホロコーストに対する東西の体制的な差異のある言説を後退させ、共通の責任を探求する方向へと転換した[84]。これまでのコルチャックの最後の行進に関するイデオロギー的色彩が感じられる言説に対しては、これを回避したり逆に攻撃されたりするものになってきているのだろう。すなわちコルチャックをドイツ民族やナチズムに対する毅然たる抵抗を示すシンボルとして、またさらに、死地に向かって犠牲をも厭わない意識的な抵抗者として英雄視することへの疑問も現れてきている。すでに、毅然たる姿勢でもって行進していたというイメージはルドゥニツキの証言によって相対化させられてきたが、センドレローヴァは、あの長時間にわたる行進を、人は、様々な時点で「目撃した」わけであるから、そういった違いは当然のことであり、もう一方の極の事実を弁護する。ただその事実に関わって、行き先が死地に向かってい

ることをコルチャックが意識していたのかという点について、最近のポーランドでの有力な研究者、アグニェシュカ・ヴィトコフスカ＝クリフ（Agnieszka Witkowska-Krych）の見解は否定的である。

「その行進は４時間、或いは６時間、８時間かあるいはそれ以上かかったかもしれません。1942年８月５日はとても暑い日でした。灼熱で蒸し暑く、陽は刺すようでした。そうした陽気のもとテロの恐怖の街を孤児たちは歩いていったのです。コルチャックの200余名の子どもたちは14歳ぐらいを先頭にして、20、30名のスタッフが同行していました。彼らは多少なりともまともな格好をしていました。というのもゲトー内では『２週間ぐらい前からゲトーが閉鎖され、そこに住む住民は別の場所に移住させられる』という話が広まっておりましたが、それがどういう結末になるのかについては誰も知りませんでした。トレブリンカやガス室についての最初の情報は、コルチャック一行等が強制移動させられた数日後にやっとワルシャワに伝わりました。コルチャックは強制移住させられるということは承知していましたが、どこへ移動させられるのかは知らなかったのです。」[85]

しかし、だからといって、彼が再三の救出の機会を拒否して子どもたちとともにトレブリンカへ向かっていたという客観的な事実は変わらない。彼女は、コルチャックについて次のように評価する。

「（コルチャックは）自ら書き、話したことは、そのままに自己の人生の中で実践する人であった。かりにウムシュラクプラッツへの行進が英雄的なヴァージョンではなかったとしても、コルチャック自身が唱えたことの実践だったのです。ゲトーから抜け出すチャンスはあったとしても、コルチャックがゲトーから逃げ出すことなど私は想像だにできません。子どもに忠実であり、最も大事な局面で彼らから離れるなどということはありえず、もしそんなことをしていたら自己否定ということになったでしょう。」[86]

彼は、彼が大人としてその生涯において唱導してきたことを実践し、子どもとともにあることを実践していたのである。先に、多くの人々がその「最後の行進」を見たといっているのは、人々がそれを見たがっていたゆえの誤認もあ

りうるとアグニェシュカは分析的に述べている。

　イデオロギーから解き放たれつつも、コルチャックは別の現代の肖像を獲得しつつある。
　ごく最近に至るまでポーランド子どもオンブズマン庁の庁官の任にあたり、自らもコルチャックのことを十分熟知しているミハウ・ミハラックがコルチャックの行進について、次のように世界の大人のシンボルとして評価している。

> 「コルチャックは、彼の孤児院の子どもたちと自分自身を救うということをしなかったが、彼はしかし、さらなる何かを救済した。彼は、子ども時代を救い出し、子どもの人間性を救い、そして、すべての子どもたちの価値を救い、さらに、子どもの尊厳だけでなく大人の尊厳をも救ったのである」（ポーランド子どもの権利オンブズマン庁『2012 国際コルチャック年　子どもではなく人間』2013, ワルシャワ, pp.32-4) [87]

　この国の庁官の言葉には、子どもの尊厳を守るという伝統が形成され、引き継がれているといってよい。コルチャック自身は、本章冒頭で見たように最晩年、そしてゲットーの中でも、侮辱や損害から子どもの尊厳を守ろうとする言葉を口にしていたという。
　彼は、死地に向かって赴いたのか。客観的に見てそうだともいえる。自分の命を犠牲にして子どもとともに死地に赴いたのか。いやむしろそうではない。親であればそうするように彼は子どもたちとともにいたのか。いやそうではない。彼は大人が果たさなければならない責任・義務のために最後まで子どもとともにあることを望んだのである。それもぎりぎりのところで子どもを守るために考えた自分の責任、義務をはたすためであった。厳密にいって子どもたちの人間としての尊厳を最後まで守るために、である。
　彼が子どもたちと生きて、子どもの権利を見出していった時代の思考と実践の延長線に、彼の死はある。

# 第Ⅱ部

## 国際的な子どもの権利史の幕開け

# 第1章

# 1924年ジュネーブ宣言の成立と子どもの権利
―― E. ジェブと子どもの権利宣言

## はじめに

　本章では、1989年子どもの権利条約の歴史的な起点とみなされる、1924年の国際連盟子どもの権利宣言（ジュネーブ宣言）について、その成立背景を検討しながらこの宣言が持つ歴史的意義について検討する。条約が成立して以降30年、世界で条約を実現する努力が進められると同時に、すでに1世紀を経たその起源への関心

エグランティン・ジェブ

も強まりつつある。その関心は子どもの権利史に対する歴史認識といってよいと思われるが、ジュネーブ宣言成立史研究のみならず各国で子どもの権利観念・思想の発掘がはじまっている。本論はそういった研究動向を摂取・紹介するつもりで[88]、子どもの権利史をその草創期において素描することを課題とする。
　以下に、ジュネーブ宣言成立以前の子どもの権利に関わる議論の現れ及びその背景の特徴を3点にわたって提示し、続いて、ジュネーブ宣言成立への直接的契機となった第1次世界大戦と直後のエグランティン・ジェブを中心とするヨーロッパの子ども救済運動について、最後に宣言の成立経緯とその宣言内容に関する考察を行いたい。

## 1．ジュネーブ宣言前史

### (1) 女性の権利と子どもの権利

　20世紀への転換期、子どもの権利は女性の権利運動がそれに先行して現れているか、あるいはその運動の胎内から分離独立してくると仮説することができる。1900年に、周知のように、スウェーデンの女性解放運動家エレン・ケイが『児童の世紀』（冨山房百科文庫 24, 1974年）において、来る世紀が「女性の世紀」から「児童の世紀」へと前進する期待を述べ、その文脈で、当時としては広く受容される傾向のあった優生学的な発想での「子どもの権利」に言及した[89]。それ以前現れ始めていたこの概念はまたたくまにヨーロッパに拡散していくことになる。

　これより前、フランスでは、1879年にフランスのパリコミューンの闘士ジュール・ヴァレスがその自伝で子どもの権利（人権）を主張していたことが近年知られるようになったが、最近その直前に1870年代「女性の権利」運動を展開していたフェミニストの代表マリア・ドレムが、1876年にフランスで初めて子どもの権利に言及していたことを知った[90]。ポーランドのコルチャックは、彼が「子どもの権利」の名において思想を展開し始めるのは、ロシアの1905年革命以降で、それ以前の彼の子どもの権利思想の土台となる「子ども──すでに人間」思想を提起し始めた小論、1899年の「19世紀隣人愛思想の発展」（前世紀のフランスのユゴーの提起をもとに対象化した「人間」「女性」「子ども」3者の解放をめざす自らの課題に言及）のなかでは、男性との対等な「女性の権利」を確認しながらも、未だ子どもに対する権利承認の認識はなかった（第Ⅲ部第1章で詳述）。コルチャックが影響を受けたであろうコシアのヴェンツェリが「子どもの権利宣言」の必要を述べ始めたのは1905年のロシア革命直後で、労働者や農民の権利要求運動が現れると同時に女性の権利を要求する強烈な運動が現れた直後のことである。彼は最終的には1917年のロシア革命のなかで宣言文書を完成させていく（第Ⅱ部第2章で詳述）。

　19世紀第3四半世紀から20世紀第1四半世紀の世紀転換期に国際的な女性

団体が活発な動きを見せたことは周知の事実であるが、こういった団体がジュネーブ宣言作成過程で明確な位置をしめて貢献する事実を本章末で確認することになる。

## (2) 子ども憲章と子どもの権利宣言

　この同じ転換期に注目すべきは、様々な契機をもって国家が家庭の子どもの問題に介入する時代であり、いわゆる国親思想が形成される時代であることだ。19世紀の義務教育制度の普及と学齢児の掌握を背景に、経済的な酷使・性的な搾取・体罰などまずは子どもの生命、人身の自由を侵害する事態を国家・社会にとっての有害な行為として取り締まり、親の権利を制限する家庭介入を行う。こういった事態の中で、親にあるなら子どもにも"権利"があるべきだと親子関係を土台とした子どもの擁護（権利）論が現れる[91]。

　国家の側からの子どもの権利に対するアプローチについて、例えば当時の少年司法を専門として子ども法に関する西欧の動向を熟知していたロシアのP.I. リュブリンスキーは、1913年開催のベルギー・ブリュッセルの国際児童保護会議（後述）に関する論考で次のように述べていた。

　「20世紀は、成長する世代の国家的保護という新しい思想を生んだ。この思想は、一連の年少者の利害（の問題）を国家権力がその保護下におき、彼らをあらゆる危機から守ること（そこには子どもの家族からの脅威をも含んでいる）を求めている。それはまた新しい保護のための国家機関を生み出し、そこに新しい力や手段を集めている。（中略）

　子ども法典の創設が証明しているのは、子どもは国家における擁護・保護の特別な対象であるということ、彼らのための特別な利益と権利が承認されるべきということ、この保護はすでに全一の法典が内容をなすほどの発展段階に達したということである。（中略）

　子ども法規は、通常、以下のような内容を有している。乳児の生命と健康、義務教育、少年の放任に対する責任、彼らに対する監督不行き届き、子どもへの虐待に対する責任、それらに関する訴訟手続き、子どもの強制的な養育、保護観察の組織、浮浪児等に関する措置、親権の制約や剥奪について。」[92]

イギリスでは、1889年法以来子ども虐待防止のための子ども関係諸法の制定が続き、1908年これらを統合した子ども法が成立するが、これは子どもの大憲章と呼ばれて賞賛された。子ども法創設は、ベルギー、オランダなどヨーロッパ各地へと広がった。ロシアのヴェンツェリが先述の1906年の「子どもの権利宣言」発布を訴えはじめたとき、彼は「子どもにも自由の大憲章」が必要と述べていた[93]。また、1918年にコルチャックがその固有の実践的な子どもの権利に言及するとき、同様に、「自由の大憲章、3つの子どもの権利」と憲章づくりを意識していたのである[94]。いうまでもないが、イギリスの大憲章、マグナ・カルタは世界の人権憲章の歴史的起源ともいわれるものであり、この時期、社会や国家に向かって子どもに必要な問題解決や要求事項を"カルタ"、"チャーター"として要求する動きがしばしば現れていた。

　「子どもの権利宣言」の作成・公布と「子ども憲章」の作成は、ロシアとポーランドで見ると混在し、イギリスでは後者、フランスでは前者の文脈であるが、いずれも今日の概念からすれば、人権の歴史の流れに位置づけて子どもの保護・権利が構想されはじめていた時代の象徴として考えることができる。

## (3) 子ども期の各種児童保護問題の統合・国際化と子どもの利益・権利

　資料1（67頁）に見るとおり、19世紀末から盛んに、孤児・浮浪児・乳児・少年未成年者などを対象とする救貧・福祉・養育・少年司法・教育それぞれに、子どもの問題を対象として国際会議が開催されるようになり、同時にこれらの問題に対処していくための国際的な機関の設置への期待や要望が現れることになる。それらの個々の児童問題に関して国際的な情報交換・国際会議の開催や国際的な運動は、1910年代に入る頃までに児童保護問題の全体をとらえはじめていた。ここにイギリスの歴史家H. カニンガムが注目している事実を補って述べるなら、①1870年代から始まった「学校衛生会議」（国際会議1907, 1912年）が組織的な医療サービス網を通じて、そこでは医者や教育者が学齢児の健康・病気・衛生などの子ども領域をとらえ、②若干開始が遅れて「乳幼児福祉運動」（国際会議1905, 1907年）が同様に医者や看護師らがその年齢の保育や医療の領域をとらえ、③また、工場で働く子どもについては、「労働法制に関する国際交流会」（1890, 1900-1914隔年国際会議）が、④さらに、虐待や放置など生活困

難のなかでの養育困難に陥っている家庭の子どもや路上で生活する子どもの保護に関連しては、「児童保護」問題での国際会議（1872-1914 年の間 15 回）や未成年者少年司法の国際会議などでは法律家や医者や社会事業家が集い[95]、⑤そして児童問題に限定できない人身売買・買春問題でも国際会議（1904, 1910 年人身売買防止で政府間会議の開催や国際会議、国際ビューローの活動）が開催されており、「児童問題」をそれぞれ後には相互に関連しあう問題として共通に認識し始めていた[96]。

　「社会政策の国際化」[97]——こういった動きは他の政策領域でもあったのか筆者には未知の世界であるが——という文脈で児童保護に携わっていた当時の人々の出自や動機を研究することは興味深い課題であるように思われる。

　資料 1 左欄のように、各地で頻繁に国際会議が開かれていたが、当時これらの国際的な子どもの保護活動の先頭に立っていたのは、スイスやベルギーであった。

　スイスの医者や法律家たちは、資料 2（68 頁）のような任務をもつ国際事務局の設置を計画するほどの活発な活動を展開していた。その計画には関連文書資料の収集・年報の発行・実践活動の交流・情報交換と提供、さらには児童保護に関する国際条約案の作成まで展望していた。こういった国際事務局は、スイス議会での刑事当局の発言によると、様々な国で強化されつつある努力を結びつけ、「文明化された国においてますます勝利をおさめつつある児童保護の考え方」を確実なものとし、また、「自分の義務を忘れた親たちに対する子どもの権利を外国で助けるため」でもある（スイス議会 1912 年 3 月 8 日）、と親に対する「子どもの権利」に踏み込んで議論する場面もあった[100]。

　こうした「国際化」、子ども期全体の保護課題としての結合・統一の歴史動向は近年の子ども史研究者の共通認識になりつつある。例えばポーランドの研究の伝統を引き継ぐ Domzał[101] は、1890 年から 1911 年までの少年司法、矯正教育、福祉、貧困、乳幼児保護など各種国際会議の開催を確認し、各種児童保護・対策に関する国際的な情報交換や国際組織の設置、その事業を請け負うべき国際ビューローの設置構想等を紹介している。

　第 1 次世界大戦直前までのこうした流れの一つの象徴ともいうべき国際会議が、1913 年開催のベルギー「ブリュッセル児童保護国際会議」であった。同会議は、その直接的な主題は少年犯罪と家庭養育制度に関するものであったが、すでに関連する児童諸問題を包括する形で子ども全体（子ども期）を捉え

資料1　19c.末-20c.初頭欧米の「児童保護」・「児童法」と「子どもの権利」[98]
　　　　― 関連国際会議と社会活動・思想の動向 ―

| 児童保護各種国際会議 | 子どもの権利思想の動向 |
|---|---|
| 1880年　パリ放置児・家なき児保護協会 | 1879年　(仏) ジュール・ヴァレス『子ども』親の躾としての体罰、子ども虐待の告発と「子どもの権利」の擁護 |
| 1883年　パリ放置児・家なき児保護国際会議 | |
| 1885年　売春に関する規制　英・伯関係 | |
| 1889年　児童虐待防止法(英)／児童保護法(仏) | 1892年　(米) ケイト・ウィギン『子どもの権利――託児所の論理』"子ども期の権利" |
| 1898年　児童虐待処罰法(仏) | |
| 1899年　婦女子人身売買防止国際ビューロー | 19c.末？英　B.ウォー 1889年設立の英虐待防止協会初代事務局長「子どもの権利」=「生得的権利」「自然権」「マグナ・カルタ」についての発言 |
| 1890年　ベルリン犯罪関連国際会議(少年犯罪を含) | |
| 1900年　スイス　労働法制に関する国際交流協会 | |
| -1914年　2年毎開催(1890年ベルリンで初会議) | |
| 1904年　(仏) 児童保護法 1907年非嫡出子保護法 | 1900年　(瑞) エレン・ケイ『児童の世紀』「親を選ぶ子どもの権利」 |
| 1904・1910年　人身売買防止で政府間会議　仏主催 | |
| 1905年　オランダ児童法 | 1904年　全米児童労働委員会(NGO)「子どもと若者を労働から解放し、彼らの権利、自覚、尊厳、福祉、教育を促進する」ことを趣旨として設立 |
| 1905年　拘束を解かれた児童・放置児童擁護国際ビューロー…仏リールに設置 | |
| 1905・1907年　パリ・ブリュッセル乳幼児関連国際会議 | |
| 1907・1912年　学校衛生学に関する国際会議 | 1906年　ヴェンツェリ『子どもの解放』、子どもの権利宣言の公布を訴える |
| 1908年　ロンドン道徳教育国際会議(第1回)　イギリス児童法 | 1907年　コルチャック "子どもの権利" に初言及 |
| 1909年　(米) 要保護児童ケアホワイトハウス会議 | 1908年　ウルグアイの教育家 "Jose H. Figueiraの子どもの権利リスト |
| 1910年　コペンハーゲン慈善貧困者保護国際会議 | 1908-1912年　(独) W.ポリヒカイト養育に対する子どもの権利論 |
| 1911年　パリ第1回未成年者裁判国際会議 | |
| 1911年　ベルリン乳児養護国際会議 | 1911年　田村直臣『児童の権利』 |
| 1912年　国際小児学会開催(計画1910年)　フランス小児学会中心に国際組織構想 | 1912年　バルセロナ学校衛生会議 "子どもの権利" 決議 |
| 1912年　(米) 子ども局設置法の大統領署名 | 1912年3月　スイス議会で国際間の子ども権利問題審議 |
| 1912年　ロンドン第1回国際優生学会　ジュネーブにルソー研究所／ベルギー児童保護法 | 1913年　(米) A・J・マッケルウェイの「子どもの依存宣言」(1866-1918) |
| 1913年　ブリュッセル(第1回)児童保護国際会議　ブリュッセルに児童保護国際ビューロー設置採択 | 1913年　(露) M.I.レヴィチナ「子ども期の権利」 |
| 1914年　1872年から児童保護法案の国際的議論　同会議開催15回(7回ベルギー2回パリ) | 1917年　(露)K.N.ヴェンツェリ「子どもの権利宣言」 |
| 1919年　パリ講和会議　翌年1月国際連盟発足 | 1918年　ポーランド J.コルチャックの「大憲章、3つの子どもの権利」 |
| 1920年　ジュネーブに国際児童救済連合SCIU(ジェブの関わった協会) | 1918年　西山哲治『児童の権利』 |
| 1921年　ブカレスト国際会議／児童保護国際協会の設置決議(決議実現に向けた「合意」に8国署名) | 1918年　ワイマール憲法　養育への権利 |
| | 1922年　ジュネーブ宣言の二つの案 |
| | 1922-23年　(韓) 方定煥の「オリニ憲章」 |
| 1921年　新教育連盟第1回国際会議 | 1923年　生江孝之「児童の権利」 |
| 1922年　ブリュッセル国際会議／協会設置最終決定 | 1924年　ジュネーブ子どもの権利宣言 |
| 1925年　ポーランド　ジュネーブ宣言承認 | 1924・1927年　賀川豊彦の「子どもの権利」論[99] |
| 1928年　ポーランド　国際児童保護協会に加盟 | 1927年　モンテビデオ十カ国代表子どもの権利宣言宣言 |

**資料2** 1911年国際児童保護協会事業案（Dr. E．Gottesheim, F.Zurche）[102]

1. 児童保護並びに児童へのケアの領域での世界各国の法令またその他の法的な文書の収集
2. 様々な地域における児童保護分野の諸資料を付した専門的な年報の発行
3. 児童保護分野での実践活動への着手、様々な地域や国家機関への支援、児童ケアの遂行にあたってのあらゆる濫用の克服
4. 児童保護分野での情報の広範な案内
5. 様々な児童保護に関する国家機関とのコンタクトの開始またその継続
6. 児童のケア・保護分野に関する文献の収集
7. 児童のケア・保護分野に寄せられた基金の管理
8. 児童の法的保護における国際的な条約案の先導と準備
9. 児童ケアならびに児童保護分野での統計の実施

ていた。会期末の最終決議は今後の課題としての「児童保護問題」を以下のように極めて広範囲に把握している。すなわち、乳幼児死亡率の低減と乳幼児保護、貧困と児童の衣食住の確保、浮浪児・孤児の保護、児童虐待・ネグレクト・放置への対処、親権の制限と児童保護、「退化」児童・「欠陥」児童の犯罪予防と特殊教育、少年司法、売春、小児保健、医療措置、児童労働の保護と制限[103]などである。主催国ベルギーの法務大臣 C. ヴィアトールは1913年の同会議のオープニングでこう述べていた。

「子どもは、これは特別の存在である。それは発達しつつある有機体であり、未来への期待と同時に危険性をはらんでいる。それはその固有の本性（自然）、その特別の傾向、その特別のニーズを有しており、したがってそれらの専門的な研究が必要である。」[104]

子どもという未来の存在への国家的な利害からの関心・注目とともに、それに対する強い懸念も重ねられている（詳述する余裕がないが当時ますます大きな影響力を持とうとしていた国家的な優生学的思考がここに働いている）[105]が、ほぼ同じ時期に子どもという多面的な存在をトータルに捉えようとし始めた他の例にも注目しておこう。

アメリカで1912年に設置された子ども局は「子どもの利益」を守るとの任務が明確にされているが、後の1920年代にこの子ども局で活躍することになる G. アボットは、同局が対象にするのは「子ども全体」（a whole children）

であり、同局は「子ども全体を研究対象とする研究機関になるべきで、小児科医、法律家、統計家、精神科医、心理学者、そしてまた子どものための社会学者やソーシャルワークの専門家が…研究に従事すべき」[106]ことを求めていた。彼らはまさにこの時期に子どもの専門家群を形成しつつあった。

こういった活動をしていた人物たちについて、カナダの歴史家 D. マーシャルも注目し、次のように記している。

「19世紀の中頃から、子どものために貢献する職業がその関連する政策転換に伴って現れた。法律家や医者、遅れてソーシャルワーカー、社会科学者、心理学者そして保健師などである。ヨーロッパ並びに北米の国々における児童救済に対するキャンペーンは、すぐさま相互に影響を与えあうようになった。それは、国際的な会議や団体、国際的な専門雑誌や法学文献集、そして、留学また旅行に至るまでである。」[107]

これらは国家の側から守るべき国家的利害としての「子どもの利益」を擁護するスタッフであったが、同時に、彼ら専門家の中には、子どもの様々な生活領域で「危機に直面する子ども」の子ども期の権利の擁護者として発言する者が現れはじめることになる。

## (4) 各国での子どもの権利思想の萌芽

19世紀末のイギリスの児童虐待防止協会初代事務局長ベンジャミン・ウォーの子どもの権利擁護発言、アメリカの幼児教育家・児童文学作家ケイト・ウィギンの「子どもの子ども期に対する権利」論、20世紀に入って1908-12年のドイツのW. ポリヒカイトの教育に対する子どもの権利論、1912年バルセロナの学校衛生会議の子どもの権利決議、また、アメリカの児童労働問題に携わったマッケルウェイの1913年「子どもの依存宣言」(「子ども期の譲り渡すことのできない権利、すべてのものを発達させるための平等な機会を有するような教育を受ける権利」)、また同年ロシアの教育家M. レヴィチナの「子ども期の権利」論、さらに1917年ヴェンツェリの「子どもの権利宣言」など、彼らははっきりと子ども期のニーズや利益擁護の立場に立って子どもの権利要求を代弁し始めていた[108]。

すでに19世紀末までに近代的な子どもの人権・子どもの権利に関する主張・見解の芽は様々な形で表れていた。本節ではそれらの内容すべてについては深く踏み込めないが、まずは資料1の右欄（67頁）で、筆者が知る限りのことについて、その流れを確認しておきたい。

　フランスでは、1879年に、パリコミューンの闘士の1人ジュール・ヴァレス（Jules Vallès, 1832-1885）がその子ども時代に関する自伝『子ども』[109]のなかで、親の躾としての体罰＝子ども虐待を告発する作品で、フランスでおそらく初めて明確に「子どもの権利」の擁護を世に訴えた。ヴァレスは1879年、自伝『子ども』で、次のように述べている。

　「過去のローマにはひとつの法律があった…。息子に名誉を傷つけられた父親は、死を命ずる権利があった。人権（大人の"男"の権利とも解釈できる）を擁護する人たちがいるように、ぼくは子どもの権利を擁護するんだ」と。カニンガムによれば、フランスでは1889年にその後の西ヨーロッパのすべての国で25年にわたって各国がモデルにした親権制限（親権剥奪を含む）の法律がつくられる。

　スウェーデンでは1900年エレン・ケイが『児童の世紀』を著し、その後、国際社会が子どもという存在に注目し「子どもの権利」を考えていく歴史的な流れにおいて重要な役割を果たすものであった。しかし、子どもの権利論をリードするというよりはその後の議論の契機となったという側面が強い。この著作が数年のうちに各国語に翻訳されてヨーロッパに広がったことは周知のとおりであり、直後の諸文書に彼女の影響は散見される。

　『児童の世紀』には、「親を選ぶ子どもの権利」という章立てまであって言及される「子どもの権利」ではあるが、ここで述べられている思想が後々現代にまで至る子どもの権利論を広く導くものではなかった。同書の「子どもの権利」に関する言及についての評価は、章ごとに吟味が必要である。同書はケイの女性解放運動の活動家として女性の権利を訴える立場から、子どもにもっとも近い位置にあり、「母子保護」として母と子が密接に絡んで課題が存在することを意識していた人物として、子どもを保護する「子どもの権利」に言及することは自然なことであった。また、確かに子どもをとらえる思想においては、「教育」の章で、子ども尊重の思想、その存在への不可侵など、子どもの権利の本質に関わる議論もしばしば展開しており、たとえば乙訓稔（『西洋現代幼児教育思想史――デューイからコルチャック』）が「子どもの権利」論の先駆者の

一人とし注目する向きもあるが、教育論をもとに「子どもの権利」を主張している箇所はない。むしろはっきりしているのは、「親を選ぶ子どもの権利」という、明らかに優生学思想を土台にした議論であり（藤川信夫論文、「優生学から見た子ども」、小笠原道雄編『進化する子ども学』2009 年、福村出版所収などを参照）、その意味から当時の「子どもの権利論」に限って直接・間接の影響を及ぼした跡はいくつか見られるが、これが今日の権利論に連なるものとは考えにくい。

　アメリカでは、小説家で児童文学者、ドイツのフレーベルの思想の影響を受けたといわれるケイト・ウィギン（Kate Wiggin, 1856-1923）が、自らのボランティア体験を経て『子どもの権利——託児所の論理』を 1892 年に著した。カニンガムによれば、彼女は子ども期というのは幸福に満ちた人生最良の時期たるべきという 18 世紀末から浸透しはじめたロマン主義の信念に立って、そういった"子ども期"が保障されて当然なのだとの訴えを始めていた人物である。

　この流れを受けてのことであろう、1904 年に、カニンガム『概説子ども観の社会史』の邦訳者北本の補注によると、アメリカの非政府機関「全米児童労働委員会」が「子どもと若者を労働から解放し、彼らの権利、自覚、尊厳、福祉、教育を促進する」ことを趣旨として設立されたが、この改革運動の理念に従って全米の児童労働の実態調査を行ったのが、社会改良家 A. マッケルウェイ（Alexsander McKelway, 1866-1918）である。その彼が中心となってつくったのが「子どもの依存宣言」である。そこには、「子ども期には一定の譲り渡す事のできない権利が与えられる」のだということを前提に、資料 3（72 頁）のようにつらい労働からの解放、遊び、夢を見ること、夜間の安眠つまり夜間労働の禁止、自らの発達保障のための教育を受けることといった「子どもの権利」がリスト化されている。この文書[110]については、1904 年の段階でのNGO 全米児童労働委員会の活動を引き継いで成立したものということがカニンガムの研究からわかっているが、これがアメリカ独立宣言をもじった"非独立＝依存"する子どもたちの宣言（Declaration of Dependence）として文書化されたと通常理解されている（カニンガムの邦訳者は、なぜか「扶養申告書」と翻訳してしまっている）。全文は以下のとおり。

**資料3** 1913年子どもの"依存"宣言（Declaration of Dependence）

「我々アメリカの児童は自由かつ平等に生まれたと宣言されている。にも拘らず我々はこの自由の国で隷属の状態におかれており、健康、安全、労働時間、賃金に関する労働条件の何らコントロールもなく、また労働の対価に関する何の権利もなしに、終日終夜の労働を強いられている。それ故に次のことを決議する。Ⅰ．子ども期には一定の譲り渡す事のできない権利を与えられており、その中には、日々のパンのための辛苦からの解放、遊び、夢見る権利、夜の時間に安眠する権利、および自分の中にあるすべてのものを発達させるための平等な機会をもちうるような教育を受ける権利 が含まれている。Ⅱ．我々は自分たちがよるべなく依存した存在であることを宣言する。我々は依存したものであるとともに、権利において依存すべき存在である。それ故に我々はここに、我々のよるべなさについての訴えを表明するとともに、子ども期の権利を享受できるような保護が我々に与えられるよう訴える。」[111]

　イギリスではいうまでもなく、18世紀末から近代的な産業化と都市化の影響の下での児童問題が、労働・司法・教育の各分野の専門家たちによってすでに様々に議論されていた。この国では結論だけ述べるなら、「子ども期」という観念が定着し始め、同時にカニンガムによれば、子どもの権利観念についての理論化も進み、「19世紀の末までには子どもの権利は扶養・教育・保護を受ける権利にとどまらず、子ども期固有の権利とみなされるようになった」[112]のである。この点に関連して当時イギリス児童虐待防止協会の初代事務局長であったベンジャミン・ウォー（B.Waugh, 1839-1908）は、「子どもの権利とは、子どもの生得権である。それは子どものマグナ・カルタであり、自然権である。その書き手は子どもの創造者、すなわち神である」と述べた。先述のケイト・ウィギンは子どもは他に「譲渡できない…子ども期の権利」を有するのだとも述べるに至っていた[113]。

　スペインでは、1912年、バルセロナ学校衛生会議で子どもの権利がリストアップされた"子どもの権利"が決議[114]されるが、これは医者たちによる児童保護活動であろう。この種の学校衛生会議に関していえば、すでに1887年と1904年に国際会議が開催されていた[115]。

1912年バルセロナ子どもの権利決議、並びに1908年のJose H.Figueiraによって作成されたという子どもの権利リスト、これらは我が国ではいまだ十分に知られていないものであり、抄訳資料を紹介しておく。

**資料4**　1908年"Jose H. Figueiraの子どもの権利リスト"

　1　子どもには良く産んでもらう権利がある。それはつまり、健全でまた合法的な子であること　2　通常の十分な発達のために必要なものすべてを整えられる権利　3　親たちや後見者たちの愛情と保護に対する権利　4　子どもの身体的精神的発達の自由に対する権利　5　余暇・遊び・生活を楽しむ権利　6　コミュニティーと国家の保護とケアに対する権利　7　文化・技術・産業教育への権利　8　搾取と劣悪な処遇に抗議する権利　9　反抗的・非行の子どもの医学的・教育学的再教育の権利　10　人種や社会的境遇に拘らず全ての同じ必要不可欠な権利。

**資料5**　1912年　バルセロナ学校衛生会議"子どもの権利"決議

　1．太陽に対する権利　2．豊かな空気に対する権利　3．水と清潔さに対する権利　4．慈養食物（"必要な食糧"）に対する権利　5．身体活動（"健康な運動"）への権利　6．喜び（"彼らの有機体の発達"、"子どものための健康な余暇と喜び"）に対する権利　7．愛に対する権利（"愛は彼らの道徳的な生活を押し上げる""子どもを鞭打つことや悲しみのまま直立させるのは罪だ。げんこつで子どもを殴るような者には1年から3年刑務所行きの刑罰が勧告される"）　8．真実に対する権利（"彼らの知的な活動を育成すること"、いかなるやり方であれ、嘘は罪である）。

　19世紀末から20世紀初頭は労働運動や社会運動そして民族運動が次第に活発化する時期で、特にロシアでは1905年と1917年の2つの革命を背景に「子どもの解放」をめざす教育改革家K.N.ヴェンツェリらの急進主義的グループが、憲法制定議会での公布を求めた文書案1917年「子どもの権利宣言（"Deklaratsia prav rebenka"18箇条)」を著す。これは次章で詳しく見るが、この文書では全人類を2つに区分し、子どもを抑圧される存在とみなす思想であり、また、子どもを一個の人格とし、親の所有物でも社会のものでも国家のものでもないとする思想、さらに、子どもと大人の同権、意見表明権・規則作

成参加権、現在において価値ある存在であるという思想など、現在なお注目すべきものを多く有している。

また、その帝政ロシアの植民地となっていたポーランドのワルシャワで1912年以降小児科医から孤児院の院長に転じ、第1次大戦中は従軍医として戦地に赴きそこで執筆を開始して大戦後の1918年までに書きあげられる、J.コルチャックの主著『子どもをいかに愛するか』には、「子どもの大憲章（マグナ・カルタ）3つの子どもの権利　1死に対する権利　2今日という日を生きる権利　3あるがままで存在する権利」が要求されている（第Ⅲ部第2章詳述）。

以上のように、第1次世界大戦（1914-1918）に至るまでに、欧米各国において子どもの権利に関する観念の理論化（一部には制度化）が進み始めていた。それらが直接相互にどう関わるのか、なお多くは今後の課題として残されているが、それらを国際的に統合する動きが確かなものになっていくことはまちがいない。

第1次世界大戦への突入は、前述の世紀転換期の様々な分野における子ども（期）への強烈な関心をいったんはかき消したが、大戦中から戦後は、子どもにもたらした甚大な危害や犠牲のゆえに、大人たちの関心は子どもへ、まずは子ども救済・保護へと向かった。その直後からようやく過去の課題認識に立ち返り、すなわち各種児童保護問題の解決に向かって再出発することになる。

## 2. ジュネーブ宣言成立の過程

### (1) 第1次世界大戦の終了と戦災孤児等の救済と国際児童保護の構築

イギリスの歴史家H.カニンガムの著作をもとに、大戦を前後しての子どもの保護・子どもの権利をめぐる動向について確認しておく。

「20世紀初頭には、保護に対する子どもの権利について大人の世論を推進す

る国際団体の発展が見られた。1912年、スイス政府は"今日、多くの国で…（中略）…子どもと青年を保護する力強い観念が政府関係者ばかりでなく、あらゆる階層の人々のあいだで、ますます大きな関心事になっている"と述べ、国際児童保護局の創設を待ち望んだ。第1次世界大戦の衝撃とその余波は、子どもの権利に関する宣言を起草しようという互いに異なった諸努力を生み出すことになった。競合するいくつかの組織が、新しく形成された国際連盟に働きかけて、子どもの権利を調整する中心的な役割を担うよう求めた。」[116]

ここにいう、「第1次世界大戦の衝撃と余波」がどのようなものであったのか。子どもに関わる被害や影響に関する数値を確認しておこう。

第1次世界大戦の犠牲者の数は、史上前代未聞の数値となった。ポーランドの児童保護史家バルツェレクによると、ヨーロッパで400万人の兵員犠牲者と2000万人以上の負傷者があったという[117]。大戦による子どもの被害も大きかった。子どもの権利史研究家P.ヴィアマンによると、第1次世界大戦終了までに、中東欧の1300万人の子どもが緊急支援を必要とし、400万人の子どもが亡くなったという[118]。「戦勝国」フランスは戦争犠牲者では最も被害が大きかったといわれ、のべ800万人が兵士として動員され140万人が死亡、そして親を失った子どもが110万人[119]にのぼったという。その「敵国」ドイツも被害が大きかったが、1918年以降の戦後も戦争末期に始まった過酷な飢えが続き、76万人もの餓死者があったという[120]。再びヴィアマン[121]によると、戦後、飢えで苦しむ子がドイツ全体で30パーセント、すなわち3人に一人が食に飢えていたという[122]。後述のE.ジェブが彼らの救済のために活動し始めるのはこういった状況の中においてであった。

1918年のパリ講和条約の後、1919年初めに設置され動き出した国際連盟は、1920年から「戦災犠牲者としての児童の救済」の支援、また、そのための高等弁務官の設置という議論を開始していたが実現しなかった。この年はチフスがヨーロッパ中で猛威を振るい、これへの対処がむしろ緊急課題であった。かろうじて一時的な対処として決まったことは、それぞれの地域のプロテスタントとカトリックそして正教会の宗派間の努力を、この年に新たにつくられた国際組織、ジェブらのセーブ・ザ・チルドレン国際連合やフーバー委員会、そして国際赤十字の3者のもとに集中すべき、とすることに限られた（連盟総会第2委員会）が、これら3団体が戦争末期の数か月と戦争直後の時期には、「中

欧と東欧の 600 万人の子どもたち」を食べさせていたという[123]が、この数値も当時の子どもたちの窮状を示すものである。ちなみに 1921 年東欧諸国の一つで独立したばかりのポーランドだけで、少なくとも 156 万人の子どもが孤児となっていたという[124]。

こういった中でイギリスの慈善団体「飢餓撲滅委員会」が活動を開始していたが、そこで活動をしていたエグランティン・ジェブ(1876-1928)は、1919 年ヨーロッパ中の飢える子どもを対象とする緊急援助を開始する。活動開始の時点でのジェブのエピソードがある。停戦時のロンドンの街角が「戦争が終わった」と歓声をあげて喜ぶ中で、彼女は特別の許可を得て入手していた外国の新聞から様々な情報を入手し、現地に向かうことを希望した。ジェブは友人の医者のところに赴き話を聞いた。

　直に見てきたことをただ言葉として持ち帰るしかない。ふつうみんな医者のいうことを信じるのだけれど、それでも行くのか？　ある医者は現地に行ったことがあった。結局、最悪のニュースが本当だったことを持ち帰ることになった。何百何千もの男たち、女たちそして子どもたちが餓死している。母親は、自分の子どもに母乳をあげられない悲しみの中で子どもの死を待つよりは彼らの命を絶っている。ほんの小さな子どもたちは衣類の代わりに新聞紙にくるまれている。病院は、食料難で痩せこけた子どもたちで大混雑。医者も看護師も何もできない状態。そこには何もないのよ。医療品はすでに底をついてしまっているし、絆創膏さえない。"何かしなきゃならないのよ" 彼女は大声で叫んでいう。"なされるべきことをする。そう、私たちはこの飢えと闘わなきゃならない！"（英国セーブ・ザ・チルドレン『世界の子ども』1935 年 12 号[125]）[126]。

ジュネーブ宣言成立までのプロセスは、こういった戦争直後の未曽有の混乱と貧困の中で子どもが大量に弔われ、死と飢えに直面している状態から始まるのである[127]。

## （2）ジュネーブ宣言の成立過程とE.ジェブらの活動について

### a. E. ジェブとセーブ・ザ・チルドレン（SCF・SCIU）

　1924年国際連盟の子どもの権利宣言の国際連盟総会承認に至るまでの経緯の中心にいたのは、先述のイギリスのセーブ・ザ・チルドレン基金（1919年5月設立, 以下SCF）の創設者 E. ジェブである。

　SCFは、前記慈善団体"飢饉撲滅委員会"から独立する形で発足する。その発足当初は、戦後の生活困窮のなかでの道徳的荒廃、とりわけその子どもへの影響、さらにその未来への波及に対する懸念という意識から活動を始めた、なお伝統的な慈善活動の一つであった[128]。

　しかし、それが活動を主導するジェブのもとで2〜3年の内に急速に変化する。1920年1月にはジュネーブに拠点をおく国際児童救済連合（以下SCIU）が設置され、国際領域へと活動が広がる[129]。スイス、スウェーデン、フランスなどではSCFに呼応する活動が始まっていた[130]。ジェブは、同僚Fullerによると、SCFとSCIUの目的を「世界中の児童ケアと児童福祉のスタンダードを作り上げる」ところに設定し[131]、同年10月ロンドンにあるSCF理事会で国際的活動を行うことを確認して、ジュネーブとロンドン2か所を足場に国際活動を展開する。同年12月思いがけずローマ法王からSCFへの寄金並びに活動支援（全世界のカトリック教会）の申し出があり、彼女を大いに励ました[132]。

　国際組織SCIUの方は、各国の支持を得たところで広がりを見せていた。創設時すでに25か国からの参加者があったといい、なんといっても戦後の国際平和への志向が現れはじめていたことが背景にあった。大戦後「あの恐怖を二度と繰り返してはならない」という各国の人々の決意が、中・東欧の各地で続いた紛争の結果の難民やその子どもの救援活動の協力・統合を促したといわれ、ヨーロッパの宗教上・政治上の中立を目指して、先述のようにスイスにその拠点が置かれることになる。SCIUの活動の目的については、創設時の代議員会議報告の中で、子ども救済が国際社会の救済に連なると次のように展望をもって語られていた。

　「世界を強くするであろうもの、それは平和条約でもなく経済的活動でもない、我々の子どもの手中にこそあるのだ、ヨーロッパの未来はそこに見出だ

せるのだ。」[133]

　SCF と SCIU は、国際活動は縦の系列で密接に連絡をとりあい活動を展開していたというより、それぞれが独自に活動を展開していた。前者は、ジュネーブ宣言直後の 1924 年から 1928 年にかけて活動総覧を記載した国際ハンドブックを作成し、また、Fuller 監修の雑誌『世界の子ども』を発足当初から第 2 次世界大戦後まで発刊し続け、各国の子ども救済・保護・福祉の状況について情報を発信し続けた。他方、SCIU は、各国のセーブ・ザ・チルドレンの活動概要の紹介リーフレット（各国の子どもの現状を映す写真で覆われている）や他にテーマ別の子どもの福祉に関わるリーフレット、例えば、第 1 次世界大戦の子どもへの影響を各国の著名人の文章の力を借りて編集した「戦争と子ども」や、各国で働く子どもの現状報告「子どもと労働」そして後述の「ジュネーブ宣言」37 か国語翻訳のコレクション等の出版・普及に努めた[134]。

### b. ジュネーブ宣言の作成（その 1）

　ヴィアマンをはじめとする近年の研究蓄積[135] に従って、ジュネーブ宣言の成立への概略を示したい。すでに 1922 年の段階では、SCF レベルで 3 つの文書（諸権利の宣言、将来条約の形になるべき法典、国家と民間の機関による活動概要のための憲章）の作成が検討され、3 月からその作業が開始され、10 月には SCIU 総会に子どもの宣言構想が提起され、翌年の 1923 年 2 月 23 日に「宣言構想（"5 原則案と 7 原則案"）」が審議されたことが知られている。そしてそこでは決着がつかず同年 5 月 1 日に最終草案[136] が SCIU 執行委員会で承認されたという。

　宣言づくりの内容については後述するとして、この承認からジュネーブ宣言成立に至る推移を見ておく。最終草案承認以降、SCIU の活動は活発化する。まず、6 月にはエレン・ケイを含め各国で著名人・政治家による署名活動を開始、年末にはエッフェル塔からラジオ番組での宣言読み上げ、1924 年 2 月にはジュネーブ美術史館にスイス要人を招き大々的な宣言セレモニーが行われ、これが"ジュネーブ宣言"の名で世界に広まる契機となった。当時の政府要人を迎えたこともあり、この宣言は州の公文書館に収まることになる。そして 1924 年 9 月 26 日、国際連盟総会でジュネーブ宣言の国際承認となる。その直後 SCIU は、10 月第 4 回"子ども期国際会議"で各国での普及促進決議を行うこ

とになる[137]。このような流れを見ても、ジェブと2つのセーブ・ザ・チルドレン組織が側面で重要な役割をはたしていたことがわかる。国際連盟は、これを機に連盟内に児童福祉に関わる専門委員会を設置し、ようやく活動を開始するのだが、本論ではこの後の活動を追う余裕はない。しかし1934年国際連盟は10周年を記念してこの宣言を改めて採択しその実現を目指すことになり[138]、この宣言が、戦間期あるいは戦時中も児童保護・子ども福祉の実現を目指していくうえで各国また国際的な協力の旗印になったことは確認しておきたい。

### 資料6　ジュネーブ宣言

「総会は、一般にジュネーブ宣言として知られているところの、児童の権利宣言を承認し、国際連盟加盟国はこれを児童福祉事業を導く原則として招き入れることとする。」(1924年9月26日国際連盟第5回総会での決議採択Ⅰ)

**ジュネーブ宣言**

「本児童の権利宣言即ち一般にジュネーブ宣言として知られている宣言により、すべての国の男女は、人類には児童に対して最善のものを与えるべき責任があることを認め、これを人種、国籍または信条の如何を問わず、彼らの義務として宣言し受諾する。

Ⅰ．児童は、正常な発達をするために、物質的にも精神的にも必要な諸手段を与えられなければならない。

Ⅱ．飢えた児童は食物を与えられなければならない。病気の児童は看護を受けなければならない。発達の遅れている児童は促進させられなければならない。非行を犯した児童は更生させられなければならない。孤児および浮浪児は住まいを確保しかつ援助されなければならない。

Ⅲ．児童は、危難に際しては最初に救済を受ける者でなければならない。

Ⅳ．児童は、生計を立て得る地位におかれ、かつあらゆる形態の搾取から保護されなければならない。

Ⅴ．児童は、その才能が人類同胞への奉仕のために捧げられるべきであるという自覚のもとに育てあげられなければならない。」(A.127.1924 IV.)[139]

さて、この文書に規定されている「権利」の概念とはどのようなものであっ

たのか。1989年以降の子どもの権利に関する国際的概念は決定的に飛躍したため、この宣言に物足りなさを感じるのは当然であるが当時の歴史から考察するのが本論の目的である。

まず、国際連盟がこの文書を上記引用の冒頭にあるように「児童の権利宣言」として「承認」している。ただ、当時決議に際して総会議長はこれを「国際連盟の児童福祉憲章だ」として褒めちぎったという[140]。この言及に注目したいのだが、実は1922年の時点で、先に触れたようにジェブは2つの子ども憲章案と格闘しながら複数の文書作成を試みていた。

一方がSCFの子ども憲章案であり、他方が国際女性会議の子ども憲章案である。いずれも1922年につくられたものといわれている。すでに見てきたように当時また20世紀前半を通じてもそうであるが、世界各国で子ども憲章づくりが活発化する時代なのである。そう考えると逆に「宣言」それも「権利宣言」として、ジェブらがこの文書にあえて名づけた意味は考えてみなければならない。この点について、まず、2つの子ども憲章案の原則、構成と内容について検討するところから考察してみたい。

## c. ジュネーブ宣言の作成（その2）　　子ども憲章と子どもの権利の宣言

国際女性会議のそれは、1888年以来の欧米各地で大会を開き、それなりの母子保護活動分野の活動の蓄積を有し、これを基盤として作成したものと思われる。全世界の子どもと母を対象に、前文と全7章51条からなる広範な内容を有する憲章案である。Ⅰ.出産前後のケア　Ⅱ.学齢前の母子保護　Ⅲ.学齢期の子ども　Ⅳ.被雇用子ども　Ⅴ.非行少年　Ⅵ.国家子ども局　Ⅶ.国際会議、と分類された7章（分野）に分けて、今日の制度枠組みでいえば福祉・司法・教育などそれぞれの政策的措置を全51条に整序してこれを要求したものである。国際女性会議は、これらの政策をすべて一括して、以下のように、子どもが生まれながらにして他に譲ることのできない権利、つまり自然権として、肉体的にも心理的にも精神的にも十分に発達する機会を有する権利（right to have the opportunity of development）」を持つという「原則」に基づくと位置づけ、子ども憲章たるゆえんをそこに求めた。その意味で、これは明確に子どもの権利憲章でもある。

（国際女性会議憲章草案前文）
「本憲章は、子どもは、すべて生まれながらにして、肉体的にも心理的にも精神的にも十分に発達する機会を有するという、他に譲渡できない権利をもつという原則に基づくものである。（引用文中の傍点は筆者による。以下同じ）そういった機会を子どものために提供すること、これは親の義務以上のもの、特権である。親が実際に何らかの理由でその義務を果たすことができないなら、社会がその達成を確保することに制約はない。
　以下の…列挙される条文は上記の原則の承認をもとにしている。…後略」[141]

　他方、SCFの子ども憲章案は、前文と総則4原則と28条という構成で、女性会議のそれと比較すると政策内容については相当の重なりがあるが、この組織が子ども救済、子どもの生存・生活保障を主目的とする原則や諸規則を明確にすると共に全体を簡略化し、女性会議のそれが母子に包括的な保護政策を記載していた規定を、可能な限り体系的な児童保護政策に絞り込もうとするものであったといえる。この憲章案の全体の保護政策をつらぬく原則としているのは、以下のような一定の条件や標準のもとでの「子ども期の利益（the interests of childhood）」の「確実な保護」という点にあった。

（SCF子ども憲章草案）
「…（中略）多くの子どもが有害な環境のもとで生活し（中略）身体的、心理的、および道徳的に不適切なまま成長していることを確認（中略）。過去数年の危難が（中略）子どもに重大な身体的、心理的な退廃をもたらしている（中略）したがって、SCFは人類の進歩と幸福が危難にさらされていることを認識し、世界の国々に対して力を合わせて子どもの生命を守るよう求めるものである。
　本会は、（中略）親のケアの欠如で死に至らしめるようなことはあってはならず、経済的窮迫の場合、避けがたい苦難から子どもを保護することが社会の第1次的なケアとならねばならず、ストレスがかかる場合、通常の条件のもとでなおかつ一定の高い標準での子どもケアと児童保護のなかで、子ども期の利益がもっとも確実に保護されるようにしなければならない。」[142]

　ここで見た両憲章が、それぞれその子どものための憲章として依拠した原則

は、19世紀末以来第1次大戦に至るまでの子どもの権利史の最も初期に次第に形成されつつあった概念であった。前者に関していえば、女性の権利を早くから意識してきた国際女性会議のその歴史のゆえであろう、明白な「権利」意識を有していた[143]が、他方子ども期の利益という考え方の背景には国家・社会の側からの保護という側面を強く持っていたことはすでにみたところである[144]。

　ジェブは、以上の2つの憲章を土台に宣言づくりを目指していたわけだが、子どもの権利に注目するなら、国際女性会議のそれに影響を受けたと考えられる。彼女自身は、子どもの権利という観点を憲章づくりに導入することに積極的であったのだろうか。

　最新のC.マレイの研究によると、ジェブは1923年1月以前、それぞれの条文が「それは子どもの権利である」という書き出しから始まる「子ども憲章、子ども期の権利宣言」という15条の文書を作成していた。しかしSCF内では、結局後半のサブタイトルがはずされ上述の書き出しもなくなり、単に28条の政府の責任項目のリストにすぎない憲章案になってしまったという[145]。SCFは宣言案作成の山場の2月23日のSCIU会議で、ジェブに上記SCF憲章案を提案するよう求めたが、彼女は直前にSCIU会議がこれを却下することを望む一方で、「手短な」声明文書を作成していたという[146]。以下は、1923年2月20日友人S.フェリエールにあてた有名な手紙である。

　「救済活動の枠を超えて（中略）チャリティーのような路線ではなくして、国家がその国の子どもたちの安全を確保する構えに向かって協力し努力するよう喚起すべき（中略）。私は信じている、我々は子どもたちの権利を要求すべきであるし、これに普遍的な承認を得るための仕事を為すべきだということを。」[147]

　子どもの権利に基づく憲章づくりを彼女は譲らなかった。その根本には、旧来からの慈善事業では十分な国際活動は困難と考えていたからであり、そして、世界の子どもの救済・保護の事業に国家や社会の公的な活動を引きずりだすためには、ぜひとも「子どもの権利」という普遍的な名を冠した憲章が必要だと考えていたのである。

## 3. ジュネーブ宣言と子どもの権利 （本章のまとめにかえて）

　ところで、ジュネーブ宣言が対象とした子ども（「児童」）とはどんな子どもか。
　ジェブは宣言成立後、宣言が規定しているのは、「人類が子どものために必要とされている最低限度のもの」であるとして、どの子どもにもその生存・生活のチャンスを与えるべきだと述べている[148]。抽象的な未来の子どもを対象としたものかといえばそうではない。Ⅰの「正常な発達」の（おそらく義務教育が保障されている）子どもを除く、宣言のⅡ、Ⅳに記されるその対象は歴史に規定されている。土台となった一方のSCFの憲章案は、具体的な章カテゴリーとして、「11. 病弱児、12. 退化児童・肢体不自由児・盲児・聾唖児・精神的欠陥児、14. 貧困な孤児・浮浪児、16. 法律違反少年、18. 労働禁止学齢児童、19. 虐待・放任・搾取からの要保護児童」を列挙していた。他方の国際女性会議の憲章案も、「Ⅱ‐6. 病弱児、Ⅲ‐2. 退化児童、精神的・身体的欠陥児童、Ⅴ. 非行少年、Ⅳ. 被雇用児童、Ⅱ. 浮浪・孤児・被放棄児童、Ⅴ‐5. 被虐待・ネグレクト・放棄児童」を列挙してほぼ変わらない。さらにこれらは戦前の1913年ベルギー国際会議が認識していた子ども問題カテゴリーとも重なる。つまり、宣言に現れる"飢えた児童・病気の児童・退化した児童（発達遅滞児）・非行を犯した児童・孤児及び浮浪児そしてあらゆる搾取を受ける児童"とは、戦争によって問題が深刻化させられていたにせよ、19世紀末以来の対処すべき各種「児童問題」＊として把握された子どもの姿であり、これを5項目のジュネーブ宣言は、極めて平易な表現で簡約化し、それぞれの子どもの保護を社会に求める点で何ら疑義を差し挟む余地のないものとしていたのである。

　＊もし当時存在した「児童問題」にも拘らずここに明確な姿を見せていない問題があるとすれば、「児童労働」保護の問題と「児童買春」の問題である。これらは、国際連盟の他の場での審議が同時に進行していた。ILOという新たな国際機関や関連条約の成立、また、連盟発足当初からその解決課題として負わされていた婦女子売買の問題など、これらは連盟内で調整しながら別の国際化の流れにおいて審議されていた問題であった。

　この宣言は、先述のように、即座に署名や承認が可能な文書であり、20世

紀第2四半世紀の世界が子どもの生活現実を改善する方向に向かう契機となった。何よりこの「憲章」が「子どもの権利」宣言との名を冠することで、国際社会におけるその「普遍的な」地位を確保し、その後、その概念がもつ法規範的性格とともに国際的な制度として発展・機能していく決定的な契機をつくることになったのである。そういった歴史の流れを最晩年ジェブは強く意識していたであろう。宣言成立後、彼女はSCFとSCIUで活発に活動しただけでなく、国際連盟の児童福祉関係の委員会に常任の顧問として招聘されるなど多忙を極めた[149]。1928年末ジュネーブで亡くなる直前、その遺作となった『子どもを救え』(1929)の最終章で、以下のように、ジュネーブ宣言をフランス人権宣言に次ぐ人類史上第2の「人権憲章」と位置づけ、この後の世界の立法活動へと拡大・深化していくことを展望していたのである。

「人権憲章（CHARTERS of HUMAN RIGHTS）
「我々の法（Our Law）には、世界の経験の中での偉大なるものが、我々のために記載されている。そして、それは我々が実現することでその継承に成功する。理論的には、新たな世界での子どもの要求に関し普遍的な承認はある。そして、理論的な承認というものは常に行動より先にあるものだということを知っている。思うに1789年のその年、フランス国民議会によって"自然で、自明にして譲ることのできない"人間の権利がかの有名な"人間と市民の権利宣言"において要求され、そして、その後、広がる人権意識の言論による表明と承認は、またたくまに立法的行動へと連なっていった。一方1924年のこの年は、第2の人権憲章（a second charter of human rights）であるジュネーブ宣言の公布を目撃したのである。この"世界子ども憲章"（a World Charter of the Child）としての受諾という事実に見いだせる覚醒した世界の良心もまた、活発な行動と法的な改革へと導くことになるであろうか。」[150]

## 補論①　研究動向　ジュネーブ宣言とコルチャック

研究動向の一端を紹介する。国際的な舞台に子ども保護・子どもの権利問題が登場する歴史的な背景については、筆者はコルチャック研究をすすめるなかで、ポーランドのバルツェレク（最近ではドムザウ）に学んだ[151]。

ジュネーブ宣言の成立に関わる歴史的研究は、我が国では1980年代に着手した喜多明人の研究（世界の児童憲章，『立正大学人文科学研究所年報』第21

号1983年）が宣言案の土台となる国際女性団体や児童救済基金の児童憲章文書に注目して研究するなど、今日に至るまでのその重要性を失っていない。しかし1989年条約成立以降、国際的な子どもの権利研究・運動が活発化する中で、P. ヴィアマンが1924年宣言成立史の事実の解明を求める問題提起をしたこと（1992）を契機として、その本格的な歴史研究が始まった[152]。カナダのルークらとマーシャルの優れた実証研究[153]が、国際的な広がりを見せた子どもの権利の思想や運動について、これらを社会的に構築されてきた「子ども期」観念の成立・普及との関連で解明した。子どもの権利の観念は、19世紀からの世紀転換期に子どもは保護・教育・扶養される資格があるという限られた法的な観念から、子ども期に対する子どもの権利というより広い観念に変化していったとする見解を示した。これを引き継ぐ形で最近邦訳も現れたイギリスのカニンガムの論文及び著書[154]は、「大人は法的措置や家庭内の争いにおいても、20世紀初頭には想像もつかなかったやり方で子どもの見解を聴き尊重するよう努めることになった。20世紀末の子どもの権利の諸声明は、子どもの保護だけではなく自己決定の資格に対する子どもの権利も強調したが これは大人世界と子ども世界を分離しようとした当初の試みに完全に泥を塗るに等しいことになった」と、宣言以来の20世紀子どもの権利史を概括し、マクロな問題提起をすることになっている。さらにごく最近、1924年宣言の主筆者E. ジェブに関する伝記研究者、イギリスのマレイとこれを踏まえたドイツのWaltraut Kerber-Ganse（コルチャック研究者で数回来日）の研究が現れ[155]、24年宣言が89年条約のような主体的な権利を欠落させている理由に関わってそれぞれ言及している。マレイは、ジュネーブ宣言の内容が「保護と施策に対する子どもの権利」であったとまとめながら、ジェブは、子どもの権利が自己決定の地位を強化するものだとかそういったタームの中で議論されるとは夢にも思っていなかったであろう（マレイ, p.307）とし、バルトラウトは、コルチャックの権利論を意識しつつ、ジェブの思考と行動の中で「保護の方が、子どもの尊重や様々な意味での子どもの参加よりも、子どもの発達と良き生活を保障することの方がより強い動機であった」（バルトラウト, p.281）と述べて、いずれも現代的な課題からの評価となっている。ジェブは宣言成立後フランス人権宣言に触れているのだが、筆者は本書のようにジェブの子どもの権利論を当時の歴史の中で十分吟味してみる必要があると考えている。

　最後に、宣言を国際社会に定着させていくうえで大きな役割を果たしたイギ

リスの児童救済基金またその国際組織の国際的活動についてスイスのボールズマンが解明を試みている[156]。以上の研究動向をふまえ、ジュネーブ宣言のなお精緻な成立史が解明されなければならない。

## 補論② 研究動向 子どもの権利史研究の一動向、
### M. リーベルの問題提起「下からの子どもの権利」

1990年代以降、子どもの権利（史）に関わる国際的な研究は、いうまでもなく1989年の国連採択の子どもの権利条約成立を機に一気にすすむことになった。『国際子どもの権利ジャーナル』（The International Journal of Children's Rights）はその研究をリードする学術雑誌である。また、この雑誌やこの雑誌に掲載された論文を集録・編集した子どもの権利に関する総合的な研究・著作[157]のなかで、子どもの権利史に関する論文も少なからず現れているが、E. ジェブはもちろんJ. コルチャックや次章で扱うK.N. ヴェンツェリにも注目する論文が目につくようになった。これらの3者にエレン・ケイを加えるなら、20世紀の前半の「子どもの権利の出現」に関わる主たる登場人物がそろったといってよいかもしれない。それは、単に彼らが子どもの権利に関する思想や制度について何らかの言及をしているからというだけではなく、現代の子どもの権利に関わる観念や概念の内容を説明し得る素材として注目されているからでもある。

ここでは、これらの4者のなかで、ドイツの社会学者で特に第三世界の国々での児童労働の研究をメインにして国際的なフィールドでの子どもの権利研究をすすめてきたマンフレッド・リーベル（Manfred Liebel, 1940-）が、特にコルチャックやヴェンツェリに注目して展開している議論、「下からの子どもの権利論」を紹介したいと思う[158]。

リーベルの著作『下からの子どもの権利』（2012）で、彼が子どもの権利の歴史に関して述べていることをまとめるとおおよそ、次のようなことである。

リーベルは、多方面にわたる子どもの権利の事実と意味を考える必要[159]を確認しつつ、子どもの権利条約成立以降しばしば利用されている区分、①保護（protection）の権利、②供与（provision）の権利、そして③参加（participation）の権利（あるいは自由の権利と彼は付加する）の3区分に従って、子どもの権利の歴史は、おおよそこの順で発生・拡張してきたと以下のように述べている。

その歴史は子どもの権利を人権の特殊なワンセットとして考えるなら18世紀のヨーロッパ啓蒙期あたりから始まる。①の保護の歴史は最も長期にわたり

広範囲に確認できる事実である。また、②の供与の権利の考え方もほぼ同期、同様の考え方ではじまる[160]という。そこでは、子どもはニーズにおいて大人と異なり、このニーズは特別の考慮に値するとの考え方に基づいている。そして別の考え方がこれを補完することになる。子どもは何よりまず一人前の大人になるために「発達」しなければならない。そこで彼・彼女はこの特殊な機構のために準備されなければならないというものである。一般にこの舞台では、今に至るもそうだが、「投資的動機」があって、これが子どもの権利を考える背景になるのだ。「社会」が子どもに関心をもつのは、社会に対する子どもの有用性のゆえである。M. フリーマンもそう評価するように、子どもは法律的な主体であるよりも投資の客体なのである。そのような中では、子どもの教育への権利とは、例えば、子どもの教育を選択する権利としてではなく、親が自分の子どもを国家が(従順な)子どもを育てるために設置した学校へ送り出す、そういう親の責任として、構築されていることになる。

　ここで大人と子どもの人権を比較するなら、大人の権利は自由の獲得からはじまったが、子どもの権利は、保護(ある論者によると社会・政治的な参加ということからの留保・隔離・抑制)から開始された。ここで、19世紀の子どもの歴史の重要な事実、雇用児童労働の禁止に関する法の歴史に焦点をあてるなら、このことは明らかだと。そこで子どもの権利としてもたらされたのは、子どもたちが要求したあるいは彼らが利用することを望んだことではなく、むしろ、子どもたちを彼らの健康や発達を害するかもしれないそういった状況や行為から守るために、工場主や親に対する義務を課したものであった。この点に関し、リーベルは次のような子ども自身の声を紹介している。

　「私たちは私たちの主人のことを尊敬しているし、私たちの成果や親たちの生活のためにも喜んで働いています。(でも) 私たちが働かなきゃならないこと、それも月曜から土曜の夜まで他の人の富をつくるために奉仕しなきゃならないというのは権利だとは思わない。親愛なる紳士のみなさん、私たちの置かれている状況を注意深く調査してください。」(House of Commons への子どもの嘆願, 1836年)[161]

　もし、以上のこととは対照的に、子どもの権利というものの根本が、それらの権利が文字どおり子どもの権利たるべきだ、つまり、子どもがそれを擁護し

彼ら自身が要求すべきものとの理解がなされるなら（あるいは子どもの意志に反することはいっさい起こりえないというふうに理解するなら）、そのときは新しいその歴史が始まることになる。20世紀の初頭、とくに第1次世界大戦以来、子どもたちに権利を供与しようといくつかの先進的な動きが開始されたが、それは国家の法のもとで、宣言的な意図や限られた方法での断続的な合法性を超えるものではなかったのだ。それが1989年に至ってはじめて、国際的な法という制約のあるなかでだが、そういった権利が初めて保障されることになった。それでも忘れてはならないのは、その権利は子どもによってつくられたものではなく、子どものために大人によってつくられたものであることだ。フリーマンが強調するように「そこには、子どもが、あるいは、子ども集団によって起草に参加するというような形によって、事前の子どもたちによる議論を経たうえで、またそのリアルな影響のもとでつくられたという証拠は何ひとつない」というのがリーベルの認識でもある。

　子どもの権利の歴史においては、リーベルによれば、異なる2種の糸束がさらに撚り合わさることになっているという。一方が、子どもの保護を重視したものに続いて子どもの生存の条件を保障しようとするもの、そして他方は、社会における子どもの対等で能動的な参加を目指すものである。この2つの糸束は互いに絶対的に対立しているわけではないが、それぞれが別々に最近に至るまで発展した。国際的には、最初の束はE. ジェブが主導して作成したジュネーブ宣言での表現に現れた。この傾向は戦後の国際文書において継続した。これは現在においてもそうである。リーベルは、他方のあまり知られていない権利（別の表現では大人によって「書かれていない権利」）というエニュー（Ennew, J., Outside Childfood. Street Children's Rights）[162] の見解もあるという。彼はこの後者の束の発展について注目する。それらは子どもたちかあるいは他の人々によって、考案されたものであったり、あるいは要求されるものであったりする。そこでは、まずもって、子どもの権利とは子どもの解放と平等ということの表明の意味として見いだせるもので、それは、社会や政治的条件の変更を目的とする社会運動と手を携えて進展してきたもので、リーベルはこれを「子どもの権利運動」と呼んでいる。この歴史の初発にあるのがロシアのヴェンツェリらの「モスクワ宣言」であり、ポーランドのコルチャックの「子どものマグナ・カルタ宣言」であるとリーベルは考えている。これらは当時、ほぼ同期1917-18年に公表されているものである。

当時の支配的な（それは今なお重要な）考え方、すなわち子どもはまず真っ先に危険や都市の生活や工場労働から守られるべきだという考え方とは対照的に、リーベルの評価ではモスクワ宣言はその根底には社会における子どもの地位を可能な限りその年齢にかかわりなく大人と平等にし強化する考え方があった。またそこでは、子どもに対する親や社会と国家の責任が世話と供与として理解されていない。むしろ、生きることまた行動することの条件が子どものために創りだされており、それらは、尊厳ある生命と子どもたちのニーズや強み、そしてその能力の自由な達成に同意するものとなっているというのである。何よりも、子どもは将来において（大人として）数に入れられるまでの「来たるべきもの（becoming）」として見なされてはおらず、すでに今（子どもとして）、現時点において「存在しているもの（being）」として社会的承認を受けるにふさわしい価値あるものとして見なされている。子どもの権利がだれによって要求され得るものなのかが明確に理解され、むしろ子ども自身によって要求されるものとなっており、これは真に革命的な思想であった（いや今でもそうかもしれない）とリーベルは評価する。

　長い紹介となったが、ヴェンツェリとコルチャックに関する上記の議論は、まさに本書第Ⅱ部第2章並びに第Ⅲ部1、2章が歴史的に検討するところであるが、リーベルが過去の歴史的な思想をあまりにも直截に評価しすぎる点など若干違和感をもつが、論点は明確である。最後に付け加えておこう。リーベルのコルチャックの権利論についての評価である。コルチャックはマグナ・カルタ子どもの権利3権、彼は「死」に対する権利・「今日」という日に対する権利・「あるがまま」で存在するという3つの基本的な権利を訴えたが、「死」の権利（これは本質的には「生」に対する主体的権利と筆者は考える）とは、リーベルによるとこれは親たちによって縮められ、抑制されてしまう自己決定権、自己体験を要求するものであるといい、後2者は、子どもが今存在するためにこそ必要な権利の保障であるという[163]。リーベルの関心は、これらがとりわけ現代の子どもの権利を推進する立場からして注目すべき事実であり、社会の中での子どもの地位をいかに強化するものになるか、また、能動的な主体としての彼らの影響力をいかに広げるものとなるのか、というところにある。

　なおかつ、現在追求すべきは、「子どもの手中にある人権」として、かつまた、「子どもたちの社会的地位を強化し、その能動性の視野を拡張する」という意味での子どもの権利だという。

# 第 2 章

# ロシア革命と
# ヴェンツェリの子どもの権利宣言

## はじめに

　ここでは、前章で見た欧米を中心に各国に現れていた子どもの権利思想に関する研究動向をふまえ、20世紀初頭ロシアの子どもの権利思想また児童保護・児童法思想について、特に 1905 年と 1917 年のロシア革命時に作成されたK.N. ヴェンツェリの子どもの権利宣言の内容とその歴史的な意義について、当時の子どもの生活現実の状況とあわせて考察することを課題とする。この宣言への筆者の注目は、1989 年国際連合総会採択の子どもの権利条約の成立前後の時期で筆者がロシアの子どもの制度史と状態史に関心を移行しつつあったときに遡る。その際はヴェンツェリの思想なるものにはほとんど関心を持たず、宣言内容を子どもの歴史的な生活現実の課題から考察した[164]。しかしその後、子どもの権利条約の一つの精神的な起源としてポーランドのJ. コルチャックの思想研究に関心を移しこれを考察する中で、ロシア史の展開並びにヴェンツェリの強い影響を意識するに至って、改めてこの宣言あるいはその思想を考察する必要に迫られた。
　他方で、子どもの権利史に関する国際的な研究が進展する中で、同種の研究で有名な P. ヴィアマンが子どもの人権思想のフロンティアとして、コルチャックとともにこのヴェンツェリの宣言に注目し始め、その方面での研究動向に刺激を与え[165]、その結果ともいえるだろうが、ごく最近ヴェンツェリの宣言を考察の対象とする論文が『国際子どもの権利ジャーナル』誌に発表された[166]。さらに、次章でみる 1924 年の国際連盟ジュネーブ子どもの権利宣言の成

立との関係の有無について[167]、関心の射程に入れることになった。

 本章の課題は主として以下の2点である。第1に、ヴェンツェリが「子どもの権利宣言発布」に言及し始める1905年革命期から1917年革命期にかけての子どもの権利思想の形成過程について、当時の子どもの生活現実と合わせてこれを解明し、その歴史的内容を明らかにすること、第2に、すでに第Ⅱ部1章1-(2)で見たP.I.リュブリンスキーの「国家による児童保護」思想と並んでほぼ同期に構想されていたM.I.レヴィチナの「子ども期の権利」論の存在を確認し、当時の子どもの権利思想構築の背景について考察を加えることである。第1の点についての先行研究に触れると、現代ロシア教育史家のM.ボグスラフスキーは、オンラインジャーナルに、「コンスタンチン・ニコラエヴィッチ・ヴェンツェリ、子どもたちの自由な権利擁護者」（2012年12月15日付）という短い論文を発表している[168]。彼は、そこで次のようにヴェンツェリの生涯と思想を紹介している。

　　K.N.ヴェンツェリはトルストイ亡き後の権威、自由教育の理論家であり実践家である。
　　彼はペテルブルグの貴族の家庭に生まれた。工科専門学校とサンクトペテルブルグ大学法学部で学んだあと、革命運動に入り人民の意志派に加わり、その活動のために13か月間監獄に幽閉される。1891年モスクワに移り、そこでその後の四半世紀を過ごすことになる。モスクワの市の統計局で働いたが、それは彼にとっては嫌悪すべき仕事であり、パンのため家族を養うために繰り返しやるしかなかった仕事であった。彼は、その仕事以外のすべての時間を、人々を精神的奴隷のくびきから解放するという人道的な課題のために、また、いかに人間を自由にそして幸福にするかという課題に費やしたのである。

　彼は、本論で見る「子どもの権利宣言」にヴェンツェリの見解の真髄がそこに現れており、ある種のヒューマニストの宣誓書だと高い評価を与え、さらに、国連の1959年子どもの権利宣言等の内容と対比してその先見性をも高く評価しているが、発表当時の歴史的背景を含む分析や本論が明らかにするフランス人権宣言との関連等の検討などは全くなされていない。わが国では、はやくからヴェンツェリの思想に関し、佐々木弘明がロシア新教育の代表的な論客の一

人として注目していた。当時としては資料的な制約が多い中で、その生涯とともに本宣言の存在を確認し、これに迫ろうとする思想研究で筆者は大いに学ばされた[169]。

本論で使用する資料は、内外で収集した当時の雑誌資料の他、近年帝政期ロシアの教育学関係文献の電子化・公開が進み、ヴェンツェリの著作資料も入手しやすい状況になっており、これらも利用している。またヴェンツェリ伝記関連の資料では、アルヒーフ文書に収められていた1936年の回想資料がG.B.コルネートフ編『K.N.ヴェンツェリ；生涯と教育学』(以下『回想』)[170]として公刊され、本研究に大いに参考となった。

**資料7** ヴェンツェリの著作と生活

| | |
|---|---|
| 1896年 | 『道徳的養育の基本課題』 |
| 1906年 | 『子どもの解放 (1908 第2版, 1923 第3版)』 |
| 1906年 | 10月1日 「自由な子どもの家」開校 |
| 1906年 | 10月31日 「自然的養育友の会協会」 |
| 1906年 | 「自由な学校」のための闘い |
| 1907年 | 2月 第2国会 |
| 1907年 | 友の会協会を「子どもの養育・教育共同サークル」と名称変更 |
| 1909年 | 未来の理想的学校とその実現方法 |
| 1911年 | 『創造的人格の倫理学と教育学』(第1巻 創造的人格の倫理学) |
| 1912年 | 『創造的人格の倫理学と教育学』(第2巻 創造的人格の教育学) |
| 1913年 | 自由教育と家庭 (全ロシア家庭教育大会講演) |
| 1915年 | 『自由教育の理論と理想的幼稚園』(1923 第4版) |
| 1917年 | 『若い世代の課題』 |
| 1917年 | 9月25日 「子どもの権利宣言」 |
| 1917年 | 『学校の国家からの分離』 |
| 1918年 | 『学校の国家からの分離と子どもの権利宣言』 |
| 192-?年 | 『子どもの養育と教育の新しい道』(1923 第2版) |

# 1. ヴェンツェリ『子どもの解放』(1906年)と「子どもの権利宣言」の提起

## (1) 欧米における児童保護、親権制約、新教育運動・思想の動向と子どもの権利

## a. 19世紀末イギリス・フランス・アメリカでの子どもの権利思想の発言と背景

　子どもの権利思想に関わる欧米の動向については、前章で考察したが、ここでは、ロシアでの動向について考察するのに必要な限りで再論することをご容赦願いたい。

　西欧での子どもの権利に関する思想の芽は、19世紀末あたりから徐々に活発に現れる。当時のイギリスやフランスで児童虐待防止活動が開始され、親権を制約する法改正（西欧に普及拡大）とほぼ同時に、「子どもの権利」の主張がはっきりと姿を現していた。イギリスでその活動の先頭に立っていたベンジャミン・ウォーが、次のように述べていたという。「子どもの権利とは、子どもが生まれながらにして有する権利である。それは子どものマグナ・カルタであり、子どもの本性である。その書き手は子どもの創造主である」[171] と。

　また、フランスでは女性解放運動に関わる社会活動家や体罰を受けてきた過去の「子ども」らが、1870年代末から人権（人間・男の権利）ではなく「子どもの権利」を主張し始めていた[172]。こういった動きと若干性格を異にするのが、1892年のアメリカの児童文学作家ケイト・ウィギンの「子どもの子ども期に対する権利」論で、新教育運動と並行して現れてくる子どもの権利論である[173]。

## b. エレン・ケイ　『児童の世紀』

　ロシアのヴェンツェリが子どもの権利思想を提起し始めるに至った直接的契機として、だれの思想の影響かという点についてはまだ確実な証拠を見いだせていない。しかしすでにその観念はヨーロッパ全体に広がり始めていた。エレン・ケイの『児童の世紀』はその観念を広く考えさせる点で決定的なものであった[174]。ただ、その「子どもの権利」への直接的言及は、子どもが有する固有の権利の問題よりも、当時の婦人が男性たちと対等に有するべき自らの社会的な課題としての、出産や児童保護に関する婦人の社会的責任・権限（婦人解放）を主張する文脈での優生学的な発言であって、今日において議論しているような個々の「子どもの権利」の内容は、想定していたようには思えない[175]。にもかかわらず、それは当時の新教育運動と相まって「子どもの権利」に関する思考を大いに刺激した。

### c. L. グルリット「子どもの権利」

　そういった思考でロシアに入り込んできたのが、例えばドイツの L. グルリットのものである。当時のロシアの精神科医 L.G. オルシャンスキーが、L. グルリット著『養育について』[176] の序文において、グルリットを「ドイツ改革教育学において著名な役割を果たす人物」として紹介しながら、彼の大いなる関心をひきつけたグルリットの別の書物『私と子どもたちとの関係』(1907) に言及している。

> 「これは、家族の歴史であり、その歴史は、大人と子どもの関係が一体の相互尊敬を土台にし、年齢の心理学の認識に基づき、子ども期の権利を承認したものであり、次第に子どもが外部世界を知っていくこと、その世界は子どもに関心をもたらす現象で大人の関心によるものではない、そういったことを土台にしている歴史である。親の意志はこの家庭では、それを前にして常に子どもが萎縮しなければならないそういった律法なのではない。この関係は、強制や理解しがたい服従や罰がいっさいない共存生活である。」[177]

　今後この人物の思想の解明が課題になるが[178]、この時期の新教育運動家がグルリットのように自らの家族の体験を含めて、子どもの権利に関する思考実験を行っていたという仮説が成り立つように思われる。この後のヴェンツェリの活動もそうであるが、彼の仲間たちとの「自由な子どもの家」づくりもそういった影響が小さくないと思われる。

　以上のような社会事業家、教育家、医者たちによる子どもの権利思想は 1910 年代前半までに各地に芽生え、1 つの大きな流れを形成し始める。前章でみたように、アメリカの 1912 年児童局設置に連なる児童労働問題を背景にした、マッケルウェイの子ども期の権利擁護のための「子どもの依存宣言」(1913)、また、1908-12 年のドイツの W. ポリヒカイトの養育に対する子どもの権利論、1912 年スペイン・バルセロナの学校衛生会議の子どもの権利決議[179]、そして本論のヴェンツェリや次章の議論もこの時代に位置するが、全体として、子どもの権利史草創期といってよい時代にあった。

## (2) 1905年ロシア革命と「子どもの権利」

**a. 世紀転換期　子どもへの虐待、親権濫用、児童保護の開始**

　ここで、現代ロシアの歴史研究者シノーヴァの論文「19-20両世紀境界期のロシアにおける児童虐待」によって、当時の子どもや家族の状況を拾ってみる[180]。

　ロシア社会では、親による親権の不当な行使、あるいは、子どもの放置、虐待、親権の濫用といったことは、ようやく1890年代から認識されるようになり、それへの対処も微力ながら始まっていた。児童保護にかかわる西欧の動向を摂取する仕事も、同じ頃から開始されている。いずれも年少者の犯罪や浮浪児の増大の兆候に対応したものである。V.M. ソローキン『児童保護』(1893年、サンクトペテルブルグ)は、そのもっとも早期の文献かと思われるが「ロシアにおいて、児童保護の問題は未だ全く新しい問題であり、この問題に通じている人物はきわめて稀である」と現状を確認している[181]。

　ロシアにおける子どもの虐待防止協会の最初のものは、モスクワで1889年につくられたもので、その代表は弁護士のB.H. ゲラルドであった。この協会が任務としたのは、1. 子どもの虐待からの保護、2. 搾取からの保護、3. 成人の退廃的ないし有害な影響からの保護であった。子どもに対する親や後見人による物質的また精神的な義務が果たされているか否か、それらの履行の監督を任務としたが、しかし十分な対応ができているとはいえない状況が続く。1897年「子どもがどのように懲らしめられているのかを見聞きするにつけ、心が痛む」と法律家A.F. コーニが述べている。以下は数々の子ども搾取と虐待の例である。

　19世紀末から子どもに対する多様な「方法・手口」での犯罪が増加したという。例えば生まれたばかりの"小さき人々"が、精神的にあるいは肉体的にも生涯にわたる不具者にされたり、あるいは単に殺されたりした。虐待者はまるで、ロシアの南北東西、至る所我が国の子どもがいかに無保護で無権利の存在なのかを実際に示すために"協定"を結んでいるかのような状況であったという。これらの原因は、当時の大人社会が子どもを"収入項目"の1つとして利用可能な手段と見なし、それが常態化しているところにあった。子どもの"賃借"利用、これは広範囲にわたり、工場・製作所に始まり、子どもたちを零細手工業のために放浪者に譲渡したり、あるいは、サーカスや舞踊団の経営

主や楽師たちの手に委ねたりすることを含んでいた。中でも最悪なのは買春のための譲渡であった。

1900年には、子ども虐待防止支部のイニシアティヴで国際刑法学会のロシア人グループの会議が開催され、年少者保護のための立法活動の促進という問題提起がなされ、審議・決議はされた[182]。ここでようやく20世紀の初頭、親権の制限に関わって一部法制が改革され、未成年者で刑罰の対象になった少年と要保護児童、また、過ちを犯した児童で援助の必要な子どもたちのための最初の年少者裁判所が大都市（モスクワ等）に創設され始めた。

このような支援組織や機関が見出す事案は深刻であった。1900-1912年の児童保護団体のもとによせられた子どもに対する非人間的処遇に関する訴えのケースは、サンクトペテルブルグで計752件あったが、その中には重度の身体傷害、拷問、そして自殺死に至ったケースもあった。1890年代の首都での年少者自殺では、全ケースのうちの40％は、被った虐待を動機・契機としたものであったという。また、先に触れた子どもの"賃借"利用であるが、わずか月2－5ルーブルで雇われるもので、そこから転用・再雇用された子どもが"孤児"を演じなければならないこともあり、それは"ママとパパがなくなったばかり"の孤児であった。当然この"賃借"は、見つかってはならぬ仕事であった。また、最も極貧層の親たちをだまして子どもたちを奪うケースもあった。当時、"乞食"を専門とする業者も各地におり、自分の後見下にある被後見者を、通行人の目を引きつけるために故意に不具にすることもあった。1901年のある年少者保護の論文記事によると、キエフ県で4名の盲人少年が拘留されていたが、そのうちの2人は不具にされた11歳の男児たちであり、2人の内の1人は舌が切られていた。残りの2人の内1人は目が傷つけられており、もう1人は手と足がねじれていた。先の3番目の子はその不具にされた原因のために死亡した。調査によると子どもたちは親元からだまされて奪取された子どもたちであったという。1899年のサンクトペテルブルグの児童保護局には、子どもが同様の目的で火傷させられた事案が寄せられていた。

家庭の貧困な状況やこれを利用する犯罪社会が子どもを"物"扱いし、過酷な状況に追いやる事実がますます明るみに出ることを背景に、そういった子どもたちと関わり始めた当時の専門家たち、法律家、教育家、医者などにとって、その現実がますます改善・改革が不可避なものとして映ずるものとなっていく。

## b. 1905年革命という歴史的背景

　1905年1月「血の日曜日事件」に始まり、同年10月の政府による「十月宣言」に至るまでに、ロシアはその社会・政治構造を近代化する方向に大転換を開始した。この時期に、社会の中で抑圧されてきた階級・性・民族の歴史が一挙に前進することが期待された。かつてエレン・ケイが「個人の自由や社会階級の自由や国民の自由はすべて、かつては"早すぎる"といわれていたものだが、徐々に獲得されていった」[183] と述べる状況が期待され、この時期急激な革命の勢いに乗せて、解放・自由を求める声が一挙に現れた。

　「性」に目を向けると、ロシアでは、1905年4月10日「女性同権同盟」による初の政治集会が行われていた。この集会は「女性の解放」をめざす社会解放運動の一つであった。この政治集会では、女性の権利が見いだせないフランス人権宣言に抗議した有名なO.グージュの女性権利宣言の十条、「死刑台に乗る権利があるなら政治的権利もあってしかるべき」との要求に、前世紀ロシアの解放運動で死刑に処せられた女性革命家の事実を重ねていた。「人間」＝男性の問題という認識の限界を脱することを意識した権利要求であったし、また、この解放運動の第1の共通の要求はまずは「家父長制」「隷属」からの解放であったという[184]。それらは後に見るように「子どもの解放」が克服すべき歴史的課題と重なっていた。ヴェンツェリが、以下に見るように「子どもの解放」を叫び「子どもの権利」を要求し始めたとき、同時に進行している社会解放運動のことが明確に頭にあった。

## c. ヴェンツェリの「子どもの権利」の宣言発布要求

　ヴェンツェリが子どもの権利に言及し始めるのは1906年出版の『子どもの解放』においてである。『回想』[185] によれば、これは、前年の血の日曜日事件直後の2月、彼がそれ以前から活動しているモスクワ教育学協会[186]の家庭学校組織問題委員会で報告したもので、本来「養育・教育の分野で具体的に適用されるべき自由の諸原則」がテーマであったが、自由教育を実現することに加えて、同時に新しい社会を実現することが要請される中での報告となり、その内容は、会議の参加者に予期していなかった熱狂と興奮をもたらしたという。

　彼がそこで提起したことの第1は、彼の社会認識に関わることであるが、子どもの解放を他の社会解放運動と同列に位置づけ、大人の人権宣言と並んで「子

どもの権利宣言」を公布し、その子どもの利益を"子どもの権利"として、訴えることであった。

「我々の社会には、他の政治や経済におけるあらゆる形態の隷属制や女性の隷属制などの他に、子どもの隷属制・若者の隷属制がある。我が国の子ども、我が国の若い世代、これは奴隷なのである。…（我々は）子どもの権利宣言を断固として明確にすべての人々に向かって公布する必要がある。そしてこの宣言が実際現実のものとなるようにあらゆる措置が講じられるべきである。」[187]

ただし、その「子どもの解放」には、特別な困難が伴うとして、次のように述べている。

「もちろん、その実現はまちがいなく人間と市民の権利宣言（ここでの人間とはいかなる表現においても考慮されているのは大人の市民である）の実際の実現より困難となるであろう。なぜならそれらの者たち、大人の階級は子どもに対して権力を行使し、子どもを奴隷であるかのようにして肉体的にも精神的にもその上位に君臨しているからであり、その実現は他の隷属のいかなる支配形態とも異なり、さらに多くの反撥を招くのは必至である。」

大人が「人間」を語ってもそこに子どものことが考慮されていない。大人は子どもの上に君臨し強力な権力を行使しており、その人間の内に子どもを含めようとする理解・自覚は生まれていない。しかし彼は、今や歴史は新時代に達したと期待と展望を述べる。すでに「人間と市民の自由」と「女性の自由」そして「民族の自由」が語られてきたが、今や「子どもの自由について語られる時代がやってきたのだ。子どもにも自由の大憲章が必要なのだ」と。ここで彼は、現在の専制権力を暗に批判しながら、いわば親の権力放棄と未来世代への権力委譲を以下のように求め、教育と子どもの発達の未来を展望しようとする。

「子どもの時期から若き時期に至るまで社会が個性に対して絶対権力をもつことが有効なのか。また現世代（大人‐筆者注）が子どもの養育や生活構築の分野で主人であることは有効なのか。この権力は合法的か。それは公正なのか。子ども、あるいは、若い世代というのは様々な意味でその養育におけ

る侵害やあれこれの方向に向かって、生活を構築することに対する強圧に対して声をあげることはできないものなのか。…
…そうだ、ときは来たのだ。…大人の後見、たとえそれが好意的にみえるものであろうとも、そこから先に進む子どもの解放の時期がはじまったのだ。現世代は理想にあわせて未来世代に対する自らの義務を認識し、権力行使を拒否し、未来世代が自由であるようにこの権力を利用し、子どもに発達と生活の完全な自由を保障し、自由かつ創造的に自分自身を形成することを可能にするようしなければならないのだ。」

こうした議論の中で、彼は子どもの発達と生活の完全な自由という子どもの権利論を展開し始める。この論文の中で子どもの権利への直接的言及は以下の2か所である。

「子どもは、どの子も生まれながらにして、養育に対する権利を有している。しかしその養育が頻繁に抑圧的で、とりわけ子どもの人格が抑圧されるようなほとんどの場合においては、そこで過度に養育されない権利をも有する。未来の人間は、その子どもから発し、その発達が自由に何の干渉もなく達成されるとき、はじめて可能となるからである。」

「我々は、子どもの時代を解放し、可能な限り早急に、子どもの生活や幸福に対する権利、また、彼らの中にあるエネルギーや能力や才能が自由に発達するための聖なる権利を公布しなければならない。そしてこの権利を現実のものにするためにあらゆる手段をつくさねばならない。…子どもの解放こそすべての人類の解放への不可欠な架け橋である。…自由な子ども、それは、自由な人類の黎明である。」

以上のように、彼は、社会解放運動の一環として、それも「人類の解放」に向けて不可欠の「子どもの解放」のために、「子どもの権利宣言」ないし「子どもの自由の大憲章」の公布を求めていたが、そこに含まれる内容として、この段階では子どもの権利として、まずは何よりも、子どもの「自由な発達と生活」に対する権利の保障というところにとどまっていた。しかし、あわせて強調しておかなければならないことがある。

以上の子どもの権利宣言公布の要求は、再度新しい社会をめざす1917年ロシア革命の中で、何条にも及ぶ子どもの権利宣言として構成されるようになっていく。そういった彼の子どもの権利論の形成を展望したとき、子どもの自由な発達と生活に対する権利という成長プロセスを念頭においた権利概念とあわせて注目しなければならないのは、その子どもの本質として、これを一貫して人間的・人格的な主体（個人）として把握し、それを前提にして子どもの権利を承認しようとする彼の姿勢である。例えば、上記論文の中で、子どもを一個の「人間的個性」として尊重することの必要性を次のように述べている。

　「子どもは物でも、操り人形でも、おもちゃでもなく、親や教師の所有物でもないということを理解すべきときだ。子どもの中に隠されているその自由な人間的個性を尊重すべきなのであり、とりわけそのふっくらとした発達を促してやるべきなのだ。」

　ほぼ同期に書かれた論文「自由な学校のための闘い」[188]という論文の中でも、子どもに与えられるべき「養育は、公正の原理に立ってすなわち、その肉体的精神的発達の自由に向けての子どもの人格に対する権利を承認し、並びに、その人格を尊重すること（中略）によってなされなければならない」[189]と、繰り返し子どもの人格性の尊重を求めていたのである。こういった思想は、ここでは詳述できないが、文豪であり農民教育実践家であったトルストイに起源をもち、コルチャックらにも強い影響を与えていたものである[190]。
　以上、革命の勢いのなかで生まれてきたヴェンツェリの子どもの権利論の萌芽は、その後の自分の教育活動や実践、そしてロシアの子どもの生活経験を巡る歴史のなかで鍛えられ、1917年の革命時に再び歴史の前面に押し出され、様々な子どもの諸権利の列挙・整序を求められる形で開花することになるのだが、以下に見るように、その直前に至るまでの彼の子どもの権利論は、家族における親子関係あるいは家庭的な養育を軸に展開されていた。その内容はどのようなものであり、また、それは家族や子どもの現実とどのようにかみ合っていたのだろうか、1914年世界大戦開始直前に至る時期を対象に検討してみる。

## 2. ヴェンツェリの子どもの権利論とロシアの家族

### (1) ヴェンツェリ報告「自由教育と家庭」

　1913年初頭に、全ロシア家庭教育大会[191]が開かれ、彼はそこで「自由教育と家庭」と題する報告を行っている（全文、佐々木前掲書, pp.160-185）[192]。前半で自らの自由教育のコンセプトを紹介したうえで、後半は現代家族の問題とあるべき家族の新しい姿、またそこでの親子のまったく新しい関係の在り方について報告した。が、この後半がとりわけ反響が大きく、結局会場のサンクトペテルブルグからモスクワに帰ってこなければならなくなったほどだったとヴェンツェリは回想している[193]。

>　「割り当てられている時間もわずかなので、もっとも本質的なことだけに触れる。……
>　現代の家は、総じて、自由のない家庭であり、特に子どもにとり不自由な家庭である。現代の家庭において子どもは奴隷であり、両親は奴隷所有者である。現代の家庭において実現を見ているのは、親の権利だけであり、そこには子どもの権利はない。家族において、権利の平等はまったく存在していない。支配する側となっているのはいつでも親である。これは、正常なことではない。子どもたちは、自分の権利において親たちと等価値と認められなければならない。」[194]

　ここで述べたことは、1905年革命時の「子どもの解放」論文の中で述べた、子どもは「隷属制」のもとにある「奴隷」であるとの発言を、現代のロシアの家族の制度に対応させ、「本質的」に述べたことであった。おそらく初めて聞いた人々の間で動揺が広がったと想像できる。しかし、さらに聴衆者が驚いたのは、次の発言の中にあった[195]。

>　「自由主義教育の理論は、子どもたちに、自分にもっとも親密な養育者を選

び、またもし自分の親たちが良くない養育者であることがわかれば、彼らを拒否し、そして、彼らから離れる権利を与えることを認めている。…これは、もし親たちが要求することが子どもの神聖な権利を侵すものだとすれば、自分たちの親に従わなくてよいその子どもの権利である。自分の権利においても、自分の自由においても親たちと同等であると認められるにつれて、家庭の絆は崩れることなくそれ自身の十分な力と美の中に確立されるはずだ。」[196]

ここに表現される「良くない養育者（親）」、「従わなくてよい」親というのは一般にどのような親たちを想定していたのか。エレン・ケイがいう優生学的な「子どもの親を選ぶ権利」という観念の中にある親でないことは明らかであるが、その養育者を拒否しそこから離れるといったその権利の実現は家庭生活の全体としての変革が必要で未来の事柄だと彼は言うが、このように考える当時のロシアの親子関係の制度はどのようなものであったのだろうか。

## （2）無制限の親権＝親の専制権力と児童買春

先に結論を述べるなら、そういったところに見えてくることは、前近代的な親子関係制度と次第に社会経済の近代化が進む中で弛緩・崩壊させられていく、それ自体が無保護な家族そして無制限の親権の下の子どもたちの放置・無権利といった実態である。

以下は、同じ家庭教育大会で、法律家 T.O. ゼイリゲルの『現代法における児童の公的保護』[197] からの抜粋である。多少長くなるが引用する。

「わが国の法律では、『親の権力』は、子どもの『私』に対して、肉体的にも精神的にもあらゆる点にわたって無制限に及ぼされる。ただ、わずかに、親は子どもの生命を左右する権利を有してはおらず、その殺害は刑法に従って罰せられる（民法170条）。

他のすべての点で親権は侵すことも切り縮めることも全くできない。親への強情や不服従に対しては『家庭的矯正措置』がとられ、何をもってそれと見なすのかの境界線はない。親権に対する子の全くの不服従や放蕩な生活その他明らかな悪習に対して、親には子を監獄に幽閉する権限がある。

子どもの側から、個人的な侮辱や凌辱（そこには強いまた危険な殴打に至

るまでのものが含まれる）の件で、親を訴えるといったことは許されない。

　いったい、『家庭的矯正措置』や『個人的侮辱』なるものが、そこにわが国の国民大衆の困窮と無学によって凶暴化した遺伝的アルコーリズムの影響で粗暴さや乱暴を伴って、現れないはずはないではないか。これこそが子どもの放棄と犯罪の無尽蔵の源泉である。親の教育的な義務は、あいまいでそれも最低限のものである。道徳的な教育、すなわち家庭養育によって子どもの道徳を準備するための努力をすること、そして、『彼らを仕事に就かせるため、娘は嫁がせるための配慮を行うこと』。これらがすべてである。これらの極めてあいまいで貧弱な要求に対し、これらの不履行に際してのいかなる脅威も存在しないのである。

　子どもを親権のもとから自由にすることは、地上のいかなる力によっても不可能である。それは死をもってするか、すべての身分的権利の喪失によるしかない。それは、その際、子に相続の必要のない場合であり、子どもにとっての破滅的な条件をとり除く場合であり、また、これには刑法が求める犯罪事実がないことあるいは親の同意がある場合である。」[198]

いわば無制限の親の専制権力、それが当時の民衆の家庭の貧困と無教養を背景に、アルコールを伴ってほとんど養育機能を失っている歴史的現状への批判であり、その強い批判の根底には、その凶暴さや無責任によってもたらされている子どもの生存・生活状況の悲惨さへの同情・共感といかんともしがたい現状へのいらだちがあっただろう。

　さらに、同じ1913年の家庭教育大会での他者の報告「児童売春に関する報告」は本来家族制度の中で守られるべき子どもがけっしてそうなっていないとの告発である。

「現代の都市貧困層であるプロレタリア階級の家庭は、全く何も持たざる家族であり、ただただ存在するためにのみ闘っている。そこには、救済からほど遠い子どもの魂には最悪のはるかに危険な要素が隠されている。子どもは常に自分の家族によって外部の危険から守られているというわけではない、というよりむしろ親の後見のもとにあってその地下で、その破滅から救出されなければならない事態ということが頻繁にあるのだ。」[199]

このように、先に見たヴェンツェリの言う「親を選択する」「親から離れる」権利というのは、当時進行していた家族関係の土台そのものの崩壊もしくは養育機能の著しい低下が進行する中で、子どもからすれば過酷な状態に置かれる親子関係の現実において起こっている問題が解決されるための、もっとも直截な解決手段を保障するものであった。これは、西欧で始まっていた合法的な親権の制約や剥奪を求めるのと同じ事態の進行を背景にしたことであり、子どもは親とは対等な人間だという彼の認識を前提にして、子どもを主語（主体）にして、親を選んだり・拒否する権利を述べたものであった。ヴェンツェリは決してありえない極端なことを述べているわけではなく、この時期の労働者や貧困にあえぐ家族あるいはそこにいる子どもが危機にあり、これらの子どもを保護したり援助したりする近代的な制度も専門職もほとんど存在しない前近代的な状況で、様々な教育や救護の大会が深刻な問題をただ繰り返しとりあげ、厳しく批判・断罪するしかないという現実のなかで、その現実の改善に対する真っ当な要求としてあったといってよいだろう。

　1913-1914年はまさに子どもの保護や教育関係の各種大会の開催が相次いだ時期で、その議論は沸騰した。1913年にはサンクトペテルブルグで、年少者審理活動家第1回大会が開かれ、1914年初めにはあらゆる地域に権限をもつようになる年少者法的保護全ロシア協会が設立されるに至った。ロシアを含むヨーロッパが戦争に突入する直前である。

## 3. M.I.レヴィチナの子どもの権利論

　レヴィチナ（М.И.Левитина, Маро, 1881-?）は、教育家・児童保護活動家で、翻訳を手がける一方で、1917年ロシア革命後ソビエト政権に近いところで活動し、社会のなかに置き去りにされたり、浮浪している子どものための保護活動や著作活動を試みた人物である。彼女の著作を列挙する余裕がないが、『浮浪児の社会学』（1925）[200]が有名である。

　彼女は、ヴェンツェリが家庭教育大会で報告した年の年末、第1回全ロシア国民教育大会で「子ども期の権利」と題して、子どもの権利について、子ども

期の個人的、社会的意義を考察する形で、その理論の構築を目指して報告している。報告は、直後にヴェンツェリらの雑誌『自由教育』(1913-1914 No.7)に掲載されている。この大会の報告の抄録は、基本的にヴェンツェリらの立場・議論に依拠する形で、その主旨を記載している。

「自由教育とは、その本質において、子どもの人格の抹殺や完全なる奴隷化に反対し、さらに子どもが子どもである権利を有し、子ども期が独自の価値を持つことを否定しようとすることに対する抵抗である。この思想は、美しい夢なのではなく健全で実現可能な原則である。教育における自由が求める内容は、子どもの創造的個性の可能な限りの発現であり、大人による侵害の抑制と、そして、子どもの主導性と個性の自由である。」[201]

「子どもが子どもである権利」を有すること、「子ども期が独自の価値を持つ」こと、これらは、きわめて明快な近代的な子どもの権利論である。ここではヴェンツェリが述べていた社会解放運動と連動する子どもの権利論に加えて、西欧に現れていた子ども期への権利論をロシアの子どもの現実から構築しようとするものであった。今少し『自由教育』誌に掲載された論文で彼女の主張を補っておこう。彼女は、次のように報告している。

「権利の本質からして、これは人生の独立した意義をもついずれの時期においても承認されるべきであり、つまり、子どもの時期の権利は子どもの時期そのものによって承認されるべきなのである。今日に至るまで子ども期はまるで人間の大人の時期へと近づくに過ぎない、そういった人生への準備の時期で、副次的な時期とみなされてきた。大人の観点から見て必要となるできる限りの大きな実践的な知識獲得や習熟を子どもが開始し得るよう、教授と養育のあらゆる配慮がそこに向けられる。道徳的働きかけもまた同様に、その子どもの発達が大人にとって実際に役立つかどうかわからない方向に向かって導かれるのである。この際に忘れられていることは、精神的な諸力やさらに技術的な能力は、それらが自由に発現し自由に発達しうるところでのみ、然るべく発達できるのだということ、また、将来の生活のため、つまり、若者の時期や大人の時期に向かうためには、その都度、かくも本質的で深い発達が重要だということである。」[202]

ここに述べられていることは、18-19世紀のルソーやフレーベルらの思想を下敷にしながらも、子ども期固有の権利としてこれを十分に保障すべきということであり、この時期、新教育運動の展開するところではおおよそ共通に認識されていく子ども期の権利に関する認識である[203]。ただ、ここでの子ども期への権利は、それはロシアの新教育論者の特徴であろうか、徹底して人格・人間の自由が強調される。

　レヴィチナによれば、本来、子ども期（"素晴らしき「黄金の子ども期」"）や青年期は、それ自身価値ある人生の一部として費やされる時期であり、自然な生き方を保障され、自分の自由な喜びに満ちた生活を送っているはずだが、これに対して、現在の我が国の子どもたちは、「大人たちの侵害の企て」により、「奴隷の足かせ」をはめられ、そういった問題が子どもに「集積」しているという[204]。その侵害とは、当時のロシアの児童労働の拡大強化並びに深刻化していた青少年の自殺[205]に関することであり、次のように言及している。

　「人間を奴隷の足かせから解放しなければならない、ところが、この足かせが、洗礼を受けていない存在たる子どもに広がりそして集積している。児童労働の搾取の進行とともに精神的な破壊、すなわち子どもの精神的な搾取が進行している。…彼ら子どもたちを雇用労働における肉体的な衰弱から保護する必要があるのと同様に、大人への道徳的な隷従や日常的な後見から子どもの権利を保護する必要がある。若者にはその根を掘り下げれば自身の力への信頼があり、それを用いる能力もあるのだ。子どもたちの自殺の事実は、彼らの不満足な物質的な条件のみで説明することを許さない。それをもたらしている大きな力、それはつまり強大で破壊的な道徳権力と子どもと若者の精神の上にある後見なのである。」[206]

　報告前半では、こういった「児童労働の搾取」そして親権・後見制度による「精神的な破壊・搾取」から保護されるべき「子どもの権利」について、その実態を分析しながら考察されるが、後半の「子どもの権利」論は、婦人労働の普及に伴う就学前の保育・保護施設など「社会的手段」による早期子ども期保護の課題、子どもの発達保障という社会的要請を土台とする議論であった。就学前の保育施設"ヤースリ"の設置については次のように述べる。

「新たな機関をつくることを計画する必要がある。これらの課題の実現も児童保護の一側面であり、階級、民族、性の別なく、これらの施設ヤースリを利用するのはすべての子どもの権利である。それらは（現在の）家庭教育では子どもの社会的な発達の傾向を満足させる可能性がないと認められることから始まったことであるが、これは一方でそうであるが、他方で、これは子どもの権利なのである。それは、社会のメンバーとして、未来の労働者として、社会からその子どもに必要な施設を、子どもの時期にまた若者の時期に、彼の福利のために受け取る権利なのである。その施設では彼は心理的にも身体的にも本性にしたがって生活し発達するのである。以上に就学前教育の施設についてみてきたが、ここからさらに学校教育また学校後教育の施設についても（同様である）、…それらをすべて貫くのは、子ども期を保護することすなわち子どもの権利を実現することである。」[207]

我々大人がすべきことは何なのかに触れながら、彼女は、子ども期の権利の社会的承認の根拠の説明を次のように試みる。わたしたち「人類」が子どもたちに伝えるべきものが、「生活の喜び、生活や理想の中にある誠意や陽気さや信仰」であるとすれば、「これらの性質を現れの早い時期から守ってやること、それらが自然に成長できる可能性を与えること、そして、すべての子どもに社会的な手段でもって、彼ら固有の本性を発達させる可能性を与えること」、そこにこそ、「児童保護」の実現を要求する「子ども期の権利」を承認するその「源泉」があるのだと[208]。

## 4. 1917年2つのロシア革命とヴェンツェリ子どもの権利宣言

### (1) ヴェンツェリ「子どもの権利宣言（18条）の公布」(1917) について

「1917年に入り、我々の2つの革命、二月革命と十月革命の年。そこで私はロシアをとらえていた全般的な革命運動の過程に参加すること、そこであれこ

れの思想的な影響を与えることを試みていた。」[209] これは本章の最初で触れた 1936年の『回想』からの引用である。以下、革命の中で形成される子どもの権利宣言について、その"回想"とともに追跡してみたい。

　彼は、当時「社会的な転換や新しい社会建設」という社会革命の他にぜひとも必要だと思ったのが、「国家からの学校の分離」と「子どもの権利宣言の公布と実現」であった[210]と述べている。まずは前者に関し4月に自らが関わる『自由教育』(1916-17, No.6) で発表し、学校が「国家の政治的課題解決の手段となってはならない」ということを第1の課題とした[211]。これに続くのが後者で、1905年革命の時点から言及はしてきたものの、1917年には実際にこの宣言案を来るべき憲法制定会議での公布をめざして作り上げることが課題となったのである。しかし、これを完成させるまでにはしばらくの準備が必要となった。彼は先に記したように政治革命の過程に自らの立場から直接・間接に関わろうとしていた。小冊子『監獄の廃止』(1917.4.8) では、解放された自由な市民があらゆる監獄を廃止し、その代わりに"啓蒙の宮殿"をつくりだすことが必要だと呼びかけ、また、同じ頃の小冊子『若い世代の課題』では若者が主体の「教育革命」を次のように訴えていた。

　「労働者階級が社会の他の階級と違ってあれこれの社会的な改革のみを達成しうるとすれば、つまり社会革命を達成しうるとすれば、同様に若い世代がなしうるのはその固有の力で行う教育的な改革、すなわち教育革命である。…そして前者の革命のキーワードが"万国の労働者よ、団結し国際的連帯を"だとすれば、後者では、"万国の生徒たちよ、団結し、国際的な連帯を"である。子どもや若者に向かう道を！　大人世代の暴君よ、立ち去れ！　若者をあらゆる形態の教育的隷属から解放せよ！」[212]

　この認識は、後に発表する「子どもの権利宣言」のあとがきに明確に姿を現す。
　ところでこれらの小冊子だが、それらの出版は、彼の仲間、子どもの共同養育・教育サークルによってかろうじて継続されていた。そのサークルによる"革命年1917年"の「子どもの養育・教育共同サークル叢書」の一部として出版された『自由な親委員会』や『監獄の廃止』といった著作の巻末には、出版予定と書かれている複数の書名、『レフ・トルストイと戦争』、『子どもの権利宣言』、『人間と市民の権利宣言』、『人間の解放』[213]が並んでいる。『回想』によ

ると、彼はこれらの「社会的な性格」の論文の発表を通じ革命の過程に自らの「影響」を試みようとしていたのであるが、後２者の論文は財源不足で出版できなかったという。『人間と市民の権利宣言』は明らかにフランス人権宣言を意識したものであるが、そこで彼は、（人間と市民の）「それらの権利のうち最も初歩的かつ基本的で、譲ることのできないものは何かについて自らに報告するために、すなわち自らの思考を整理するためにその素描を試みていたもの」だったと『回想』で述べている[214]。ロシアの革命の現実に、何が必要であるかについて、自らが関与する教育革命のために不可欠と思われる人間の権利について思いを巡らせていたのであろう。『回想』に彼自身の直接の言及はないが、彼の人権宣言の考察は、なんとか出版に至った『子どもの権利宣言』の内容に反映されることになる。

　『子どもの権利宣言』は 1917 年 9 月 25 日の日付のある小冊子として発表され、歴史に残ることになった。これは二月革命の臨時政府が開催するはずの憲法制定会議において承認されることを期待して作成されたものである。この宣言案は、一部名称変更した彼らの雑誌『自由教育と自由学校』1918 年第 1 号に掲載されている[215]。ここに発表した宣言案は、1906 年の彼の著作『子どもの解放』並びに全ロシア家庭教育大会報告で述べたことを軸としながら、従来考えてきたことを踏まえつつも、国家と子どもの関係を 1917 年の革命状況の中で新たに構想しなおし大幅に書き加え、体系的な宣言案として策定を試みたものといってよい。その際に彼の子どもの権利宣言条文の内容構成を下支えしたものが、フランスの『人間と市民の権利宣言』だとごく最近気がついた。それは条文の 6、7、8、9、12、13、15、17 条を人権宣言の条項と突き合わせると明白である。全 18 条の宣言案条項の内の半数近くがフランス人権宣言の内容と重なっている（下記一覧参照）。とはいえ人権宣言の単なるコピーではない。宣言を全体として見ると、子どもの誕生時期からの生存権・発達保障、労働社会へと流れている条文体系で、これは子どもの権利体系として、おそらくこの間「子ども期の権利」を探求したレヴィチナの仕事や、国家による児童保護政策の全体像を提示していたリュブリンスキーの仕事[216]などに学んだと想像できるが、国家に対して求める子どもの権利保障を様々な局面で補完するに際して、フランス人権宣言はその下支えとなったということがいえるだろう。

　あらためて全体を要約概観する。（　）内はフランス人権宣言に対応する条項。

**子どもの権利宣言の条文構成一覧**（宣言全訳は本章末資料8参照）

第1条　誕生したすべての子どもの生存権
第2条　親・社会・国家による生活条件の保障
第3条　子どもの個性に適した発達権、訓育と教育への権利
第4条　子どもの一個の人格としての承認
第5条　子どもの養育者選択・不適切な養育者拒否の権利
第6条　子どもの自由と権利における子どもの成人との対等の権利
　　　　　　　　　　　　　　　（フランス人権宣言：第1条自由・権利の平等）
第7条　子どもの自由、その制約と限界
　　　　　　　　　　　（フランス人権宣言第4条：自由の定義・権利行使の限界）
第8条　制定規則によらない行為強制からの子どもの自由
　　　　　　　　　　　　　　　　　　（フランス人権宣言第5条：法律による禁止）
第9条　子どもの生活と活動を規制するすべての規則作成への参加権
　　　　（フランス人権宣言第6条：一般意思の表明としての法律、市民の立法参加権）
第10条　施設への強制通学の禁止、個性にそぐわない養育・教育の忌避の権利
第11条　親・社会・国家による特定宗教の学習強制の禁止・宗教学習の自由
第12条　子どもの自己の信念の表明の自由
　　　　　　　　　　　　　　　　　　　（フランス人権宣言第10条：意見の自由）
第13条　文章あるいは口頭での自己の見解や思想表明の権利
　　　　　　　　　　　　　　　　　　　（フランス人権宣言第11条：表現の自由）
第14条　子どもによる（子どもや大人との）連合・サークル・社会団体の結成権（子どもに害を与えない限りで）
第15条　子どもの人身の自由、子どもの過失や欠陥へは刑罰ではなく啓蒙や治療による　　　（フランス人権宣言第7条：適法手続きと身体の安全）
第16条　子どもの諸権利実現のための国家的社会的な監視とその任務の促進・強制
第17条　子どもの権利実現のための一般税の制定ないし若い世代基金の設置
　　　　　　　　　　　　　　　　　　　（フランス人権宣言第13条：租税の分担）
第18条　子どもの社会的必要労働への参加・現時点での社会生活への参加・建設者の権利

以下引用の宣言前文は、子ども・若者の解放宣言であり、その根拠に言及し

ている。

　「子どもは、早期の子ども期のみならず少年期そして青年期を含む最も広義のものと捉えるが、今日に至るも、地球上のすべての文明化された国々において、抑圧された存在である。隷属や社会的不平等の他のあらゆる形態と並んで年齢差によって条件づけられた隷属と不平等が存在している。全人類は、２つの大きな部分、成人、大人、年長の世代と未成年、子ども、若い世代の２つに分かれている。そして、前者、つまり、年長世代は、依然として生活の主人公であり続け、後者、つまり、子どもをその権力下に置いている。これに決着をつけなければならない。」

　宣言条文は、その流れにおいて、子どもの誕生から青年期に至る当時の児童保護の諸課題を念頭において設定するに至っている。前文にあるように、広く子ども期を意識した構成である。ヴェンツェリが考えてきた彼の思想を反映する子どもの権利論（３，４，10条）は、1906年当時と基本的に変わらない内容の個性に適した発達権保障であり、また、1913年の家庭教育大会で報告していた養育者の選択・そこから離れる権利という内容（５条）や成人との同権（６条）の他、本文で触れる余裕がなかったが、1913年までには、宗教学習の強要禁止（10条）、また生産的労働への従事という課題（18条）に関することもすでに議論済みで、ここにそのまま条文として盛り込んだといってよい。しかし、新たにここでは、先に述べたようにフランス人権宣言を支えに、自由権に関わる基本原則（６，７条）を過去の思想に重ね、また教育施設内のことを含め大人と子どもの関係や集団の自治にかかわる規則の作成・制定や見解表明など（８，９，12，13条）に関しても、同様に、子どもの主体的な権利として付加したものと思われる。さらに、この文書は当時歴史的課題となっていた児童保護の主要な課題群、例えば第１条のような誕生直後の乳幼児保護の課題、また第15条のように年少者の犯罪や少年司法また矯正教育に関する課題を加え、その児童保護の任に当たる親をはじめ社会や国家がなすべき監督や財政基盤の課題を第２、16、17条で規定し、やはり全体として「子ども期」の児童保護の課題を網羅して、これを子どもの側からの子どもの権利宣言として体裁をつくりあげたといえるであろう。さらにいえば、このヴェンツェリらの新教育思想の特徴がそのまま反映することになっているのは第４条である。ここでは明

確に子どもを「一個の人格」として規定している。これと関わるであろう、各条項が子どもの主体的権利を保障する表現となっていることは、非公式宣言とはいえ、20世紀前半の子ども宣言・憲章文書の中で稀有な文書としてその先駆性を際立たせていると思われる。

## （2）『子どもの権利宣言の公布』という文書のゆくえ

二月革命に続く十月革命の後、1918年1月の憲法制定会議の解散によって、目標にしていた子どもの権利宣言18条の公布は挫折することになった。その直後、ヴェンツェリら「自由教育」グループは、この宣言の普及を別の形で模索することを余儀なくされる。雑誌への掲載や出版、また、他の場所での宣言の採択などが考えられたものと思われる。

当時初等学校教員向けに普及していた『人民教師』の1918年の9号[217]で、「子どもの権利宣言（子どもの自由養育・教育集団）全17条」という表題で、以前の18条あった条項を17条に組み換え・再編、一部削除して公表している。何のコメントも付されてはいないが対応関係を確認すると、1（＝1変化なし）2（＝2）3（＝3）4（⇒3条文移行）5（⇒4）6（⇒8）7（⇒9）8（⇒10）9（⇒11）10（⇒6）11（⇒12）12（⇒13）13（⇒14）14（⇒15）15（⇒16）16（⇒17）17（⇒削除）18（⇒7）となり、変更は、教育関係条項をまとめ、前半部へ移動（3,10,18条にあったものを5,6,7条に列挙）した他は、若干の順序の入れ替えと、以前の17条（国家的子ども基金）を削除しているのみで、基本的な内容に変更はなかった。この文書は、さらにこの後1920年代の前半まで、ヴェンツェリが書いた他の著作の付録として掲載され、また、モスクワプロレトクリト（プロレタリア文化）啓蒙団体会議で取り上げられ、肯定的な決議がなされた。そのためこれを近年欧米で"モスクワ宣言"と名付けられる向きもあるが、後のロシア史の中で脚光を浴びることはなかった。

## （3）1936年のヴェンツェリの回想

1936年のヴェンツェリの『回想』には、『子どもの権利宣言の公布』について、それは1917年当時同時に書いた『国家からの学校の分離』とともにやはり意義深い歴史的な文書であると自ら確認し、もう一度人々の記憶に残ること

を期待してのことであろう、彼は以下のように回想しながら全 18 条を『回想』に再録している。その宣言は、当時はまだ現れていなかったが 1936 年当時「近いうちに」必ず現れると自分が期待した政党で、その政党（おそらく "子ども党" - 筆者）のマニフェストになるはずだと考えていたものである。

「『国家からの学校の分離』と『子どもの権利宣言の公布』…これら 2 つの論文に私は特別の意義を与えているし、私の人生のなかの最も重要な事柄のひとつと見なしている。というのもそれらにおいては、その実現は人類の生活に深い転換をもたらす、そういった理想についての問題があったのであり、その深さは政治革命やさらには社会革命さえ孕むものであったからである。後者の私の論文は、まだ生まれていなかった（私はそれが近いうちに生まれると信じている）政党で、私が属すことになるところの政党のマニフェストだと見なしている。私がこれに与えているその重要性ゆえに、またさほど大きくはない分量のゆえに、ここですべてを復元しておく。…」[218]

## 5. 本章のまとめ

　以上、ヴェンツェリによる 1917 年の「子どもの権利宣言」の成立過程を追跡する形で、20 世紀初頭ロシアの子どもの権利・児童法制度をめぐる思想動向と児童保護問題を概観してきた。ヴェンツェリによる 1917 年の「子どもの権利宣言」の内容がどのような特徴を有しているかという観点から、本論が歴史的に考察し得たところをまとめる。
　第 1 に、ヴェンツェリの子どもの権利論は、1905 年革命を契機とした社会革命の一環としての「子ども解放」思想として生まれたものであること、第 2 に、その子どもの権利論の中核にあるのは、子どもの人格・人間の個人的自由を失わない限りでの子どもの発達の権利の保障ということであった、第 3 に、子どもの権利の体系としてのこの宣言文書の性格は、第 1、第 2 の点で述べたことを基本的に維持しながら、当時の子ども期の歴史具体的な課題に対応して構築することを目指し、その対象を広げたものであること、第 4 に、それが可

能となった背景にはロシアの同時代人専門家たちの子どもの制度的・実態的改善を望む研究の前進があったであろうこと、第5に、最終的な子どもの権利宣言の全体像に、ある一定の安定性を持たせ、一貫して子どもの主体性を保障する様相をもたらした根底には、宣言構築に際してこれを支える形でフランス人権宣言を援用したことがあった。その体系の中核には子どもそれぞれに、個としての解放・自由を保障しようとする「子どもの権利」とともに、「子ども期」の「人権」課題を実現するための子どもの権利保障の問題を同時に設定した（これが一見してこの文書の"体系性"や"普遍性"をもたらしていると思われる）のであるが、それはおそらく、ヴェンツェリからすると、社会革命の一環としてある不可欠の教育革命であり、彼の晩年に至るも放棄されていない彼の思想の一部であった。

**資料8**　1917年ヴェンツェリ「子どもの権利宣言」（抄訳）

K.H. ヴェンツェリ『子どもの権利宣言の発布』
"子どもには、全く計り知れない可能性がある"（Л.Н. トルストイ）

　子どもは、早期の子ども期のみならず少年期そして青年期を含む最も広義のものと捉えるが、今日に至るも、地球上のすべての文明化された国々において、抑圧された存在である。隷属や社会的不平等の他のあらゆる形態と並んで年齢差によって条件づけられた隷属と不平等が存在している。全人類は、2つの大きな部分、成人、大人、年長の世代と未成年、子ども、若い世代に分かれている。そして、前者、つまり、年長世代は、依然として生活の主人公であり続け、後者、つまり、子どもをその権力下に置いている。これに決着をつけなければならない（後略）。

子どもの権利宣言

1. この世に生まれたどの子どもも、その親の社会的な地位がいかなるものであろうとも、生存への権利を有する。すなわち、子どもには、児童年齢の衛生学によって確認されているところの、また、その身体の保全と発達のため、また、生命に敵対する影響に打ち勝つために必要な生活条件の総体が保障されなければならない。

2. 児童年齢の衛生学が必要と認める生活条件を子どもに保障する配慮は、親、社会全体、そして、国家が行うものとする。(後略)
3. この世に生まれたどの子どもも、その子のなかに満たされたあらゆるエネルギー、能力、才能を自由に発達させる権利、すなわち個性に適した養育と教育に対する権利を有する。この権利の実現は彼の生存のあらゆる年齢において保証される。
4. どの子どもも、その子が何歳であろうとも、一個の人格であり、いかなる場合も、親の所有物でもないし、社会の所有物でも、また、国家の所有物でもない。
5. 世の中のどの子どもも、自らにもっとも親密な養育者を選択し、もしかりに、自らの親が養育者としてふさわしくない場合は、自らの親を拒否し親元を離れる権利がある。この親元を離れる権利は、子どもの生存のあらゆる年齢において存在する。…
6. 子どもは、(中略) その自由と権利において、成人のそれと同等でなければならない。仮にあれこれの権利が実現されていないとすれば、それは子どもにこれらの権利の実現にあたって必要な肉体的精神的諸力が欠けていること、ただそのことのみによって条件づけられていなければならない。
7. (中略) 各々の子どもの自然な権利の行使は、当の子どもの通常の肉体的精神的発達の法則によって導かれるところのものやまた、同じ権利を行使する社会の他のメンバーに保障されているところのもの以外によって制約されてはならない。
8. あれこれの子どものグループは、子ども自身の相互関係において、また、自己の周囲の大人に対する関係において、社会全体に害をもたらす行為を禁ずる規則に従うこととなる。これらの規則によって禁ぜられないすべてのことは、自己実現にあたって障害となってはならない。
9. あれこれの子どものグループが従う規則でそれらを成人との共通の生活に結びつける規則は、彼らの一般意志の表明でなければならない。すべての子どもには彼らの生活や行動を規制する規則の作成に参加する権利が与えられねばならない。これら規則がいかなる種類のものであろうとも、すべての者にとって同一でなければならない。それが子どものためにせよ、彼らと成人とを結びつけるものであるにせよ、また、条件の変わらぬ限り、それらが社会的公正の要求に矛盾しない限りそうでなければならない。
10. 子どもは、1人たりといえども、あれこれの養育施設や教育施設に、強制的に通わせてはならない。養育と教育は、そのあらゆる段階において、子どもの自由な事業である。どの子どもも、その子の個性と反対の方向にすすむような教育を避

ける権利をもつ。
11. いかなる者、親も社会も国家も、子どもにあれこれ特定の宗教の学習を強いたり、強制的に宗教的儀式を遂行させたりすることはできない。宗教的訓育は完全に自由なものでなければならない。
12. 子ども１人たりといえども、自己の信念のゆえにその表明が社会を構成する他の成人や子どもとの同等の権利を侵害しない限り、圧迫を受けてはならない。
13. どの子どもも、文章であるいは口頭で自己の見解や思想を自由に表明することができる。それは成人が行使するこの権利と同じレベルで与えられる。すなわち、その制約は、社会とこれを構成する個人の幸福のみによって導かれ、厳密に規定されなければならない。
14. どの子どもも、他の子ども、あるいは、成人との間にあれこれの連合、サークル、また、この種の社会団体を結成する権利を、それが成人に属すところの権利と同等のレベルにおいて行使する。（後略）
15. 子ども一人たりといえども、自由を剥奪されることはない。子どもの幸福や子どもを取り囲む社会の幸福がそれを望んでいる時で法が詳細に定式化している場合を除いて。また、同様に、子どもは１人たりといえども、刑罰を受けるようなことがあってはならない。子どもの過失や欠陥とたたかうのは、それにふさわしい訓育施設の援助を通じ、刑罰やその他あらゆる抑圧的な性格をもつ措置によってではなく啓蒙や治療によってなされなければならない。
16. 国家と社会は、あらゆる手段をもって、（中略）子どもの権利について監視しなければならない。国家と社会は、…すべての者から子どもの権利を擁護し、これを強制しなければならない。
17. 子どもの権利を実現するための一般税あるいは国家がそのほかの方法によって委託される財源からの支出の助力を得て、若い世代寄金が設置されなければならない。
18. どの子どもも、子どもにとってそれが行われるに可能な年齢から、その力と能力に応じて、社会的に必要な工業労働、農業労働、その他の何らかの生産労働に参加しなければならない。…社会的必要労働のためこの種の場を設けることは、子どもの最も聖なる権利のひとつ、すなわち、自己を寄生的なものと感じることなく、…その生活が将来においてのみならず、すでに現在においても社会的な価値をもちうること、そして、現時点で社会生活の参加者でありかつ建設者であるという認識を獲得すること、このような権利を実現する可能性を与えるためのものである。

子どもの権利宣言とは以上のごとくであるが、地球上に、世界的な意義を有するこの宣言が実現することを何としても達成せねばならない……（中略）……。子どもと若者の友よ、結集し子どもと若者が未来の憲法制定会議において代表者のない状態にならぬよう、全力を尽くそうではないか。

　…もし、ロシアの憲法制定会議が子どもの権利の問題をそのあらゆる広がりにおいて設定しないならば、我が祖国の未来に対する重大な犯罪をおかすことになろう。

　　　　　　　　　　　　　　K.H. ヴェンツェリ　　　1917年9月25日

# 第Ⅲ部

## コルチャックの子どもの権利思想と実践

# 第1章
# "子ども＝すでに人間"思想の誕生と発展

## はじめに

　本章の基本的な課題は、ヤヌシュ・コルチャック（1878-1942）の子ども・教育思想について、その特質を"子どもを人間として尊重する"思想として、その思想の歴史的形成過程を解明することにある。この思想は次章に見る彼の子どもの権利・人権思想の土台に位置している。本章ではこの思想が生涯を貫いたものと仮定して、その萌芽を考察することを目的とする。具体的には、"子どもと教育"のことを自らが考えるべき問題として意識しはじめたギムナジアから大学生の時代のコルチャックは、1．どのような書物・思想に接して、"子どもと教育"に関するどのような思想を、またそれらにアプローチする方法を手にしようとしていたのか、2．ほぼ同時に、彼が直面していた当時の子ども・教育の具体的問題状況というのはどのようなものであり、彼はどのようなことを自らの課題にしようとしていたのか、これらの点について主に「19世紀隣人愛思想の発展」（1899）という彼の小論が生まれる歴史的背景とその内容の検討を通じて明らかにしてみたい。さらに、3．この作業を通じて、彼の思想と先行するヨーロッパ教育思想家との関係また同時代の新教育とはどのような位置関係にあったのかをあわせ考察することとする。

　以下、1．「子どもはすでに人間である」、2．先行する子ども・教育思想家、あるいは「子どもの発見者」、3．子どもの人間としての尊重の思想と子ども研究の方法的態度、加えて子どもの歴史具体的問題状況、の順で考察をすすめるが、その前にこの時期の若きコルチャックがその思想形成をはかっていくその歴史的土壌について若干述べておきたい。

世紀転換時の植民地下ポーランド社会の言論は、著名なポーランド文学史家ミウォシュによれば、一般に「被抑圧者のための平等な権利擁護の手」が農民のみならずユダヤ人や女性にまで及ぼされる状況に至っており、ポーランド実証主義の「社会的公正」や「弱者保護」を求める「自由な態度」がコルチャックにも影響を与え[219]ていたという。将来この延長線上でコルチャックがはっきりと被支配民族・階級、また女性と並んで子どもの「解放」にまで言及するに至る[220]がその1歩手前の状況にあったということである。つまり社会的あるいは人間的な存在としての子どもへの注目やその権利擁護の着手まではあと1歩という地点にきていたのであり、彼が（本論で考察する）論文「19世紀隣人愛思想の発展」のなかに「貧しい人々」や「女性たち」と並んで「子どもたち」を登場させる歴史的な土壌はすでにあったということである。これがまず第1の点である。

　第2の点は、世紀転換期ポーランドで急速に進行するその「子ども」への関心である。当時のポーランドは周囲3国の植民地下にあってそれに抗するために、自国の言語や文化を秘密裏の学校網を通じて広く将来のポーランド人である子どもたちに普及しようとする動きがきわめて活発であった[221]。さらに、そういった教育普及に貢献する社会評論家や作家のなかに女性の作家・詩人が登場してくるが、例えばその1人 M. コノプニツカは「詩人としてよりは解放された女性の手本」（ミウォシュ）として有名であり、「人民派」詩人として評価されるそういった人物であった[222]が、彼女の作品と同様[223]、当時の文学作品では子どもやその世界がヒーロー・主舞台となることが少なくなかったという[224]。さらに文学のみならず、芸術の世界（例えば"子ども発見"を試みた S. ヴィスピアンスキ[225]）にも、子どもへの関心が表れていた。まさにこういった時期に先の教育普及を直接・間接に支えるダヴィドらの児童心理学研究[226]が生まれていた。コルチャックが子どもに強い関心を寄せはじめる当時の具体的歴史状況は、これらといずれも関係が深いが、彼自身の固有の動機を本論で検討することになる。いずれにしろここでは、思春期に文学に接したコルチャックが「子どもの研究」へと向かう土壌が確かにあったし、さらに広いステージへと上る土壌も存在したということを確認しておきたい。

## 1.「子どもはすでに人間である」

　「子どもはだんだんと人間になるのではなく、すでに人間である。そう、人間なのであって操り人形なのではない。彼らの理性に向かって話しかければ、我々のそれに応えることもできるし、心に向かって話しかければ、我々を感じとってもくれる。子どもは、その魂において、我々がもっているところのあらゆる思考や感覚をもつ才能ある人間なのである。」[227]

　この「19世紀隣人愛思想の発展」の「子どもたち」の章の冒頭の文章、「子どもはすでに人間である」は、A. レヴィン（A.Lewin, 1915-2002）によれば、コルチャックの基本的な教育概念であり、これがその後の彼の子どもに関わる見解のうちにしばしば現れる最も重要なテーゼであること[228]はほぼ共通の認識になりつつある。とくに子どもの人権・権利といったテーマに関わる点での研究は、この文章を起点としなければならないだろう。しかしこの最初から論争的な子どもの定義は、いったいどこからきたのか、だれと議論しようしているのか。これらの点については、レヴィンにしても何も触れてはいない。

　今いくつか指摘できることは、第1に、子どもと人間を結びつけて議論をするということについては以下に見るとおり、彼が学ぶ先行の思想家がいたということ、第2に、しかし、「すでに人間」との定義は彼固有のものでありこれは出所が不明である。第3に、それはしかし、コルチャックの文章を読むなら、当時の（また我々の現代の）社会的通念としての子どもに対する態度や観念への明確な批判を意図したものだという点である。第1の点は後述するとして、第2の点についてさらにいえば、引用後半の文章にうかがえるように、子どものなかにあるいわば人間的な「理性」や「心」に働きかけることではじめて見えてくる、つまり、彼の経験的な直感によって得た認識なのかもしれない（ポーランドの研究者ヴインチツカはそう述べていた）。

　第3の点について述べる。「子どもはだんだんと人間になるのではなく、すでに人間である（Dzieci nie będą dopiero, ale są już ludźmi）。そう、人間なのであって操り人形なのではない」。この文章を定式化した次の年に、この定式を別の角度から説明しようとする以下のような文章を書いている。

「子どもは、人間をめざして、また、尊重に値する生き物をめざしてそうなるものだといわれる。皮ひもの先に立つことは許されないが、その巧みなさばきをもって、慎重に、知性と感覚と意思の全力をもって操られるべきそういった生き物なのだと……。」("子どもと教育"雑誌連載記事論文, Wedrowic「旅人」1900年)[229]

　子どもは「人間をめざして」大人の操作によってようやく人間になっていくのであり、そうして初めて「尊重に値する」存在になりうる、すなわちそれまでの子どもとは人間以前の存在だというのが通常の大人の認識であり、彼はこれを根底から批判しようとしたのである。この「すでに人間」（これはすでに尊重されてしかるべきとの意味を含む）という子どもに関する彼固有の基本テーゼは、彼の個人的な経験の限界を越えて、それが意味するものまたその場合子どもとはいかなる人間なのか、こういったことについて、広く人々に承認されうるよう、将来において論証・実証が不可欠の仮説でもあった。
　子どもはすでに人間というテーゼは、この後、彼の思想のほぼ中心に位置し続けた。それは、以下に示すような新たな思想・概念（例えば「今日という日に対する子どもの権利」、あるいは、人間性を構成する一部としての子ども期の人間性、大人らと対等平等に分割されるべき人類の予算配分など）を伴いながら深化、拡張させられていく。1920-21年の２つの文章を、確認のために以下に、引用しておく。

「百人の子どもは百人の人間である。それはいつかどこかに現れる人間ではない。まだ見ぬ人間でもなく明日には現れる人間というわけでもない、いやすでに今人間なのである。狭い世界ではなく世界そのものなのだ。とるにたらぬ人間でなく重要な人間。『純粋無垢な』人間ではなく……。」(『子どもをいかに愛するか』寄宿学校編 14章Ⅶ-150　1920年)[230]

「子どもと青年は第３の人間性であり、子ども時代は人生の第３の部分をなす。子どもはだんだんと人間になるのではなく、すでに人間なのである。
　この地球の果実と富のその３分の１は彼らのものだ、それは彼らの権利であって恩恵によって与えられるものではない。人類の思想が勝利を収めた果実の３分の１は彼らのものだ。」(『春と子ども』1921年)[231]

## 2.「子どもの発見者」について

　次に、彼に先行する子ども・教育思想家と若きコルチャックの思想の関係、あるいは、コルチャックは彼らの思想の何を学ぼうとしたのか、また、何を継承しようとしたのかという点について考えてみたい。彼は先の「隣人愛思想の発展」において次のように述べた。

　「ペスタロッチ、フレーベル、そして、スペンサーの名は、19世紀の偉大な発明者たちの名と比較しても、けっしてその輝きで劣ることはない。彼らは、ますます多くの未知なる自然の力を、また、人間性の未知なる半分を発見してきたのだ。つまり、子どもを発見してきたのだ。」[232]

　「子どもを発見した」というこの3名をコルチャックはどこから引き出してきたのか、にわかにはわからない列挙であるが、関連するもうひとつの文章——こちらはコルチャックによれば「子どもの魂」を見出してきた教育家たちに言及するものだが——をあわせて引用すると見えてくる。

　「子どもと青年の訓育と統治の領域でその進展はますますはっきりと見られる。コメンスキー、ロック、ルソー、バセドー、ペスタロッチ、フレーベル、彼らは子どもの魂をますます見事に明るく照らし出してきたのである。……」("子どもと教育"雑誌連載記事論文, Wedrowic（旅人）1900年10号）[233]

　実はこれらの教育史上の人物名の列挙については、すでにレヴィンが明らかにしているように、イギリスの教育家 R.H. クイック（Robert Quick, 1831-1891）[234] の著書、『教育の改革者、最新教育の原理』（ダヴィド訳, 1896年）[235] からのものである。ポーランドのコルチャック研究の第一人者レヴィンは、この書物がコルチャックにとっていわば教育入門の書であったという主旨のことを述べている。

「おそらくこれによってコルチャックの目の前で新時代の教育のパノラマが開かれたのであろう。コメンスキー、ロック、ルソー、バセドー、ペスタロッチ、フレーベルが記述され、分析され、彼らの試みや見解の分析から、子どもは、けっして機械的に知識、それもしばしば役に立たない知識によって満たされうる存在なのではない。それは、周囲を感じ、思考し、行動し、ものを創造する生きものと見なされるべきである。しかもそれは、その生きものに特有の世界観や経験と特別の思考方法をもっている、そういう存在だと。そこから現れた基本的な結論とは、つまり、教育というものは、まずもって、子ども期と青年期の固有の特質の徹底的な研究に基づいて行われるべきだということである。それらは、来る彼の活発な教育活動の展開の時期に向かっての彼の教育概念の発芽であった。」[236]

　今後のコルチャックの進むべき教育学の方向として概して言えばレヴィンの言うとおりであるが、クイックから今少し厳密な「学び」があったと思われる。この『教育の改革者、最新教育の原理』がその結論部分で、「新教育」はルソーに始まりペスタロッチ、フレーベルらによって準備されてきたとしたうえで、その土台とすべきことは何かということについて——これはレヴィンのいう「子ども期と青年期の固有の特質の徹底的な研究に基づいて」の部分に対応することであるが——、フレーベルの有名な言葉を引用しながら、以下のようにもっと厳密に述べている。

　「新教育は、"受動的、追随的"であり、人間の自然の研究に基づかなければならない。われわれがその発達させられるべき能力が何であるのかを確かめることができるときには、われわれはさらにそれらを発達させるところの自己活動をどのように助成するのかということを考究しなければならないのである。」[237]

　「人間の自然」は、"natura ludzka（原典英語版　human nature）"である。この点に注目するのは、いうまでもないが「子ども」の章のなかの、未知なる「自然（natura）」の力と未知なる「人間性（ludzkosc）」という2つの概念と重なるからであり、これらは、コルチャックによれば、ペスタロッチ、フレーベル、スペンサーら3人が「発見」してきたものだからである。つまりこれらこ

そ、コルチャックは学び今後に生かそうと考えたことなのである。クイックのこの一文にすべてを学んだとは言わないまでも、子どもの教育を考える際の、そして、まずは子どもを知るための最も重要な鍵概念であった。

そもそも「自然」や「人間（性）」は、ペスタロッチにしてもフレーベルにしても彼らの教育学にとって最も重要なキーワードであったことはいうまでもない。コルチャックの彼らの原典への接近はなお後のことだった（翻訳本はまだ出ていない）と考えられるが、後述のように彼は学びはじめていた。

さて、先のクイックの教育史のみならず、とりわけポーランドの実証主義者たちの間で必読書であったスペンサー（Herbert Spencer, 1820-1903）の著作、例えば当然コルチャックも読んでいたであろう『教育論』（ポーランド語版初版は1870年, 1884年に第3版）のなかにも同様に注目すべきところがある。同書道徳教育に関する章のやはり結びの部分に位置する以下のような箇所もコルチャックにとって少なからぬ意義をもったはずである。

「すべての複雑な題目のうち最も重要なものに回答しうるために、われわれの子どものなかに、われわれ自身のなかに、さらに、人間全体のなかに気づいているであろうこと、つまり人間の自然やその法則（przyroda ludzka i je prawo）を、根本のところから認識していかなければならないのだ。道徳的には、我々はいっそう高貴な感情を働かせ、また低級な感情を抑制しなければならない。」[238]

子どものなかにある「人間の自然」やその法則を認識すること、それは大人にもあるが、スペンサーもペスタロッチやフレーベルと同様のことをコルチャックに語りかけていたのである。

子どものなかに「人間」を見るという態度についてはレヴィンも注目してきたところだが、コルチャックはかなり早くから、子どものなかに「人間の自然」ないし「人間」と「自然」を見るという、子ども研究の課題と方法的な態度をもっていたといってよい。それは明らかに、ここまで見てきた先行する教育家たちに学んだのである。

## 3. 子どもを人間として尊重する思想とその方法的態度 その後の展開（1918-1939年）

### （1）すでに人間・一個の人格・大人とは異質の人間の証明[239]

　「ただ際限のない無学と見解の浅はかさだけが見落としてしまうことだが、それは、乳児というのは、それ自身、生まれつきの気質と知性の諸力と心身の感覚と生きた経験から成り立っている、ある人格、厳密にいえば、一個の人格である、ということだ。」（『子どもをいかに愛するか』1918年；『同』家庭の子ども編, 1920年）[240]

　この記述の直後の26章では、章題を「百人の乳児」とし、「人生何週間かあるいは何か月かを数える者たち」の「まなざし」や様子・状態を観察し、乳児の顔にすでに「成熟した人間の精神的風貌」と同様のものが観察されることを示唆している。そして、続くいくつかの章で、詳細で正確な観察によって、乳児がその知性とあらゆる感性を発揮しながら「研究」を重ね、また、常に新たな現実にぶつかり、1歳にもなれば相当豊かな経験を重ねているのだということを確認していく[241]。

　同時に、大人とは異質の人間であることを確定し、その異なる人生、生き方を尊重せよとの要求を明確にしていく。子どもが、大人とは「精神構造」において異なり、経験においては明らかに不足しているが、「知性」において同等だ、しかし、「感性」においては子どもは高位にある（大人が爪先だって立たなければそこに届かないほどだと別の作品で述べている）、そういう構造の異なる人間であることを示している[242]。彼はいう。

　「子どもがではない。そこにいるのは、知識の量、経験の蓄積、欲望、感情の動きが異なる人間だ。私たちが子どもたちを知らないということを覚えておくべきだ。」（『子どもをいかに愛するか』寄宿学校編, 1920年）[243]

## (2)「子どものなかに人間を見る」方法的態度と人間的価値

　上記のような子どもを人間として尊重するための彼の論理や論証は、おそらく、子どもに向かうときの方法的態度によっていた。

　特に彼の教育学作品のひとつとして注目されるもので、子どもの観察はいかにあるべきかその方法について彼の実践を見せてくれる作品、1919年の『教育の瞬間』のなかに、幼稚園児ヘルツィアが観察対象であるひとつの章がある。ヘルツィアを、その周辺の子どもたちとのやりとりを含めて、その遊びの日常を観察して記録したものである。その章の終わりにほとんど目立たないが1行、次のように加えられている。

　「私が観察したのは、ヘルツィア（Helcia）ではなく、自然（natura）と人間（człowiek）の法則（権利 prawo）である。」（『教育の瞬間』3章ヘルツィア, 1919年）[244]

　ここには明らかに、先に見た子どもという人間に対するときの同じ方法的な態度が継続されていると見ることができる。

　こういった子どもへの観察・アプローチは、1927年論文「感性」のなかでは、それは人間を認識するためだと次のように述べてもいる。

　「人間を認識すること、すなわち、まず何より子どもを、千通りの方法で研究することだ。別の方法があるのか？　私の方法はそれに劣るだろうか。いややはり私はこれでやる。学問的にではなく、家庭でやるやり方で、観察する、肉眼で。」（論文「感性」, 1927年）[245]

　彼は単に子どもを知ろうとしていたのではなく、子どもという人間を知ろうとしていたのである。人間を知るためには子どもを認識しなければならないという意味である。

　こうして、子どもの観察・記録・その表現・提示ということを通じて、彼が目指していたのは一言で言えば、子どもの人間的価値の発見である。

　『子どもをいかに愛するか』寄宿学校編14章では、すでに触れた引用であるが、それに続く文章が彼の望みを率直に表現したものである。

「百人の子どもは百人の人間である。……（彼らは）……狭い世界ではなく世界そのものなのだ。とるにたらぬ人間でなく重要な人間。"純真無垢"な人間ではなく、奥深くに人間的な価値・長所・欠点・欲求・望みをもったそういう人々である。」[246]

同書同編の最終章 85 章で、その前の 84 章で記されているいくつかの条件をクリアーし、多様な子どもたちを受け止めることが可能になり、そういった子どもたちに出会うことがひとつひとつ意味を持つと感じられるようになったときに、子どもという人間存在にますます接近できるだろうと次のように述べている。

「そのとき初めて、教育者はそれぞれの子どもを理性的な愛情で愛するようになり、子どもの精神的本質、要求、運命に関心を持つようになる。子どもに近づけば近づくほど、教育者は子どもの中に注目すべき特徴をより多く発見する。そして研究の中に報酬と、さらなる研究、さらなる努力への刺激を見出すだろう。」(『子どもをいかに愛するか』寄宿学校編, 1920 年)[247]

こういった姿勢は、その後も貫かれている。1929 年『子どもをいかに愛するか』の第 2 版と同時に書いた作品『子どもの尊重される権利』について、その「主たる考え」は、1939 年の『おもしろ教育学』（彼の最末期の作品）の序文に彼自身の率直なコメントがある通り、次のところにあったのだという。

「子どもというものは、我々と等しく人間的な価値をもっているものだ。」[248]

また、この 1939 年の著作は、彼のラジオ番組（"老博士のお話"）での話題をもとにしたものであったが、それについて彼は次のように述べている。

「このラジオ番組のおしゃべりでもうひとつ試みていること。それはおもしろおかしく……、こまかいことにこだわらず、好意的に確信をもって、子どものなかに人間を見ること。けっして軽蔑することなく。」[249]

以上のように、子どものなかの「人間」と「自然」を見るという方法的な態度ないし姿勢は、若き頃よりその生涯において、一貫していたと確認することができる。

## (3) 子どものなかの「自然」

　彼の著作や人生のなかで、子どものなかに「自然」を見るという、彼の子どもに対するときの、強調されてよい、もう一方の方法もずっと維持されていたといってよい。それは相当厳密な医学の目によるものである。詳細は改めて検討したいが、1点紹介しておく。『子どもをいかに愛するか』（寄宿学校編）の第79章に、そこには「自然」の意味するものが明瞭にみえる。それは、自然科学者としてあるいは医者として観察する子どものなかの自然の法則である。

　「医学は私に治療の奇跡と、自然の秘密を発見する人間の努力の奇跡を教えてくれた。医者として働きながら、私は何度も、人が死んでいくのを見た。月満ちた胎児が人間になるために、無慈悲な力をもって、母親の腹を痛めながら、生の世界に出てくるのを、何度も見た。医学のおかげで私は、ばらばらの事実や矛盾する症状から1つの論理的な診断を丹念にまとめ上げることを覚えた。そして、自然の法則の力と人間の科学的思考の才能を意識することによって高められた私は、未知なるもの、すなわち子どもを前にして立ち止まっている。」[250]

## (4) 新教育、クラパレードとコルチャック

　ところで、ようやくここで同時代のヨーロッパの新教育論者たちとの対比も可能になる。子どものなかに「人間」と「自然」を見るという方法的態度は、他の研究者、新教育論者のなかにも確かに見られるものだからである。例えばクラパレード（E.Claparede）の論文「教育は生活か生活準備か」（1930）が引用する1904年リヨンのリセ教授ブルム報告（「子どもは固有の存在」と規定）で、「何よりも子どもを子どものために、ありのままの子どもとして、彼がもっている自然と権利を損なわずに育てることが必要……」[251]との要求や、これを引用するクラパレードの教育観（これは現代ポーランドのクラパレード認識

であるが)、すなわち「(クラパレードによれば、教育とは) 自然の法則に従ってその人格に到達する自然な過程である」[252]もコルチャックからすると「自然」のほうにかなり傾斜しているとはいえ、おそらく同じ医者という出自からしての共通の子どもへのアプローチであろうかと推察される。

　また、クラパレードの論文を読むと、20世紀に入ってのコルチャックの議論や彼が利用している概念の多くが、当時のクラパレードが議論しているそれらとかなりの重なりを見せていることがわかる[253]。コルチャックは注意深く他国の新教育の動向を追っていたといわれ、その影響については今後さらに詳細に検討すべき課題である[254]が、少なくともコルチャックがそれらの議論のなかにどっぷりつかりながら、同じく"子ども"を知ろうとしていたことはまちがいない[255]。

　さらに、コルチャックとクラパレードは、明らかに両者ともにその思想的起源をたどればルソーに行き着くことになろう。養育者としての道徳的モデルを求めていたコルチャックが、あの『告白』ゆえにペスタロッチのようにはルソーを師とは仰げなかったというのがレヴィンの解釈[256]であるが、他方のクラパレードはルソーを明らかに新教育の一起源としていた。クラパレードの「ルソーと機能主義的子ども観」(1912年) はルソーに学びながら、継承すべき思想を選択し新たな意義づけを行おうとしている論文である。そこでは、現在様々な意味で興味の対象となっている「子ども期」や「子ども観」に関する様々な論点が提示されている。「子ども期」は個体にとって有用だとしながら、「子どもは子どもである限り、子どもとして尊重に値する」ものだという。そしてルソーの言葉をひきながら、次のように述べている。

　「かくして、それぞれの年齢にあって、子どもは完全な存在である。"各々の年齢、人生の各々の段階には、それにふさわしい完成があり、それに固有の成熟がある。"……子どもは単に未完成のおとな、不完全な、あるいは縮尺のおとなではなく、それ自体独特の存在である。」[257]

ここで述べられている子ども期に関する考え方は、これもほとんどコルチャックの議論と重なるものである。しかしここで注目したいのは、こういった議論を展開しながら、クラパレードがルソーについて、次のように評価している点である。

「"子どもの中に子ども"をしっかり見ることができたルソーは、われわれにたいして…"子どもの生を生きた"子どものことを書いた、いや少なくとも書こうとした。」[258]。

コルチャックがこの文章に仮に触れていたとすれば（おそらく触れていた）、それは自分とは違うと思ったのではあるまいか。彼が子どものなかに見ようとしていたのは、子どもではなく、人間であった。

## 4. 子どもの歴史具体的問題状況
### ——ユゴー『レ・ミゼラブル』とワルシャワの子どもたち

　さて、「19世紀隣人愛思想の発展」を発表した頃の、コルチャックが人間としての尊重を求めたその子どもたちとは、具体的にはどのような子どもの存在であったのか。ここでは、世紀転換期のまさにその時点に限定して、彼が考えはじめた"子どもと教育"の歴史の具体的な内容を考察してみたい。

### (1) 親子関係の変化の兆し、家庭のなかの"孤児"

　すでに一部を引用した文章であるが、続く文章をあわせて再度引用する。これは彼が1900年「子どもと教育」というゆるやかな共通テーマで一連の記事を、雑誌『旅人』に投稿していた文章のなかのひとつである。

「子どもは、人間をめざして、また、尊重に値する生きものをめざしてそうなるものだといわれる。皮紐の先に立つことは許されないが、その巧みなさばきをもって、慎重に、知性と感覚と意思の全力をもって操られるべきそういった生きものなのだと。かつての専制が教育に生き残っているが、親の前に立つときのかつての恐怖は、時の流れとともに消え去った。彼にはどんな地位がふさわしいのか。

"愛と尊重と信頼だ" と理性は答えた。
　"何ひとつない" と、無知と軽薄と怠惰は答えた。
　そして、家族の間柄にまで、波乱とたるみが侵入した。両親は、子どもの友人か奉公人に成り下がってしまった。権力が入り組み、操作は断念され、子どもは他者の手に委ねられる。
　すなわち、子どもに手形を与えよ、施設の職員や男性教師や女性教師、そしてその筋専門の師を与えて、言語や歴史や代数学、また音楽や絵画や歌や踊りを教えるのである。育てるというよりは、子どもの学力を育てるために、金を払うのである。
　では心は？」[259]

　ここには一般的にいえば、家父長的な親権の後退と近代家族への移行がはじまったその時点のいくつかの変化の兆しが交錯している。「愛と尊敬と信頼」による新たな親子関係は可能か？　いやそうではない、金を使っての「学力」の育成、家族外の「他者」に教育が委ねられる。
　彼らの「心」の教育はだれがするのか、これらの子どもたちは精神的には放置されているのだ。こういった変化のなかにいるのは、過去のコルチャック自身であり、今は有力な収入源であった家庭教師先の裕福な家庭の子どもたちである。こういった子が将来の小説『サロンの子ども』（1904年から執筆）の主人公になる。彼が関心を寄せていた一方はこういった子どもたちであった。
　ところで、こういった家庭のなかの不幸な子どもたちに、とはいってももっと深刻な子ども達にではあるが、その彼らにコルチャックは以前から関心を示していた。1894年、つまりギムナジア第6学年のことである。16歳の夏のこと、当時の日記が後に『蝶々の告白』として公刊されることになるのだが、そこにはある夫人との長い談話のことが記されている。（ちなみにこの3日後の日記には、次のような彼の有名な言葉が記されることになる。"資料を集めて研究だ。子どもとは？……教育改革者、スペンサー・ペスタロッチ・フレーベル、いつしか自分の名前もその列に並ぶだろうか"[260] と 。彼が子どもと教育問題を考えはじめる契機であったのだろう。）

「8月12日
　今日、ヴァンダ夫人と長い間、ビクトル・ユゴーの『貧しき人々』について

話していた。子どもの教育のことや、それに、人間の運命と友情について。
　……親が自分の子どものことを知らないといったことはだれの罪なのか、ドイツの詩人シュピルハーゲンがその本『謎めいた自然』で述べている。"まさに親のいるところで孤児となっている"子どものことが語られている。」[261]

　このビクトル・ユゴーの『貧しき人々』とは、いうまでもなく『レ・ミゼラブル』のことである。この作品の13章に現れる「少年ガヴローシュ」、その名は、後には主人公ジャン・バルジャンよりも有名になるということがあったらしいが、それは、彼に親がありながら親たちが子どものことを気にもとめず愛してもおらず、浮浪児として生活せざるをえなくなっていたからであった[262]。確認するまでもないがそのガヴローシュについて、ユゴーは文中で「父と母とを持ちながらしかも孤児でもある子どもの1人だった」[263]と記しているとおりである。コルチャックがヴァンダ夫人と話をしていたのはこの親のいる家庭の「孤児」たちであったと考えてまちがいない。これはシュピルハーゲンも書いているように、ドイツでもそうであったという。ポーランドでは、『貧しき人々』は1860年代に発表されてすぐに翻訳され、よく知られる作品となっていたが、ギムナジア時代のコルチャックに強い影響を与えたようである。将来彼が書く先述の小説『サロンの子ども』の主人公は「ポーランドの"貧しき人々"のための資料を集める」ことになるのだ[264]。
　1899年、すでに作家としても多くを書き始めていたコルチャックは、この作品の新訳本が出る[265]とまもなく「貧しき人々、ヴィクトル・ユゴーの小説」と題した紹介文を書いている（『みんなの読書室』41号10月12日）[266]。その彼の紹介文には、やはり主人公に劣らず重要な登場人物の「通りの子」ガヴローシュの名も出てくるが、さらに注目したいのは、この小説の序章に現れる次のような19世紀の3つの課題である。「フランスの偉大な詩人にして小説家」が提起するその「世紀の3つの課題」とは、「貧しさゆえの人間（człowiek）の堕落、飢えによる女性の墜落、暗愚ゆえの子どもの破滅」[267]である。
　これらは、すでに学生となっていたコルチャックの目の前に広がるワルシャワの街の現実そのものだったのではなかろうか。

## (2) "街頭の子どもたち"・"今世紀３つの課題"

　以下は、コルチャックがこの紹介文を書いた頃のこと、当時 19 世紀から 20 世紀初頭にかけての時期のワルシャワ孤児たちの様子である。(Adolf Suligowsk の『文盲の街』1905)

　「(ワルシャワの) どこに足を踏み入れても、貧しい子どもたちが仕事もなくだれの世話もなくさまよっている。誰のものでもない誰も関心をもたないそういった子どもたちだ。至るところみすぼらしい子どもの姿を見かけぬことはない、いやワルシャワならどこにでもあってまるでたくさんの捨てられたつまらないものでもあるかのようだ。そのことに気づかないところはないはずである。ヴィスワ河沿岸の道路沿いや貧しい住民の地区全体に、裸足の男の子や女の子が群れをなして歩き回っており、考えようとする人間の頭に疑問と不安がよぎる、そこから何が生まれてくるだろうかと。」[268]

　世紀末のワルシャワにおいて、急速に増大してくる貧困と孤児の群れが、大学生になったコルチャックの目の前にはっきりと姿を表すようになっていた。1901 年に、彼の最初の小説『街頭の子どもたち』が発表される。この子どもたちは、コルチャックによれば次のような子どもたちであった。

　「誕生した天使たちが絶望のために手をくみ、神様が涙を浮かべている、そういう子どもたちだ。暗闇が孤児たちの懺悔を聞きとっている。この子どもたちは、この世のあらゆる苦しみを一身に引き受け、あらゆる苦々しさを経験しているのだ。その名は軍団 (legion) だ。」[269] (『街頭の子どもたち』1901 年)

　こういったワルシャワでの子どもたちを対象とする社会事業は、1880 年代から開始されていたとはいえ満足のいくものではなかった。これを中心的に担っていたのはワルシャワ慈善協会であった。この協会のもとに保護所 (7 歳未満) や保育園、また、避難者や孤児のための施設、そして作業室や作業所も数は少なかったが存在した。90 年代当時市内にあった保護所は 33 施設 (この種の最初の施設は 1838 年開設) で、この協会によると世紀変わり目の数年これら保護所に収容されていたのは平均して約 5000 人、1903 年の数字では、38

施設（4-7歳）7000人近い数にのぼっていた[270]。

ワルシャワは、当時、工業化と都市化を背景に急激に人口を膨張させていた。ワルシャワの人口は1882年の38万2964人から1897年には62万4189人へと急増し、そして1914年までに88万4584人にまで増大していく。1880-90年代の前者2つの年でいうと、ワルシャワ市出身者の割合は52.6%と50.4%であり、残りは市外からの出身者であった。1882年から1897年にかけてその内訳は、市周辺出身者が11.3%から14.0%へ、他ポーランド「王国」地域出身者が26.9%から22.9%へ、他ロシア帝国出身者が5.6%から10.9%へと、はるか遠く「周辺」地域からの人々を含め、人口が集中する傾向にあった[271]。労働の場につけない流入人口はますます貧民街を増大させていた。

さて、「貧しき人々、ヴィクトル・ユゴーの小説」紹介の後、その年1899年の12月に「19世紀隣人愛思想の発展」が発表される。この論文の構成は「貧しい人々」・「女性たち」・「子どもたち」となっている。なぜこのような構成になっているかこれまでの研究で言及しているものはないが、おそらく、レ・ミゼラブルの序文にある「世紀の課題」の3つに対応させているものだと考えてまちがいない。彼は、「貧しきゆえの人間（człowiek）の堕落、飢えによる女性の墜落、暗愚ゆえの子どもの破滅」というユゴーのいう「(19)世紀の3つの課題」への対応・対策を「19世紀隣人愛思想の発展」の名のもとに示そうとしていたのである。彼は、当時ワルシャワ慈善協会に加わって、これらの「3者」を目のあたりにし、できうる限りの活動も行っていた。最初の章にあるのは「貧しい人々」に対する「天からのパンと思想」提供による物質的・精神的支援である。それは具体的には夏季コロニーや身体麻痺者、聾唖者、盲人のための施設や捨児施設の保障、さらに病院や保養所、医者の無料支援など医療支援、また、種々衛生対策、保育所、保護所、製縫工場など保護事業、さらには日曜学校、民衆大学、無料読書会、民衆演劇、絵画博覧会、講演といった教育啓蒙事業によって精神的に支えること、また2つ目の「女性たち」の章では、主としてその労働と社会的自立、またその地位の確立や「権利」の保障について、そして最後の章「子どもたち」についてはすでに見てきたように「人間」としての「尊重」という新たな子どもへの認識態度の確立によるものであった。これらの「世紀の課題」解決に向けての彼の宣言であった。

＊コルチャックの論文名の冒頭に付された「隣人愛」の意味についてだが、コルチャック

のその意図についてはなお筆者は特定しえていないが、しかし単なる宗教道徳上の言説よりは、次のようなユゴーの作品との関係の文脈に注目したい。フランス本国では、『レ・ミゼラブル』に対して、60 年代その発表直後にボードレールが「本書は隣人愛の書、つまり、隣人愛の精神を呼びさましかきたてるために書かれた書物である。……」との書評を書いていた。[272]

　そして何よりも、コルチャックはすでに見てきたように、ユゴーのいう 3 つ目の課題を自らに引き受けようとしたのだと思われる。彼は目の前で増大する孤児をはじめとする社会的な境遇の劣悪な子どもたちへの救済・支援のあり方について、当時すでに開始されていた医者たちの衛生運動・児童養護事業を背景にしながら[273]、彼なりのおそらく根本的な対応のあり方にその思索の方法を考えはじめていたのである。彼は翌年、先に触れた『子どもと教育』の別の記事として文献紹介をしている。それはすでに 20 年近く前に出版されたものだが当時の児童保護・養護事業の全貌をとらえうる文献『子どもたちの不幸』（1882 年）についての紹介である[274]。国家の福祉事業がほとんど展開しない植民地下ワルシャワにあって、19 世紀後半から慈善事業としての子ども養護、衛生保護、健康維持管理のための、医者たちによる私的なあるいは団体としての活動が展開されていた[275]。その歴史は 19 世紀から後の 20 世紀の後半にいたるまでいくつかの体制転換を経ても続く息の長い活動だが、そういった伝統の中にコルチャックがいたことも確認しておく必要がある。

　さらに、彼は実践的に学び始めていた。大学に入ってからのコルチャックは、貧民街の世界にかなりの程度踏み込んで生活するようになり、そうすることで人々の困難な暮らしをようやく理解し始めていたという。なぜ健康が維持できず、なぜ 10 人の子どものうち 4 人ほどしか生き残れないのか、そういう現実を理解できるようになったと。しかし問題はいかにその 4 人の「子どもを大きくして、力をつけてやれるのか」ということだった[276]。1899 年夏にペスタロッチに学ぶためにスイスに旅行したというのは有名な話であるが、いかに養い育てることができるのか、それはやはりペスタロッチらの経験に学ぶよりなかった。浮浪児・孤児たちを主題とした『街頭の子どもたち』のなかでこう語っている。やはり「自然」に学びながら。

　「自然、これは偉大なる職人である。"自然と生命の子"、その魂は、これは複雑で入り組んだ魂である。したがって並外れた人々だけが、自然の授業のもと

第 1 章　"子ども＝すでに人間"思想の誕生と発展

で、競い合いその子どもたちの魂のもとにたどりついたのである。……このことをスイスのペスタロッチに、そして、ドイツのフレーベル、フランスのマリ・カルパンティエに学ぶことを知った。」(『街頭の子どもたち』, 1901 年)[277]

生き残れた子どもを大きくして、力をつけること、これは将来次のような言葉に置き換えられて生涯の仕事となるのだろう。

「医者は、子どもを死の淵からひきずりあげた。教育者の役割は、彼が子どもであることの権利を保障することだ。」(『子どもの尊重される権利』, 1929 年)

## 5. 本章のまとめ

本章のまとめを以下に述べる。

第1に「19世紀隣人愛思想の発展」に見られる子どものなかの「自然」と「人間(性)」の探究という姿勢、子ども研究の方法は、彼の仕事の先行者ペスタロッチ・フレーベル・スペンサーら19世紀の教育改革家たちの仕事を受け継ごうとするものであった。

第2に、それを大筋で受け継ぎながらも、コルチャックは彼の時代の医学をはじめとする新たな科学・学問の方法によって、子どものなかの「自然」を見つめながら、あくまでも子どものなかの「人間」(人間性)を探究しようとしていた。ひとことでいえば、大人との対等なしかし質的には異なる人間的価値の発見と、人々によるそれらの承認をめざして、それは生涯続けられる。コルチャックの子どもの権利に関する議論はこういった文脈で現れてくる。西欧新教育の伝統を引き継いだ子どもの権利論はわが国でよく知られているが、コルチャックのそれはその歴史的文脈と異なるものであった。

第3に、この探求は、広くヨーロッパのユゴーのいう「世紀の課題」のひとつとしての孤児の問題を解決することと重なっていた。それは、世紀転換期、親が子どもを手放す、放置するという問題をどう考えたらよいのか、子どもは本来どのように養い育てるべきなのか、親子の関係はどうあるべきか、おそら

くこれらをその根本から考えるとき、これは将来の『子どもをいかに愛するか』（家庭の子ども編）という主題となっていくように思われるが、おそらくこの段階ではまだ十分には意識されない仕事であった。

　というよりむしろ、第4に、彼がしなければならないのは、具体的に目の前にあるポーランドの孤児の問題を社会的にも実践的にも解決していくことであった。「街頭の子どもたち」、「家庭のなかの孤児たち」、「不幸な子どもたち」にいかに対処していくか、彼らのなかの「人間」を探求しながらである。若い学生期を脱して、世紀転換期、作家として、あるいは医者として、あるいは孤児院院長として、それぞれの"子ども"と向き合いながら、社会にどのように働きかけるのか、その仕事＝実践が開始されていたのである。

# 第2章
# 子どもの権利思想と実践
## ——探究のプロセス

## はじめに

　本章の考察は、コルチャックが子どもの権利条約の精神を先取りしていた、ないしは、その考え方のパイオニアだというときに、どのような意味でそういい得るのか、可能な限り彼が生きた時代のなかに彼の思想や行動・実践を位置づけて明らかにしたいという動機から出発している。彼の思想形成や発言は20世紀前半の、特に1918年ポーランド独立後の歴史的現実や、またその時代の人々の観念や理想の探求の歴史とともにあるはずである。

　本章の課題の焦点をしぼると、以下の2点である。1. ポーランドの社会や国家は子どもの権利という思想や制度をどのように考え、またポーランドによるジュネーブ宣言の受容はどのように進んだのか、これらとコルチャックの思想や行動・実践との関連はいかなるものか。2. 彼の子どもの権利に関する活発な発言は1918年のポーランド独立後の主として1920年代のことであり、彼の著作で言えば1918年の『子どもをいかに愛するか』の初版から1929年の第2版増補充版と、同時に、『子どもの尊重される権利』の出版へと至る時期である。この間に彼の思想に変化はあるのか。あるとすればどのようなことか[278]。

**資料9** コルチャック（1878-1942）―1920年代までの生涯と作品―

> 1878年　ワルシャワ（当時ロシア帝国領）生まれ。大学はワルシャワ大学
> 1905-12年　小児科病院勤務（1905-06年戦地）
> 1912年　「孤児の家」開設
> 1914-18年　第1次世界大戦・ポーランド独立（1918年）
> ★1918年　『子どもをいかに愛するか』（出版年は1919年と記されている）
> ★1920年　『子どもをいかに愛するか』（「家庭の子ども編」、「寄宿学校・夏季コロニー編」、「孤児の家編」の全3巻4編。執筆年推定：「家庭の子ども編」(1914-1918年)、「寄宿学校」(1917-19年)、「夏季コロニー編」(1918年)「孤児の家編」(1917-20年)
> 1921年　『春と子ども』
> 1922年　『王様マチウシⅠ世』
> 1923年　『孤島のマチウシ』
> 1925年　『もう一度子どもになれたら』
> 1926(-30)年　週刊新聞『小評論』の発行編集
> ★1929年　『子どもの尊重される権利』／『子どもをいかに愛するか』（第2版増補充版、表題変更）（「家庭の子ども」編とその他の全2巻）

# 1. 小児科医として　乳幼児研究の時代（1906-1912）「子どもの権利」のための闘い

### （1）1905年革命と「子どもの権利」のための闘いの呼びかけ

　大学卒業後小児科病院に勤務した彼は、1905年ロシア革命の政治的な高揚の時期に、様々な民族政党や階級政党また団体がそれぞれの政治的要求・権利を主張したことを背景に、「子どもの権利」について発言するようになる[279]。この時期彼は、露日戦争と革命のただなかで、出征兵士や労働者に向かって戦争や革命が子どもにどんな被害をもたらすことになるのかしばし立ち止まって考えてほしいと演説したといわれる[280]が、1907年2月、ワルシャワの有産階層の母親大会[281]で、自分たちの子どもたちのことのみならず貧困階層の「子どもたちの権利」のために闘うことを訴えていた。それまでに彼は貧富の両極にある子どもたちを2つの小説『街頭の子どもたち』（1901）と『サロンの子

ども』(1906)で探究していたが、後者の子どもたちの母親たち向けの講演であった。

この講演のなかで彼は、ヨーロッパの子どもたちが産業化の波のなかで過酷な児童労働を強いられこれを各国で保護・規制する動きもあるがここワルシャワではほとんど何の規制もないと述べながら、次のように訴えている。

「…あの何百万かの（子どもたち）は、あなたたちの数百の子どもたちと同年代です。母親たちよ……、……自らの子どもたちの最も幼い時期からずっと首尾一貫して、あちらの子どもたちの権利に関する闘いがあなたたちの子どもたちの課題であり唯一の目的で全生活の意義なのだという意識が浸透させられるべきなのです。……あなたたちの何百という子どもたちの生活にただ１つの意義があり、ただ１つの正当性があるとすれば、何十万の子どもたちのために仕事をすることです。彼らと一緒に子どもの権利のために闘うことです。」[282]

学生時代、自分自身「サロンの子ども」の出身で同じ境遇の子どもたちの家庭教師をしました一方で、「街頭の子どもたち」の生活・養育問題に強い関心をもっていた彼は、そのいずれでもないひとつの「子ども」たちの利害を代表して発言し、それが社会の様々な政治的な大人の要求運動の激しさの中でかき消されるか、埋没させられかねない状況のなかで、子どもたちの、とりわけ貧困な階層の子どもたちの養育・生活改善を求めて声をあげていたのである。

## （２）乳児研究と乳児の権利

その講演と前後して革命の勢いが後退するなかで、彼は1907年の秋から、小児科医としてその知見を高めるためにベルリンやパリに留学し、「小児医学」・「育児学」の世界に深く没頭することになる。

世紀転換期、これらの分野での研究はドイツやフランスで急速に進んでいた。19世紀後半からの生理学・医学・栄養学の進展を背景に乳幼児の死亡率の低減が進み、同時に乳幼児の保健・衛生が国家の人口政策に直結する極めて重要な国家的課題として認識され始めていた[283]。そこでは社会的地位を向上させた医者たちが重要な役割を果たしていた。

さて、その当時、フランスで議論されていた乳児の権利は、母乳の無菌性や人口栄養による乳児死亡率の高さを証明する研究を背景にした、母親に対する権利、すなわち母乳に対する権利であった[284]。1911 年春、ポーランドでも課題は同じで、コルチャックはその権利について触れ、フランスでは医師ルーセル（Teofila Rousela）が「赤ん坊を守る闘い」の先頭に立ち、「乳房は母親のものではなく子どものものだという宣言の創始者」なのだと紹介をしながら、「赤ん坊のための乳房というのは、医学においては他に例をみないほどで全員一致で承認されている真実だ、だが、まだ私たちのところではそうではない」[285]とポーランドの現実を批判している。ただ一方で、フランスで医者たちによる新しい学問「育児学」が母親への教育を通じて、例えば授乳の回数、授乳間隔、授乳時間などの事細かな指示など、乳児の食生活・リズムを管理・コントロールすることに対してはこれを批判していたし、彼らと論争することもしばしばあったようである[286]。彼はそういったことについて、『子どもをいかに愛するか』（1918 年）のなかで逐一批判を加えている。それらは何よりも子どもの、それも、それぞれの子どもの要求に従って、子どもが望むときに、望む程度に与えるべきだと批判する。また、母親たちに向かっては、育児のマニュアルやマニュアル行動は、けっしてその時々のそれもわが子のニーズに対応しているものではないし、結局ばかげた「基準」に振り回され、何より親自身の「千里眼」が鈍るものだとして批判し[287]、自らの子どもに対する母親自らの経験を磨かれよ、と彼らを励ましている。

　他方で彼が開始した赤ちゃん研究を通じて主張した子どもの権利とは、以下のように、生理学的あるいは心理学的な発達に依拠する、乳児期が求める子ども固有の権利であった。

「1 年のうちに初期の体重の 3 倍となる赤ん坊は、休息に対する権利をもっている。
　また、瞬く間に彼の心理的な発達をやりとげようとする道のりは、同様に、彼に忘れる権利を与える。」[288]

　これを書いた 1918 年『子どもをいかに愛するか』には、乳児といえども他の時期の人間と同様に感性も知性もあり、またそれなりの充分な経験もしている、一言でいってすでに人間なのだという彼の思想を裏付ける入念な赤ちゃん

観察・研究が随所に見られる。そこでは、下記の引用のとおり、乳児は「一個の人格」であり、さらに、母子関係というのは、単に養育・被養育の関係ではなく両者の葛藤が必然化する2つの「権利」のぶつかり合い、すなわち2人の人間の対立なのだということを示しながら、まずは乳児が誕生のその瞬間から一個の人格として独立・存在することを母親に意識することを求めていたのである。

「ただ際限のない無学と見解の浅はかさだけが見落としてしまうことだが、……乳児というのは、それ自身、生まれつきの気質と知性の諸力と心身の感覚と生きた経験とから成り立っている……一個の人格である。」
「……この夜中のランプのあかりの下の最初の叫び声は、二重の生活のたたかいの前兆なのである。一方の成熟した生活は、譲歩を余儀なくされ拒否され犠牲を強いられ、自衛する、他方の新しい若々しい生活は、自分の権利を獲得する。
　……ボールを使って私と遊びたがっている、しかし、私は本を読みたい。私たちは、子どもの権利と私（大人）の権利の境界線をみつけなければならない。」[289]

学生の時期の「子どもはすでに人間」という信念を、まずは乳児期の子どもにおいて観察し、子どもの権利の出発点を見定めながら、方法としては子どもの中に人間を観るという立場がこの後の生涯において貫かれ、それは彼の「子どもの権利論」の中核をなす基本原理として維持されていたと考えられる[290]。

## (3) 医者から孤児院院長への転身

彼が小児科医であった頃、すでに見たようにヨーロッパは様々な角度から子どもへの関心を深めていた。こういった状況のなかで、彼は1912年に開設されるクロフマルナ「孤児の家」の孤児院長になることを決断する。「医者であり魂の彫刻家でありたいという野望」があったと後に弁明しているが、「児童学」といった新種の学問を含めあらゆる学問がさまざまな動機で、子どもに関心を集めていた時代であった。彼は「子どもの総合」を夢に見て、「宝の山」そして教育実践の中に飛び込むことになる。しかしその決断には後になって語

られる思いもあった。1911年ロンドン滞在中のことを1937年になって友人への手紙のなかで書いていた。

「自分の家庭は持たない、ということを決めたときのことを思い出している。ロンドンの公園の近くでのことだった。奴隷に子どもを持つ権利はない。ツァーリ体制に占領されたユダヤ系ポーランド人だ。そしてすぐに、それは自分で自分を打ちのめすようなものだと感じた。力や能力に導かれてきたわけでもない私の人生。それは見かけは整理されていないが、孤独な異邦人。子どもたちに尽くすこと、子どもの問題を選んだのだ。」[291]

彼は、ロシア帝国に支配される植民地ポーランドのなかの、さらに差別されるユダヤ人であった。当然ポーランドをすすんで代表することもなかったし、できなかった。彼はそうした発言をしなかったしできなかった。後述の歴史のようにポーランドが独立し、憲法を有し、ユダヤ人に市民権が与えられるなどという展望も全くなかった。彼は医者としてのみならず教育者として全生活をかけて人間として子どもに向かい、今度は病院の中で観察していた赤ん坊の代わりに、孤児院のなかで7-14歳の子どもたちを昼夜観察・格闘しながら、子どもたちを守りその権利を認めるとはどのようなことなのかを探究する試みへと向かうことになる。

## 2. ポーランドの独立と子どもの大憲章
　　（『子どもをいかに愛するか』1918-1920）

1918年ポーランドの独立の気運が高まるなか、6月コルチャックは戦地からワルシャワに戻り、彼の生涯前半の養育活動の総括『子どもをいかに愛するか』を出版する。まずは1918年に単著『子どもをいかに愛するか』を出版、1920年には『子どもをいかに愛するか（家庭の子ども編）』、『子どもをいかに愛するか（寄宿学校・夏季コロニー編）』、『子どもをいかに愛するか（孤児の家編）』、計3巻4編の同書が出版された。

この最初の1918年の『子どもをいかに愛するか』の37章に、やや唐突に挑戦的な調子で現れるのが、彼の子どもの権利宣言、自由の大憲章「子どもの3つの権利」[292]である。

　「気をつけ！　ひょっとしたら今我々はあなたたちと意見がまとまるかもしれないし、あるいは、永久に意見を違えるかもしれない。どんな思想も、それがうっかり口からこぼれそうになったりひっそり身を隠しているものでも、また勝手にさまよい歩くどんな感情も、意思の骨折りを通じて、秩序を呼び寄せ規律正しい隊列に配置しなければならない。
　私は、自由の大憲章を、子どもの権利を訴えたい。おそらく、それらよりもっと大きなものになるだろうが、私は3つの基本的なものを規定する。
　1．子どもの死に対する権利。
　2．今日という日に対する子どもの権利。
　3．子どもがあるがままでいる権利。
　子どもは、これらの権利を受け取りながら、可能な限り少なく過ちを犯すことを知るべきである。過ちは避け難い。心配には及ばない、子どもは自分でそれを正すようになる、驚くほど注意深く。ただ、我々がこの価値ある才能や彼の防御の力を弱めなければの話である。」[293]

　ここにあるように、ヨーロッパの人権史上の一起点としての「大憲章」の名を冠して規定された3権は、一見して明らかに、先に述べてきた乳幼児の権利とは異なる普遍的な意味を持つ「子どもの権利」であり、引用に感ぜられるように彼が熟慮のすえ大人と子どもの間にある生活現実から抽出した「訴え」である。ひとことでいえば実践哲学的な子どもの権利宣言であり、それは1．死（生）に対する権利、2．今日という日に対する権利、3．あるがままで存在する権利の3権で、これら詳細のコメントをここでは述べないが、いずれも、大人と子どもの間の関係性を前提として、大人が子どもの生活に過剰に関わることによって後退させられる子どもの主体的な活動・要求の承認をこそ、求めるものであった。
　これらは明らかに時代を画するものとして意識されている。ポーランドの独立に際して発した子どもの権利宣言であった。大人たちが長年の3国の隷属下から解放される独立を喜び新しい国家の政治的自立、すなわち憲法制定に向か

う時期にあって、同時に子どもの解放の宣言を彼なりに期待して打ち上げたものであった。その歴史的な背景には1917年の2つのロシア革命があり、労働者や農民の被抑圧階級や被支配民族が決定的に歴史の表舞台に立つことになり、女性や子どももその地位を改善しうると期待する社会的な運動もあった。こういった現実の歴史を意識しながら、子どもの社会的歴史的位置を見定めた文章が同じ書物に次のように記されている。

　「もし、人類を大人と子どもに分けるとすれば、また、人生を子ども時代と成人時代に分けるとすれば、世界における子どもたち、あるいは、人生における子ども時代というものは大きい、極めて大きいものだ。ただそれは、人類がその闘いや配慮において奥底深く沈めてきたもので、我々は気にもとめていないものだ。それは、ちょうど我々が以前気にもとめていなかった女性や農民や隷属を強いられた階級や民族のようにである。」[294]

　ロシアのモスクワで、1905年革命以来子どもの権利の宣言・大憲章の公布を求めてきたヴェンツェリは、1917年ロシア二月革命の後、憲法制定会議へ向けて「子どもの権利宣言」の発布を求めて活発に活動していた。1917年並びに翌年にそれぞれ宣言案を作成し、雑誌に公表した。その宣言は、子どもは、「隷属や社会的不平等の他のあらゆる形態のものと並んで」、年齢によって差別され抑圧された存在であり、そういった子ども・未成年者・若者の解放を目指して、すべての国で「子どもの権利宣言」が発布されなければならないと述べた。コルチャックの上記の大憲章要求や子どもの解放要求はこれに呼応したものである。このヴェンツェリの「子どもの権利宣言」を目にしこれを検討する時間は十分にあった。「子どもの権利宣言」は、ロシアの子どもの声を代弁する形で、当時の子どもの歴史的現状の改善・課題を解決していく方向について、「子どもの権利」を制度的な「宣言」・要求として国家に求めたものである。ポーランドも独立を機に憲法制定へと向かうのは必至であり、コルチャックは、その実践的な立場からの子どもの権利宣言を打ち上げたのだと言って良い*[295]。

　　＊子どもの権利思想をヴェンツェリから彼が学んだことは少なくない。全人類を2つに区
　　　分し、子どもを抑圧される存在とみなす思想、子どもを一個の人格とし、親の所有物で
　　　も社会のものでも、国家のものでもないとする思想、子どもと大人の同権、意見表明権・

規則作成参加権、現在において価値ある存在であるという思想など、『子どもをいかに愛するか』以降で語られる議論と重なる。

## 3. 孤児の家「仲間裁判」の実践と子どもの権利の2つのレベル（1912-1914,1917-）

　ポーランド独立から1921年憲法成立までの政治的安定の確立には、一定の時間を必要としたが、彼の子どもの権利に関わる発言は、先の普遍的な1918年"大憲章"から施設内の子どもの権利という実践的な舞台へと広がった。『子どもをいかに愛するか』の「寄宿学校編」「夏季コロニー編」「孤児の家編」は、独立後の教員養成機関での仕事に利用されるもので、1918-1920年にかけて執筆された。戦前の孤児院・寄宿学校や帰還直後の孤児院で試行錯誤を繰り返してきた孤児院内自治システムの中の子どもの権利をめぐる実践が考察されている。

　1912年以来の孤児院の教育活動のなかで、彼の「子どもの権利」論は子どもとの関係の中で探求されていた。すでに夏季コロニーの養育活動経験の中にもあった子どもたちとの格闘、とりわけ孤児院開始後は集団（群れ）としての子どもたちとの格闘の連続であった。この最初の数年は最悪だったという。そこでは子どもの要求、子ども自らの判断・抗議といった数々の子どもの権利を承認するとともに孤児院の運営のありかたを子どもたちと一緒に模索していった。ポーランド独立直前は、軍医として戦地から戻る前にウクライナの寄宿学校で子どもたちの自治活動の支援をしたといわれる。

　これらの孤児院など集団のなかで承認されてきた「子どもの権利」について、「仲間裁判」自治との関係で多少具体的に述べておこう。

　この「仲間裁判」は、罪を犯した子どもを処罰のために裁くといったことを目的とするものではなく、だれもが同じ過ちを再びしないこと、互いに、自らの尊厳を失わず正すこと・立ち直ることを期待するなど、その過ちを「許し合う」ことを通じて、相互の信頼・尊敬を確立するしくみであった。孤児院内のあらゆるトラブルの解決が、このしくみで基本的に子どもたちによって主体的・集団的に解決されていく。以下のような権利が確認される。

「子どもには、様々な自分たちの問題に対し真摯な態度を取る権利があり、自分たちの公正な判断をもつ権利がある。」[296]（寄宿学校編）
　「子どもには要求し、条件をつけその条件つきで実際やるということ、またそうする権利を持っている。」[297]（夏季コロニー編）

　あらゆる問題が自ら考え判断されるべき問題として自覚され、「裁判」のプロセス（訴えとりさげも含め）で思考することが求められる。教育者の恣意的な「裁き」や気分に左右されることなく、明らかに日常教育者よりは互いによく見えるなかで生活する専門家（「子どもは子どもの専門家」）によって、「公正」に判断される。
　そしてさらに、場合によっては、大人も分け隔てなくこの裁判の「訴え」の対象になり判決が下される。コルチャックはこういった判決を念頭においたであろう、「…子どもから指令を受けとり、そして私は自身に要求し、自らを叱責し、自分に寛容さを示すか、あるいは、身の証しを立てるかする」。こうして「子どもは私に学ばせることもあるし、私を育てることもある」とも述べている。こうした大人が子どもに「裁かれる」しくみの意義について彼はいう。

　「私は絶対的に確信している。これらの裁判手続きは、私の養育者としての体質上の再教育のための要石だ。それは子どもに対して良い態度をとることができるということではなく、それが教育者の勝手、専横、専制から子どもを守る機構であるからだ。」[298]

　このしくみは、ここにあるように、大人が何かの馴れによって横暴化したり堕落してしまう自分を、子どもによって矯正してもらう機構であった。そこには日々の生活において、「子ども同士」のそして「子どもと大人、大人と子どもの関係を公正なものにする」ための民主的な機構が目指されていた。コルチャックの孤児院に「議会」もあったといわれるが、「仲間裁判」がコルチャック自治システムの「要石」であった。子どもたちはそこで日常的に「自分たちの問題に対し真摯な態度を取る権利」が与えられ、「自分たちの公正な判断をもつ権利」でもって対処し、場合によっては、「教育者の善なる意志とご機嫌に抗議する権利」をもって対処することになったのである。

第2章　子どもの権利思想と実践

「私が裁判に、不釣合いに多くの場所を与えているとすれば、それは、子どもの仲間裁判が子どもの権利の平等の基礎となるものであり、憲法につながるものであり、子どもの権利宣言を布告させることになるという確信があるからだ。子どもには様々な自分たちの問題に対し真剣な態度を取る権利があり、自分たちの公正な判断をもつ権利があるのである。今日に至るまですべてのことが教育者の善なる意志とご機嫌に左右されてきた。子どもにはこれに抗議する権利はなかった。専制に結末をつけるべきである！」[299]

こうした養育実践の世界での子どもの権利承認・実現の在り方を、ロシアにおいてヴェンツェリが志向していたように、彼は、ポーランドの独立以降の時点で、より普遍化した社会・国家システムの中に広げることはできないものかと期待するようになっていた。

「子どもの仲間裁判」は、先に見たように、孤児院の子どもたちが年齢差にもかかわらずまた様々な子どもたちがいて利害の対立や調整が必要ななかで、まずは過ちを許し合うことを前提に相互の信頼と尊重を認め合う民主的な機構であり、そこに大人も子どもと対等に位置づけられるといった［子どもの権利の平等］であり、それは将来の「憲法につながる」ものと期待された。この憲法が制定されるであろう議会において、「子どもの権利宣言」が発布されるとの期待である。

果たして、ポーランドの憲法の制定に際して「子どもの権利」は関わりを持つ現実はあったのだろうか。この点を以下に見ておく。

## 4. 1921年小児科医協会と憲法　子どもの生存に対する権利

ポーランドでは3国分割の植民地時代において、医者たちの子どもに対する衛生保護の運動が19世紀末より続けられており、独立後も、その伝統をふまえ小児保健システムの組織化プログラムを携えて登場する一団があった。1918年発足の「ポーランド小児科医協会」である。この協会は1920年3月にポー

ランド共和国の憲法制定議会に「子どもの権利」を将来の憲法に位置づけるよう、固有の請願書を提出していた。請願書には、子どもとはその生存を社会的に援助・保護されるべき「社会的要求」に対する「権利」を持つ存在であり、その発達を国家によって保障されるべきと次のように記載されている。

「子どもの権利
どの子どもも生存のため、自らへの生活援助の保障なくして生存し続けることのできない存在として、社会的養護を必要とし、かつ、その社会的要求に対する権利を有している。ポーランド国家は、法によって、どの子どもに対しても身体的にまた道徳的にさらに知的にも正常な発達を条件づける保護を確保することが義務づけられる。」[300]

このように述べた後で、小児科医たちは、子どもは「国民の共通の財産（dobro）」であり、また「国民の未来」であり、子どもたちを保護で囲うことは、政府と同様、自治体の責務であり、中央・地方双方の行政機関による児童保護を訴えていた。

この協会において主導的な立場にあったのがポーランドで独立以前から著名な小児科医 W. シェナイフ（1879-1964）で、コルチャックとほぼ同世代の人物である。彼は協会の中で、協会が活動すべき児童保護全般の法律分野をはじめとして、児童の健康維持、道徳、教育、そして社会的保護の各分野を網羅する完全なプログラム（『子どもケアの組織化の課題』,1917）を作成・提案していた人物であった[301]。

コルチャックは同小児科医協会の会員であったが、この請願書作成にはおそらく関わっていない。というのもこの提出時はおそらく不在であった。彼はちょうどこの頃、1920 年には、前年から続くポ・露戦争に軍医として参加し、2 月には派遣先のウッヂの病院からワルシャワに戻ってチフスに感染し、かろうじて一命をとりとめたところであった（当時の新聞に「ヤヌシュ・コルチャック、すぐれた教育家でありポーランドで子どもを守るための最良の作家、チフスに感染……」という記事が掲載されている[302]）。しかし、その際、彼を看病していた母親がチフスに感染し亡くなってしまった[303]。一時は自殺を考えるほどのショックを受けたといわれる。こうした状況で請願の作成に加わることはなかったと思われるが、請願のことは最終的には承知していた。彼は、その請願

を掲載した機関誌『ポーランド小児科医学』の1921年1-3月号[304]の編集グルー
プの1人であった。

　結局、成立した1921年の3月憲法の規定には、協会の請願がそのまま一般
的な形で（「子どもの権利」として）反映されたわけではないが、この憲法で
は、子どもの学校教育を義務づける条項が規定される（第118、119条）一方で、
十分な親の保護や適切な養育が得られない子どもには、国家による保護と援助
がその子の権利として規定されることになった（103条「養育的観点から…
親の十分な後見のない子どもには、当該法律の定めるところにより、後見と支
援に対する権利を有するものとする」と）。[305]

## 5. 1921年『春と子ども』 子どもの解放と子どもへの配分要求

　チフス感染・母親の死による精神的なショック、こういったことから立ち
直って後、再び子どもの権利に関する議論に関わるようになる。コルチャック
は国際的な児童救援活動の対象となったポーランドの子どもたちのために、な
ぜ子どもたちは救済されなければならないのか、その根拠を示そうとする文書
を作成している。憲法成立直後の1921年4月16日に講演を行ったが、最終的
に『春と子ども』というエッセイとなって出版される。これはアメリカの支援
を受けた基金団体"アメリカ・ポーランド子ども支援委員会"[306]の主催で開催
されることになった連続講演会を前にその口火を切る形で行われた単独プレ講
演の内容で、同基金の資金で活字にしたものであった。彼はこの基金団体に、
1919年からユダヤ人児童援助諸機関を代表して加わっていた（1922年まで）。
ちなみに先述の小児科医シェナイフもポーランド小児科医協会を代表してここ
に加わっていた。

　これらの一連の講演会の目的は、親、教育者、指導員、若者支援者の参加者
を組織し、社会の広範な層の間に「年少者心理の深い理解をもとにした子ども・
青年の養護（opiek）思想」を普及することであり[307]、ようやく社会的な養護・
養育活動が本格化しだした時期のワルシャワで、この種の啓蒙活動としてはき
わめて重要なものであった*。

＊コルチャックが行ったプレ講演の後、シェナイフを含めた人物たちの以下のようなテーマの連続講演が開かれていた[308]。1　子どもの生活における水、空気、太陽、2　子どもと若者の生活における自然の役割、3　遊びと気晴らしの役割、4　田舎への遠足……、5　夏季コロニーと保養地。

さて、『春と子ども』で、1917年以降の社会革命・社会改革において進行している歴史的変化を念頭におきつつ、彼は人々に呼びかけている。「すでに着手された農民と労働者の解放の事業、女性と子どもの解放の事業を完了させるべきなのだ」[309]と述べたあとで、そう容易には進まない大人の態度・意識に触れながら、「子どもの解放」といわば子どもへの富の再分配の必要性とその意義について語っている。

「過去の歴史上、ときとして、改革者が子どもは父親の独占的な所有物ではないし、売り飛ばしたり殺害したり苦しめたりする権利などはないのだという思想を宣言し始めるというようなことがあった。そして、これに憤慨した者たちがいう。
　何だ、それは。俺は子どもを人生に向けて１人立ちさせてやっているのだ、子どもに対して俺にそうする権利がないというのか、いかれていると。そして、
　女性の自立？　これには、ナンセンスだと。
　ユダヤ人が市民だ？　これには、ばかげていると。
　被雇用者との話し合いや交渉？　これも、こっけいなことだと、
そういわれてきたし、今もいわれている。

　子どもは解放を願って叫んでいる。子どもは救いを求め呼びかけている。子どもは自分の子ども時代をいやがってきた、息がつまるからだ。"子ども"。これは侮辱の名だ。少年は隷属の子ども時代に対して抵抗し、盗んだタバコを口にくわえることで、苦い自己の独立を宣言しているのだ……。

　子どもと青年とは、第３の人間性であり、子ども時代は人生（生活）の第３の部分をなす。子どもはだんだんと人間になるのではなく、すでに人間なのである。
　この地球上の果実と富のその３分の１は彼らのものだ、それは彼らの権利

であって恩恵によって与えられるものではない。人類の思想が勝利を収めた果実の3分の1は彼らのものだ。

(中略)

　かつて一度、裁判官との会話のなかで話したことがある。
　もし子どもと青年がワルシャワの人々の第3の部分だというなら、彼らに対して責任ある、専ら彼らの利益になるようなその3番目のものとは、ワルシャワの建物や店、電車でいえば、何のことをさすのか。(それに答えて)
　それは、今日では人間が生産しているものではなく機構が作り出しているもので、これは過去の世代の努力の賜物です。我々大人はそこから子どものものをかすめとっているのです。
　注意深く聞いていたその法の番人が熟慮のすえこう言った。
　おわかりだと思いますが、これは私には全く初めてのことです。私はかつて一度も子どもが人間などと考えたことはありません。」[310]

1899年「19世紀隣人愛思想の発展」において述べたテーゼ「子どもはだんだんと人間になるのではなく、すでに人間である」[311]をそのまま繰り返しながら、世界の子どもの共通の利益に資する支援・援助が与えられるべきだ、それは「地球上の果実と富」の3分の1に匹敵すものだと。それは人類・人間性の第3の部分を占め、人生(生活)の第3の部分を占めるそういった人間たちにふさわしい「果実と富」であり、従ってそれは「恩恵」でなく「権利」として保障されるべきだと。ポーランドの独立後において新たに加えられた知見で、1921年憲法が成立した直後のことであるが、小児科協会の「子どもの権利」論とも異なって、子どもという人間の普遍的な存在理由によって、子どもの権利を要求するものであった\*。同じ活動を行っていたシェナイフが後に書いた書物には、このコルチャックの言葉が強調して引用されるようになる。(W. シェナイフ博士『ポーランドにおける児童養護事業の組織化に関する先導思想』1945年, ワルシャワ)[312]

　\*トマス・スペンスというイギリスの哲学者に『子どもの権利』(The Rights of Infants by Thomas Spence, 1796) という著作があることは知っていたが、彼が「子どもは地球の果実を十分に享受する権利がある」(their rights extend to a full participation of the fruits of the earth) と述べていたことをごく最近知った。コルチャックの述べる「3分

の1」というのは彼のオリジナルであるが、この独特の表現「地球の果実」に対する権利要求の始原は、ペインによるものと考えてまちがいないだろう[313]。

コルチャックの講演「春と子ども」に参加した1人は、「子どもの養育についての新しい考え方が披露されとてもおもしろかった。会場の衛生協会のホールは超満員だった」という感想を残している[314]。

彼は、社会事業家としてこういった子どもの権利としての富の再分配に関する新たな時代における公正な真理を訴え、追究する一方で、今度は一転、仮想の子どもの世界において、子ども自身に子どもの権利を考えさせる試みをしたようである。

## 6. 子どもへの権利の問いかけと対話　児童文学マチウシの連作

### (1) 1922-23年『王様マチウシⅠ世』『孤島の王様マチウシ』

彼の児童文学作品の内でもっとも有名な作品で、今なお子どもたちに読み継がれている作品、1922年の『王様マチウシⅠ世』とその続編1923年の『孤島の王様マチウシ』\*で、どちらかといえば、後者の孤島でじっくり内省する子ども王のなかで、子どもの権利については子ども自身に考えさせ、子どもの権利とは何かは、彼ら自身が発言すべきものかもしれないという趣旨のことを、子ども社会に向かって提示しようとしていたのである。

\* 前者については邦訳で読むことができるが、後者は翻訳の作業が必要である。ごく最近の未刊行の修士論文を読ませていただき、こういった理解にすすむことができた。フランス語版からの翻訳で刊行が期待される。(柴田千賀子「保育者の『子ども観』に関する一考察——J. コルチャック『孤島の王様マチウシ』を題材に」平成23年度福島大学大学院人間発達文化研究科修士論文)

『マチウシⅠ世』では、子どもの王様マチウシⅠ世の失墜を画策する大人たちの手によって撒かれた「偽」の革命扇動の文書のなかではあるが、マチウシは「全世界の子ども向けマニフェスト」だとして、「わたしは、子どもが大人

と同等の権利をもつことを望む。わたしは、国王であり、歴史をよく知っている。むかしは農民や、労働者や、女性や、黒人にはなんの権利もなかった。しかしいまでは、権利をもたないのは子どもだけだ」[315] とすでに大人向けに語っていた彼の認識をここで語り、子どもの権利獲得という問題提起をしているのである。マチウシの改革は結局失敗して、孤島に流刑されることになる。

　続く『孤島の王マチウシ』でコルチャックは子どもたちに子どもの権利を与えることについて、大人たちがどう考えているかをいくつかの典型的な大人の思考パターンを、各国の王様の言葉を使う形で語っている。

　大人たちは、子どもに権利などというのはけしからんという者、子どもはあまやかしてはならないとより厳しい対処を求める者、そもそも権利など子どもにはわかるはずはないという者、いや子どもは大人よりそんなに劣る存在ではない、悪い所ばかり見て農民や労働者、女性やユダヤ人や黒人に権利を与えないといっているのと同じだと、こういった議論をさせているのである[316]。

　そして、マチウシ自身も、子どもたちにはどのように権利をもたせることができるのか、先の作品で様々な権利を与えようとして世の中が混乱してしまったことを反省し、じっくりと考えている。結局子どもの有能さ、すぐれた面を大人に伝えることができるようになったとき、大人たちは子どもが権利を持つことを当然と考えはじめるようになり、学校でもとても新しい動きが次々と現れて好転する。そういったことが見え始めていたが、マチウシは急死する。物語は、彼の遺志を受け継ぐべきであり、それは特に子どもに権利を持たせること並びに世の中を立て直そうと努力したことだという[317]。こうして物語は終わる。つまり、子どもの権利のことを考えるようにと子どもたちにメッセージをあたえて終わることになる。

　ポーランドの最も著名なコルチャック伝記作家によると、マチウシ王の死は当時の大統領の死（1922年12月）と重ねられているという[318]。けっしておとぎ話の中の思考としてではなく、歴史の現実に近いところで、子ども自身に子どもの権利を考え続けること、また、子どもの近くにいる大人（読者）が子どもとともに考えることを求めていたと考えられる。

## （2）『子どもをいかに愛するか』第2版（1929年）

　1920年代末までに、コルチャックは国内で進んでいた児童保護・子どもの

権利施策に関わってそれまで考察してきた子どもの権利に関する認識について一定の見解修正と総括をすることになる。それは、一方では、先に見てきたような２つの孤児院実践や児童文学作品執筆活動で、子どもとの直接・間接の対話・養育実践を通じて新たに見えてきたものと、他方で、戦争直後の児童保護救済や国の施策の進展（後述）のなかで見えてきたものと、両者によってもたらされたものと考えられる。

前者から考察してみる。1920年代末に『子どもをいかに愛するか』の版を改め、第２版を出版する際に、大憲章子どもの３権に関わって付加する注記で新しい権利の考慮について言及するという微妙な変化がある。1918年に初版を出し10年以上経ったという意味で、幾分その間の変化を考慮して改訂出版した『子どもをいかに愛するか』第２版では、本文の内容にはほとんど手を加えず、再考の余地あるものについてのみ、それぞれの章段落の最後に注記補充されている。

子どもの権利３権を彼なりに宣言していた第37章につけられた注が以下の文章で、そこにこの10年間に加えるべきと考えたもので、彼の認識の中で子どもの権利を保障する大人と子どもの関係性の在り方についての不可欠な４つめの基本的な権利を設定すべきものかどうかと考えていた権利である。それは現代の私たちがいうところの意見表明と参加の権利に近似するものである。さらには今後の子どもの権利の実践においてまたこれを制度化するにあたっての重要な大人の然るべき基本的な態度に言及しているのである。

「我々が子どもについて熟考し決断するに際して、子どもには自らの考えを述べ、そこに積極的に参加する権利があるということが第１の議論の余地のないことだという理解は、まだ私の中で形成しきれてないしその確証がない。
　我々が子どもを尊重し信頼できるように成長したときに、彼が我々に信頼を寄せ、そして何が子どもの権利なのかを語ってくれるだろう、その時は不可解なことや過ちも少なくなるだろう。」[319]

前半の意見表明と参加の権利は、２つの孤児院での実践を背景にした言及であるだけでなく、1920年代後半から開始する『子ども評論』編集・刊行活動を通じて、彼の中でますます広がった子どもたちとの意見交換の世界から発してきたものというのは容易に想像できるが、後半の短い言及も、それ自体としてこの間の

彼の子どもの権利探究の一定の総括を示すものとしても理解することができる。本節で見てきたように、子どもの権利を外から与えるのではなく、マチウシの作品で試みていた子ども自身の思考に委ねることが必要であるかもしれないということが、そこに反映している。ただしそれは、大人がそれを受け止めることができるよう成長しないことには不可能であること、その"成長"とは、「子どもを尊重し信頼できる」ようになることだという。それが可能となったときに、子ども自身が考える権利を語ってくれるかもしれないということであった。彼は、この『子どもをいかに愛するか』の改訂と同時に、次節にみる『子どもの尊重される権利』を著し、大人の子どもに対する処遇・意識・認識の現状批判と「子どもの尊重」とはどのようなことなのか、これを詳述しようとしていた。

## 7. ジュネーブ宣言と1929年『子どもの尊重される権利』

### (1) ポーランドによるジュネーブ宣言の受容

　1929年『子どもをいかに愛するか』第2版とともに、『子どもの尊重される権利』が出版されるが、この社会評論が書かれるに至った背景について多少長くなるが述べておく。
　直接的にはその前年の1928年、ポーランドでは「子どもの権利」の問題を前進させるための活発な動きがあり、これが執筆の契機となっている。しかしそれより前にこれはそれ以前からの時代の流れの1つの帰結であった。
　その根は1923年のスイスの"ジュネーブ宣言"の成立と、翌年のその国際連盟による承認にあった[320]。この宣言に行き着く第1次大戦後の国際的な児童救済保護諸活動が対象としてきた国の1つが、すでにみたようにポーランドであり、この国は国際連盟の仕事そのもの（例えば先のチフスの感染に関わる国際保健活動）においても少なからず重要な位置を占めた[321]。ポーランドでは、宣言はすでにセーブ・ザ・チルドレン国際連合（SCIU）が最初の決議（1923年2・5月）を行った直後から紹介され、引き続き国際連盟総会による1924年の宣言承認以降、政府は同宣言を1925年3月28日に承認し[322]、関連

して同年8月24-28日にジュネーブで開催された第1回全世界子ども会議（主催 SCIU、国際連盟後援）に、ポーランドの児童保護施策に関わる国家行政機関や社会団体などから10名の代表団が参加している[323]。この時期の児童保護に関わる施策は、労働・厚生省が管轄していたが、この頃1925年あたりからようやく本格化し[324]、1928年までに一定の安定した制度を確立する段階に達する。民間では国際的な活動に積極的な児童保護雑誌『児童保護』が、ジュネーブ宣言やジュネーブに拠点をもつ SCIU やその組織の中心人物 E.ジェブらの活動に注目してその活動内容を紹介している。政府は、SCIU の国際的な活動を追認する一方で、これとは別にベルギーが中心となる国際的な児童保護活動にも関わっており、1928年11月には、国際児童保護連盟規約を批准し、この連盟の活動に参加することにもなっていた[325]。こういった国内外の事業との関わりで1928年、児童保護事業関連の著作が政府の後援のもとで一挙に現れている。

　前記アメリカ子ども救援ポーランド委員会（1919-1922）による基金事業の流れをくむ「ポーランド児童保護委員会（Polski Komitetu Opieki nad Dzieckiem）」が、児童問題啓発のため国が初めて設定した"子ども週間"（9月7日から23日）事業に関連して3文献を発行した。1.『子どもの権利宣言——子どもの作品にみる』（筆者不明）、2.『すべての子どもに何が必要か』（H.ボグシェフスカ、Z.ローゼンブルム）、3.『特別な保護を必要とする子どもについて』（M.グジェゴシェフスカ）。そしてまた、この年パリで大規模な児童保護国際会議が開催され、そのために設置されたと思われる児童保護国際会議ポーランド委員会（Polski Komite Miedzynarodowego Kongresu Opieki nad Dzieckiem）が2文献を発行している。1.『生活と子ども』（H.ボグシェフスカ）、2.『ポーランドにおける少年司法』（A.コモロフスキ、E.N.マーク、Z.ローゼンブルム）である[326]。

　ここでは、『子どもの権利宣言——子どもの作品にみる（"Deklaracja Praw Dziecka" w Tworczosci Dziciecej)』（1928.9.22.国家印刷所、1000部）に注目する。このパンフレットは、教育関係者に対する児童保護事業啓発を目的に、特にジュネーブ宣言の目的と内容についてその条文に触れながらコメントしており、執筆者らが宣言をどのように受け止めていたのかを示す文書である。また、興味深いのはここにコンクールで選ばれた8点の子どもの絵画作品（資料10）が掲載されている点で、これはジュネーブ宣言の条文を学んだうえで子ど

も自身が思いのままに絵画作品に表したもので、子ども自身の宣言の受け止め方を示す資料でもある。このコンクールはジュネーブのSCIUが国際的な企画として開始したもので、ポーランド児童保護委員会がこれに応えて開催したものである[327]。

同パンフによるとこの絵画コンクールには、全国の小学校100校、中学校64校（計164校）で、7-14歳の子どもたち約1600人（それぞれ1000人と600人）が参加し、総計では8000枚以上の計算となる参加・応募があったという。結局このうち地域から選抜された76点が奨励賞で、22点が入賞となった。22点の入賞作品は、さらに世界コンクールのためにジュネーブへ送られ、結局9点が入賞したという。

大人たちにしろ子どもたちにしろ当時のポーランドのジュネーブ宣言受容に関わる認識を知るうえでも、また、広くこの宣言の精神や内容を普及するものとなったであろうという意味でも貴重な資料である。パンフの中で子どもたちの絵画が表現するものについて筆者は、次のように述べている。「送られてきた資料から見出されるのは、一方では、宣言の思想を描きつつ、自分で自分の欠乏や悲運や希望そして願いを表明している子どもたちであり、他方では、特権的な運命で一度たりとも欠乏を経験したことのない子たちで、宣言の人間的で公正なスローガンに感動している姿である。教育者たちからのコメントと子ども自身の作品は、それらのいずれかの痕跡を残している。」（パンフ p.8）

さて大人たち、当時の政府や学者などは、ジュネーブ宣言をどのように受容していたのか。大戦中も植民地であり続けたポーランドにとっては、このジュネーブ宣言やこれに基づくSCIUの支援活動などをまずはもろ手をあげて受け入れたと想像できる。

本パンフは、まず、宣言の背景には、「世界戦争」による何の罪もない何千何万という痛苦に堪え得ない「犠牲者」（子ども）を出してしまったこと、それは戦前からすでにあった児童諸問題(子どもの貧困や孤児や捨て子など)を、未曽有の規模に押しあげ「恐ろしい闇」をつくりあげたことがあり、そして、そういった状況が国家の枠を超えて国際的に児童救済する"子どもを救え"の声を広げ、その中でE.ジェブらのSCIUの活動が開始され、その旗印としてジュネーブ宣言が重要な役割を果たしはじめたのだという[328]。

**資料10　子どもの権利に関する絵画資料**[329]

絵画1　テーマ「子どもは通常の精神的な発達の可能性を持つべきである」ヴィドゴシチギムナジア女子生徒11歳 H.K.

絵画3　テーマ「孤児は（施設に）引き取られるべきである」クラクフギムナジア男子生徒12歳 K.G.

絵画5　「子どもはうまく助かった」ワルシャワ普通学校女生徒11歳 E.K.

絵画7　「子どもの搾取」王国領ヒュッツ　ギムナジア男子生徒14歳 E.G.　パン屋で虐待される子（右側）

　「ジュネーブ宣言は、文明化された社会が与えることのできる、もっとも人道的で完成された文書である。これは、社会を通じて受け入れられる諸義務の列挙の形で求め述べられ、また、子どもにその標準的な発達のためのすべての条件を保障することを命ずるものとなっている」と、このような基本認識を示したうえで、パンフは宣言内容に言及している。宣言は、どの子どもも肉体的また精神的な発達に対する権利を持つという前提に立って、保護を必要としているあらゆるカテゴリーの子どもの保護を保障しようとしている。すなわち、飢えた子ども、病気の子ども、発育不全の子ども、道を誤った子ども、孤児、捨て子、労働を通じ搾取されている子ども。一方、我々には、子どもたちに対しては、協力して自らの最善の力でもって献身する義務が課せられていると。そのうえで、この文書は次のように宣言を評価する。

「ジュネーブ宣言は、見捨てられた乞食に投げかけられた施しものではない。それは、国家の未来の市民への配慮である。」（同パンフ pp.4-5　傍点筆者）

　ジュネーブ宣言の「人道的」で、なおかつ、過去にあったような貧者への慈善ではないとの進歩的な意義を評価して、これは、「施しもの」ではないこと、何よりも、国家の「未来の市民」への配慮なのだとその意義を強調している。当時の児童保護を目標とする宣言、あるいはその5点の措置の普及の意義づけとして決して誤ったものとはいえないであろう。

## (2) コルチャック『子どもの尊重される権利』

　しかしこれがそもそも「子どもの権利」を保障しようという文書たり得るものかどうか、そういった点からこのポーランドに広く普及するパンフの意義づけに疑念をもつ者もいた。子どもの権利とは何か、それを実現するとはどういうことかを考え続けてきたコルチャックである。

　コルチャックは上記のような児童保護や子どもの権利の発言が広がる中で、そういった事業に加わったりしていた。1927年2月9日から4月9日までには、内容の詳細は不明だが、求められて、コルチャックは「個人としての子どもの権利」と題する一連の講義（指導員補習課程、労働社会保護省の養護指導員養成室による開催）を行っていた。また、当時、新法典編纂の作業が開始され、児童法関係の編纂の整備も課題となっていたようであるが、コルチャックは1928年、当時の新聞「ポーランド急便」（日刊紙）にこのテーマに関する記事を掲載し、そこで「現行法のどの一パラグラフといえども、大人の野蛮な力に対して、子どもを守るものとなっていない」と批判を述べた[330]。

　1929年に出版された『子どもの尊重される権利』は、全体として社会に置かれている子どもの厳しい現状について批判し、社会において子どもが人間として尊重（リスペクト）されることを強く訴えるものであった。4章から成り立つなかの3章「尊重される権利」の章は、子どもを保護する法制度の現状への批判を意図したものである[331]。コルチャックは、下記のように、ポーランドの独立後の徴兵制度における大人への「権利」保障と義務教育制度における子どもへの「施し」の供与を対比したうえで、ジュネーブ宣言の「立法」に言及して、そこで記されていることが、子どもにとっての権利「要求」ではなく、

人類の、大人たちの義務を記したものにすぎないと批判したのである。なおかつ、社会における子どもの処遇・位置づけ・権利の圧倒的な低さを批判したのである。

「軍隊教育も、同じように、兵士を勲功のために、その徴集の日に向かって準備するだけのものである。しかし、国家は、兵隊にすべてを与えているではないか。国家は、彼らに屋根の下での生活をまた食料を与えている。制服、カービン銃、金銭支給を受け取るのは、彼らの権利である。施しものではない。
　一方、子どもは、義務的普通教育に服しながら、親や共同体のもとで施しものを乞い願わなければならない。
　ジュネーブの立法者たちは、義務と権利をごちゃごちゃにしている。宣言の調子は、要求ではない、忠告である。善良なる意志への呼び掛けであり、愛顧を求める願いである。」[332]

子どもの『尊重される権利』の章でこのように述べた後、改めて、子どもの無権利状態からの改善の歴史を、また、社会における子どもの処遇の歴史を振り返っている。

「古代ギリシアやローマの苛酷な法律は、子殺しを許容している。中世には、漁師たちは、川から溺死した小児の死体を網でたぐりよせた。17世紀パリでは、年長の子は物乞いに売りさばき、小さな子はパリ聖母寺院にただで引き渡した。これは遠い過去のことではない！　今日、子どもがじゃまであればこれを放り出している。
　私生児、捨児、浮浪児、搾取される子、堕落に引き込まれている子、虐待を受けている子、こういった子どもの数が増大している。法律は、彼らを擁護しているが、しかし、どの程度十分なものか。世の中の多くのことが変化してきた。旧い法律は再び検討されねばならない。」[333]

そして、子どもに与えられるべき、権利や地位を求めて法律を根本的に改め、なぜ子どもにそういった権利が与えられるべきなのか、その根拠について、1921年に述べたように、子どもへの「果実」・富の分配は恩恵や施しによって与えられるべきではなく権利なのだと以下のように再び述べた。

「我々は、多くのものを手に入れてきた。我々はすでに多くの果実を得ているがそれは自分の労働のみによる果実ではない。我々は、巨大な財産の相続人であり、株主であり、その共有者である。我々が有する都市、建築物、工場、鉱山、ホテル、劇場がどれくらいの数となっているか。商品市場はどのくらいに広がりそこでそれを輸送する船はどれくらいあるのだろうか。需要者は殺到し、その売りを求める。……

　この総額から子どもに支払われるのはいくらであり、恵みや施しものでなく、彼の分け前として振り落とされているのはいくらか、収支をあわせてみよう。良心に基づき確かめをやってみようじゃないか。我々は、子どもの国民に、背丈の小さい民族に、隷属化された階級に、彼らが享受すべき分け前をどれくらい与えているのだろうか。相続は平等か、義務とされる分け前はどのようなものでなければならないか、我々、不誠実な後見者は、子どもから彼らの正当な分け前を取り上げていないだろうか、収奪していないだろうか？

　わが国において、子どもにあるのは、窮屈で、息苦しく、うんざりするような、貧しくて厳しい生活である」[334]

　さらに、こうした、子どもと大人の間の処遇に格差が生まれる1つの考え方に、彼は根本から批判を加える。それは「子どもは専ら未来に向けた存在とみなすところにある」という考えで、これは近代的な学校教育制度を国家的な利害に合わせて成立させたときの制度的な思想であり、彼はこれと真っ向から対峙しようとしていた。先に見た『子どもの権利――子どもの作品にみる』の筆者はまさにそうであった。ジュネーブ宣言は、「見捨てられた乞食」への「施しもの」ではないが、その意味では正しいが、そうではなく「国家の未来の市民」への配慮だと、コルチャックから見れば、一挙に今ある子どものことを超えて（無意識にか意識的にか）、子どもを未来志向に位置づける認識の誤りがあるという批判である。子どもは今いて、過去にもいて、そして未来にもいるのである。「想像上のものではなく、正真正銘いま現時点の心配や不安があり、苦い悲しみがあり、そして、若き年代の幻滅がある。」こういった現実を無視してはならない、ここでは彼の大憲章の内容を繰り返さないが、人間として、子どもは今を尊重されるべき権利があるという思想が彼の思想と行動の中心にあったし、前章で見た子どもはすでに（今）人間であるという思想を彼の子どもの権利思想にお

いても一貫させるものであった。彼は次のように私たちに訴える。

「尊重される権利

生命にはあたかもふたつのものがあるかのようである。ひとつが、重んぜられ尊敬に値するもの、そして、もうひとつが我々の寛大さによって許容されるより価値の低いものである。我々は、未来の人間、未来の労働者、未来の市民という言葉を使う。それらはまだ先のことであって、現実のものになりはじめるのは後のことであり、これが本当のものになるのは未来のこととされる。つまり、今のところ、彼らがうるさくつきまとうことが大目にみられる、彼らにはそのような恵みが与えられはするが、しかし、我々にとっては彼らがいない方が好都合というわけだ。

いや違う！ 子どもたちは過去にいたのだし、そして未来にも、いるのである。子どもは、不意にほんの短い時のうちに我々をとらえたのではない。子どもというものは、笑顔をつくろって挨拶しながら大急ぎで往来するそんな通りがかりに出会う知人とは違う。

子どもは、人類のなかで、人口のなかで、民族のなかで、住民のなかで、同胞のなかで大きな割合を占めており、彼らは我々の誠実な友人である。今いて、過去にいて、そして、未来にもいる。

生命は戯れに存在するのか？ いや、子どもの時代は、人間の生のうちにおいて長い重要な年月である。」[335]

この訴えの後、1930年代に入って、ポーランドの経済・政治状況の悪化、ヨーロッパ全体を再び世界戦争へと向かわせる隣国でのナチズムの台頭と権力掌握は、「子どもの権利」探求の前進を期待し語れる状況ではなくなる。小田倉泉によると、パレスチナの教え子J. アルノンへの手紙の中で、それまでの自らの「子どもの権利」実現のための活動や誓いについて、以下のように言及しているという。

「過去において私に喜びをもたらした全てのことが、ひどい苦役になった。誇り高く、実行可能に思えたことのすべてが、今や疑い、懸念、恥に変わってしまった…。私は子どもを擁護し、子どもの権利を守ることを誓った。しかし今可能なことは、せわしく不安定な歩みの中にある子どもを支えたいと

願う祈りか祝福、それがすべてだ。」(1933 年、J. アルノンへの手紙)[336]

1939 年のナチスドイツのポーランド侵攻後、コルチャックは最後の児童救済の活動を展開しはじめる。押し込められたユダヤ人ゲットーの中で広く児童救済を呼びかけるための制度的根拠となったのは、1924 年のジュネーブ宣言であった。コルチャックは、1940 年 12 月ポーランド「クリスチャン住民への呼びかけ」という文書のなかで、ジュネーブ宣言第 3 条に基づき、子どもの救済・保護を要求していた[337]。

「子どもを優先して救済せよ。」

ポーランドを含めて各国の大人たちは第 1 次世界大戦に次いで、再び、子どもを悲惨な「犠牲者」へと追いやってしまった。戦後、その反省に立って歩みを開始することになる。

## 8. 本章のまとめ

前章をふまえて本章の内容をまとめてみる。

コルチャックは、ポーランドの文学界並びに学生の時以来の欧米の新教育思想の影響のもとで、まずは小児科医としての世界の中で思考し、将来の思想の土台となる「子どもはすでに人間」という思想の形成途上にあったが、1905 年ロシア革命を前後して、その革命時の社会解放運動の言説の影響もあり、次第に人権や子どもの権利に言及し始める。革命当初は中等学校が人権を守る砦になるべきだ（1905）との発言にとどまっていたが、加えて「子どもの権利」擁護を訴える演説（1907）をするようになっている。しかしこれら単発的な発言には権利の裏付けとなるような彼固有の子どもの権利思考は感じられない。そういった思考は、革命の 1 次的衰退に伴い小児科医の仕事に没頭し、子どもの中に「人間」と「自然」を探求しようとする子ども研究（赤ちゃん研究）の中で現れはじめる。その時点からの彼の子どもの権利論の探究を順にまとめておく。

1. 乳幼児の発達や休息に関わるその時期の生理的ニーズに対する子ども固有の権利という限定された世界での思考である（168頁, 資料11一覧の③）。
2. 1912年の孤児院院長就任以降は、第1次世界大戦を前後する時期で、子どもの能動的な自治を進めてきた孤児院・寄宿学校での子ども研究と、特に仲間裁判の経験・実践を基盤とするもので、1918-20年の著作に自治的な子どもの諸権利を確認していた（一覧の⑥⑦⑫・⑭）。こういった中で、子どものもつ力量や能力の理解とそれへの信頼、また、子どもと大人がともに関与する運営のシステムの進展への確信を得て、次第に"子どもの権利宣言"の発布とポーランド社会再生を重ねて考えるようになる。
3. 時代はコルチャックに要請をしていた。ポーランドは1918年18世紀末以来の独立を果たし、ポ露戦争終結後、憲法を成立させる国家の再建を最大の政治的課題になり、他のポーランド人医師の仲間と同様子どもの権利の制度化を思考する時代の中にいたし、大戦前からヨーロッパは国際的に児童法や児童保護の領域で"子どもの権利"を考える時代の流行があり、例えばワルシャワを支配していたロシアで再び革命がおこり、その中、ロシアの教育実践家でもあり、理論家でもあるK.N.ヴェンツェリらの子どもの権利宣言の公布運動も1917-18年に展開される。
4. 1921年にアメリカのポーランドに対する国際的な支援活動に協力していたコルチャックは、社会的・国家的次元での子どもの権利の発言をすることになり（エッセイ『春と子ども』）、子どもの権利・救済の普遍的な根拠を議論しはじめる（一覧⑮）。
5. ポーランド政府が1925年にジュネーブ宣言を公認した後、1928年頃国内の子どもの保護・権利に関わり社会的な議論が一定程度の高揚を見せる時期に、子どもの置かれている現状批判とともに、彼のある程度まとまった子どもの権利論が展開される。これがエッセイ『子どもの尊重される権利』である。そこにはポーランドの現状並びにジュネーブ宣言への不満が綴られている。
6. 他方で、彼は1922年から23年かけて子どもの権利をその物語の1つのモチーフとする『王様マチウシⅠ世』・『孤島のマチウシ』という児童文学連作のなかで、このテーマをいわば子どもとともに探究し、子どもの権利の獲得に関わる子どもの主体性や大人の関わりを議論している。子どもの思考をくぐらせるという意味では孤児院での実践・子ども研究は共通点をも

つだろう。こういった実践の積み重ねからコルチャックは、1918年までに書いた主著『子どもをいかに愛するか』の第2版で、子どもの大憲章、子どもの権利3権に対してある修正を施そうとしていた。それは現代で言う子どもの意見表明・参加の権利の追加を考えていたことである（一覧⑲）。
7．ただ、彼がその時点で争おうとしていた点は、子どもの「今」社会に現存する人間としての権利要求であり、それは若き時代より一貫して追求してきた思想とからみ、だんだんと人間になる未来のための権利ではなく、すでに人間である現在の権利の保障を求めて、1924年のジュネーブ宣言あるいは国内の未来志向の子どもの権利論に対する異論を提示していた。

**資料11　コルチャック子どもの権利　一覧**

① 自由の大憲章、子どもの権利、3つの基本的なもの。
　1　子どもの死に対する権利。
　2　今日という日に対する子どもの権利。
　3　子どもがあるがままで存在する権利。
② 子どもの早すぎる死に対する権利、人生のサイクルに対する権利、春が3度おとずれるか否かのサイクルの結末に対する権利。
③ 1年のうちに初期体重の3倍になる赤ん坊には、休息に対する権利がある。また、瞬く間に心理的発達をやり遂げようとする道のりは、赤ん坊に忘れる権利を与える。
④ 大人は子どもに、明日の人間という負担を強い、今日を生きる人間の権利を与えていない。
⑤ 大人が子どもに広範なイニシアティヴを与える唯一の領域、遊びに対し、子どもには権利がある。
⑥ 子どもには、望み、願い、要求する権利があり、成長する権利とそして成熟する権利、また、その達成によって果実をもたらす権利がある。
⑦ 子どもの賞賛を期待し、賞賛を受ける権利、うぬぼれさせてはならないが、その価値を認めるべきだ。自分に注目させるよう努力し、そのためにあらゆる自分の長所、肯定的なものを利用する権利。
⑧ 子どもは自分の悲しみに対して、自分の望みに対して、質問に対しても尊重を求める権利を持っている。
⑨ 子どもには秘密を持つ権利がある。
⑩ 「知っています。でも言いません」という権利。

⑪　子どもには、うそをいってしまったり、ずるい手段で手にいれてしまったり、無理矢理とってしまったり、盗んでしまったりする権利がある。が、うそをついたり、とったり、盗んだりする権利はない。
⑫　子どもには要求し、条件をつけその条件つきで実際やるということ、またそうする権利を持っている。
⑬　子どもたちは集団生活と同時に個別に生活する権利を持っている。自らの知恵と労働で生活する権利を持っている。
⑭　子どもには、様々な自分たちの問題に対し真摯な態度を取る権利があり、自分たちの公正な判断をもつ権利がある。教育者の善なる意志とご機嫌に抗議する権利はこれまでなかった。
(① - ⑭ 1918-1920)
⑮　地球の果実と富のその3分の1を受け取る権利。(1921)
⑯　書物に対する権利。(1921)
⑰　「大人と同等の権利」。(1922)
⑱　運動、食事、衣服、労働、医療、遊び、喜びの爆発に対する権利がある。(1922)
⑲　大人が子どもについて熟考し決断するに際して、子どもには自らの考えを述べ、そこに積極的に参加する権利がある。(1911,1929)
⑳　子どもの母乳に対する権利。(1929)
◎尊重されて然るべき権利。(1929)
・子どもが知らないということを尊重されよ！
・認識という活動を尊重されよ！
・失敗と涙を尊重されよ！
・子どもの財産と子どもの見積もりを尊重されよ！
・成長の秘密を、そして、成長という重苦しい仕事からの逃避を尊重されよ！
・今という時間を、まさに今日という日を尊重されよ！
・その各々の瞬間を尊重されよ！
◎尊重されよ、澄んだ目を、なめらかな肌を、若い力を、信じやすい心を。(1929)
◎敬意は払わないにせよ尊重されよ、真白く純粋で、清らかで澄んだ聖なる子ども時代を！(1929)

資料12　SCIUによるジュネーブ宣言国際コンクールに応募された作品[338]

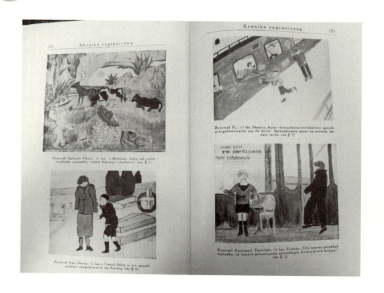

170　第Ⅲ部　コルチャックの子どもの権利思想と実践

# 第3章

# コルチャックと現代
## ——コルチャックを読む

## はじめに

　本章では、コルチャックの思想を彼の作品から現代の日本において読み取ることを課題とする。囲みの枠内の問いは、了解していただけると思うが、筆者が設定したものである。この現代的な問いにコルチャックはどのように答えるかという想定で、コルチャックの思想*を紹介し、現代の子どもたちが置かれている状況を、また、私たち大人が何をなすべきなのか一緒に考えてみたい。

　＊本章の以下の引用は、出典が『子どもをいかに愛するか』(1918-20) の場合、単にその編名と章数を略記する。家庭の子ども編は「家庭編」、夏季コロニー編は「夏季編」、寄宿学校編は、「寄宿編」と略記する。『子どもの尊重される権利』(1929) からの引用は、単に「尊重」と略記する。以下同様に『もう一度子どもになれたら』は「もう一度」、『理論と実践』『子どもによる教育者の教育』についてはそのまま記している。出典はまとめて注記に示した[339]。


## 1. 子育ての困難（子どもを持つ親たちへ）

問1．子育てがどうしたらうまくいくか教えてください。

① 「私は知らない」
　コルチャックのその主著『子どもをいかに愛するか』は、この本に対する当

時の読者の期待、子育てマニュアル書への切望に対して、あらかじめその期待に応えるものではないし、むしろそうあってはならないということから書き始めている。

「どのようにしたら、私の見知らぬ親たちが、私の見知らぬ条件のもとで、私の見知らぬ子どもを教育することができるかなど、私は知らないし、知ることもできない。(家庭編1)」

子育てはそう容易なことではないことの意味を含んで、親自身が子どもに向き合う以外にないのだという彼の主張がこれ以降続くのであるが、他方でこういった期待が出る背景には、すでにこの時代にマニュアル書の類が少なからず出まわっていたからである。

「準備されたマニュアルを伴う本のせいで、見る目がくもらされ、考えることに怠慢にさせられてきたのである。他人の経験、他人の観察そして他人の見解によって暮らしてきたため、人々は自分の目で見ようとしないほどに、自分を信じることをやめてしまった。(家庭編17)」

この時期のメディアは、まだ本そしてようやく姿をあらわした映画やラジオにとどまっており、それらのメディアに接すること自体が人口の多くの部分にとって難しい時代であり、従って、コルチャックの本の読者は、裕福な家庭の母親を対象としていたが、80年以上を経た現在のメディアの過剰な状態を考えると親たちの「目のくもり」は、幾重にも重ねられていると考えなければならない。

② **マニュアル本（育児書）にはあなたの子どものことは書いてありません。**
マニュアルはなぜ否定されるのか。それは、そこにあるのは、つくられたもので、あなた自身が見た、今日の、あなたの子ども自身のことは書いていないからである。

「出版物上の文字、それはまるで天からの啓示のようだが、それは観察の結果ではない。それも単に何者かによる観察で私の観察ではない。また、昨日

の観察であって今日のではない。しかも何者かに対する観察で、私の子どもに対するものではないのである。（家庭編 17）」

③ **成長・発達の標準・平均値に一致する子どもはいない。それらの数値は必ず例外の子ども（そしてそれに悩む母親）をつくります。**
　それぞれの子どもは、そしてあなたの子どもは唯一の存在であり、平均のなかのどこに位置するかというような存在ではないし、そして、その子の成長や生活は、その子自身の常に他にはない1回限りのものである。

　「我々の周囲には中庸とか凡庸さは何1つない。我々の周囲に平凡なことなど1つとしてない。（家庭編 5）」
　「我々は何万という成長過程の測定結果をもっているが、通常の過程として完全に一致しうるものはない。（家庭編 59）」

　マニュアルは、何らかの基準をつくり、その基準によって必ずそれ以上か、それ以下の、さらには「例外」をもつくりだす。母親の悩みの多くはここにある。

　「もし我々が子どもの"標準的な"成長の図式を受け取りたいと思うときには、それは暴君にもなりうるのである。（家庭編 21）」
　「いつになったら子どもは歩きはじめ、また、話しはじめなければならないのか……普及しているどの本にも、これらのことに関して、一般に子どものためにわかりきった真理が記されているが、それらは、ある子、あなたの子どもにとっては偽りを含んだものである。
　なぜなら、そこには夢にみた以上のことを要求される子がいたり、夢以下のことしか要求されない子がいるからである。（家庭編 36）」

④ **子どものシグナル（・要求）を見つけるあなた自身の目を信じるべきです。**
　先に見たように、コルチャックが言いたいのは「自分の目」で見ること、そして、その「自分を信じること」である。

　「いかなる本といえども、いかなる医者といえども、その人自身の洞察力ある思考と注意深い観察にとってかわることはできないものだ。（家庭編 1）」

第3章　コルチャックと現代　173

「誰かしら出来合いの考えをあなたに与えるよう命じることは、他の女性にあなたの子どもの出産を頼むようなものである。自らの痛みをもってこそ産みだすべきそういう思想がある、それこそ最も価値あるものである。(家庭編1)」

「彼女が最初のはっきりとはつかめない子どもの言葉を理解したときほど、また、わけのわからない会話とも呼べない話の内容を言い当てたときほど、母親が素朴な喜びを感じることはない。たった今？ これって？ もっと…？

ところで、涙や微笑みの言語は？ 目が語る言語や唇のゆがみの言語は？ しぐさや吸い方の言語は？ (家庭編13)」

　その子と向き合うことによって、他人にはわからない、その親自身にしか見えない子どものシグナルが、また、その親子固有のコミュニケーションがある。その瞬間、瞬間の身振り、表情、まなざし、笑み、悲しみ、怒り。言語だけではない。

「言語が子どもの発達の一指標であること、これは真実である。しかし、唯一の指標でもないし、主たる指標でもない。最初のコトバー性急な期待、これは誤りであり親の教育的未熟さの現われでもある。……

　(子どもは)表情の言葉で、目に見える形の言葉で、感性が記憶する言葉で思考しているのである。(家庭編34)」

　そしてそこで、子どもは何を言っているのか。コルチャックは言う。

「"自分で！"子どもは、何千回も叫んでいる、身振りで、目で、微笑みで、懇願で、怒りで、涙で。(家庭編43)」

　"自分で！"って、まだ何もできないはずなのに……。

## ⑤ **質問することに躊躇するわたしたちの「育ち」**

　ところで、今日の私たちは、子育てについて困ったときにどうするだろうか。彼は、その困惑に際してまず他者に相談することに躊躇する原因について、それが私たち自身の育てられ方、学校というシステムで育てられてきたある特徴

と関わりのあることを指摘している。

「ところで学校は、自分が知らないということを表に出すことに対して、臆病に、また、脅えさすようにさえしてきた。
母親は、何度も医者に聞きたいと思うことについて、質問のリストをつくりながらも、それを話し出すことを躊躇している。そして、きわめてまれなことだが、彼にそのリストをわたす。それは、彼女がそこに"愚かなことを書いた"ときのことである。(家庭編17)」

子どもを産み、育てるということは未知の世界である。このことをそれまでに伝えるべき組織的な場所があるとすれば、それは学校である。学校がどれほど真剣にこれらのことを教える仕組みを持ち、実際教えてきたのだろうか。これらは受験にとって必須のものではない(生と死、誕生といったテーマでの個々の教育実践の努力はある)。

未知の世界に向かって、「知らない」ことを人に聞くことは自然なことである。生物や保健をまじめに勉強してこなかったことによるためらいではない。そうではなく、「知らないこと」を尋ねること自体、ためらいを持つように私たちは「教育」されてきたのである。

母親なのに「そんなことも知らないのか」。
こういった事情のもとでは、こっそりマニュアルに走ることは十分ありうる。
しかし、その子のためには、意を決して「恥をさらす」以外になさそうである。

### 問２．子育てに向かって必要な心の準備はどんなことですか？

「私の子ども」、これは誕生の前から、けっして持つべきではない意識であることを『子どもをいかに愛するか』のもっとも最初の方で、ていねいに説明しようと試みている。そして、論をすすめるなかで、これを徹底して批判するに至る。これは、人間として子どもと向き合うための大前提なのである。

①**私の赤ちゃん、「私の子ども」とあなたは言う。**
「あなたが産んだ子どもは10フント（約4kg）、その内8フントは水、そして、後はひとつかみの炭素、カルシウム、窒素、硫黄、燐、カリウム、そし

て鉄である。あなたは8フントの水と2フントの地球の塵(ちり)を産んだのだ。
　つまり、このあ・な・た・の子どものどんな1滴も、雲の水蒸気、雪の結晶、霧、露、泉、街の排水路の濁水だった。そして、炭素あるいは窒素のどの原子ももとは何百万という種々化合物であった。
　あなたはそれがそうなるようにそれをひとつに集めたに過ぎない。(家庭編3)」

　このような書き出しではじまる章は、空間の広がりのなかで、すなわち誕生した子どもを地球を含む宇宙の広がりのなかで考える。まるで「塵」のようであるが、子どもは、物質的には無限の宇宙のなかにただよう地球の、そしてその自然、生物のなかに誕生した生命のひとつであり、それは単なる物質ではもちろんない。その塵は、「その中で、感じたり、調べたり、努力したり、集中しようとするもの、喜んだり、愛したり、頼ったり、憎んだり、そして、信じたり、疑ったり、許したり、拒否したりする」そういう存在である。
　さらに、この「塵」は、それを取り囲むものを「思考によって、すべてのものを包み込む。星も大洋も、山もそして無限の広がりをも。我々の精神の中身は、距離を無視してはじめて手に入れることのできる全宇宙」なのであると(家庭編3)。「私の」子どもと形容しうるそんなちっぽけなものではない。

　もうひとつの章では、時間の広がりのなかで考える。

「あなたは言う、「私の子ども」と。いや、これは、母親と父親の、祖父と曽祖父の共通の子どもである。(家庭編4)」

　その子どもの祖先の、1度も切れることのない、しかしあるところでは例えば「300年前……」、何かの拍子で偶然に継続したかもしれないその歴史の流れにおいて、そして、そこで何がしかのことがずっと書き込まれてきた、ずっと古代からの書き込みがあるかもしれない、つまり、子どもは「全面、象形文字で覆われた羊皮紙」なのである(家庭編4)と。だから、あなたが読み取ることのできるのはほんのごく一部に過ぎない。そういう意味でも、「私の」子どもなのではない。
　こうして、「私の子ども」という意識をまずは捨てるよう、次のような確認

をせまる。

　「子どもと無限。子どもと永遠。子どもは空間の広がりのなかの塵。子どもは時代の中の瞬間。(家庭編4)」

② **「自分の人生を歩みたい」「あなたの人生を」**
　時間と空間の広がりのなかで、「私の子ども」という意識を否定した上記のことは、実は、母親が子どもを身ごもり妊娠から誕生へと向かうその時点において、生じている同じ「私の子ども」という意識を否定した後に、述べられていることである。

　「例え妊娠のときであっても、あなたが『私の子ども』という権利はない。(家庭編2)」

　胎内にいる子どもの心臓の音は母親の脈にこだまし、あなたの呼吸は子どもに酸素を送る。あなたがかみ砕く1切れのパンは、将来駆け出すこともできるようになるその足を、その子を覆うようになる皮膚を……そして子どものすべてを生み出す材料なのだ。そして、出産の瞬間を彼は次のように描く。

　「あなたにとって決定的な瞬間を一緒に過ごすことになる。共同で共通の痛みを味わいはじめます。……その時、同時に、子どもが語っている。『自分の人生を私は生きたい』と。一方あなた、母は、言う『もう自分の人生を生きなさい』と。強い痙攣であなたは彼を自分のお腹から押し出しはじめる、彼の痛みなど気にもとめず。そして、力強く意を決して彼は通り抜けはじめる。あなたの痛みを気にもとめず。(家庭編2)」

　陣痛から分娩、その出産のメカニズムで、子どもの側からのシグナルがあってはじめて母親の陣痛を促すホルモンの変化がおこるらしい、ということがわかったのはごく最近のことである。コルチャックの上記の表現は、当時なお彼の仮説であったように思われるが、子どもは「自分の人生」を生きるべく、自ら生まれ出てくる存在なのであり、彼自身、狭くねじれた産道に身をあわせて、「力強く意を決して通り抜けはじめる。あなたの痛みを気にもとめず」、しか

し、つけ加えるなら、自分の痛みを感じながら。

もう一度、後で触れられる「私の子ども」批判……これはもうほとんど論外のものである。「私の子ども。私の所有物、私の奴隷、私の室内用ペット犬。(家庭編50)」

問３．子育てはしんどいです。夜中に急に起こされて…どうしたら…

① しんどさの根源は、いうとおり、思いどおりにならないということではなくて、そこにそもそも２つの人生、２つの生活、２つの命があるからです。

「突然 聞こえてくる… 子どもの専制的な叫び声が、それは、何かを要求し、何かに向かって訴え、援助を懇願している、が彼女には理解できない。寝るな！"そう、今度は私にはできない、したくない、どうしたらいいかわからない。"この夜中のランプのあかりの下の最初の叫び声は、二重の生活の闘いの前兆なのである。一方の成熟した生活は、譲歩を余儀なくされ拒否され犠牲を強いられ、自衛する、他方の新しい若々しい生活は、自分の権利を獲得する。(家庭編11)」

「これらの夜の中で、素敵な連帯者、子どもを守るエンゼルが誕生するのである。それは母親の心の直感、そして、探求の意志と洞察力ある思考とくもりのない感性とからなるインスピレーションである。(家庭編13)」

子育ての最初の困難。夜泣き。そこでは、親主体の子育ての困難の開始ではなく、母親のそれとは独立のものを伴う「二重の生活」の闘いがはじまるのである。そこでは、大人の側の生活は、「譲歩を余儀なくされ拒否され犠牲を強いられ、自衛」せざるをえない、そして、他方子どもは、「自分の権利」を獲得する。

そして、はじまったぶつかりあいのなかで、逃げることなく、また、自らの都合のなかに押し込むことなく、いかに対処するかの探求、そこでこそ、「自らの痛みをもってこそ産みだすべきそういう思想……、それこそ最も価値あるもの」が生まれてくるのである。彼はこれを「母親の心の直感、そして、探求の意志と洞察力ある思考とくもりのない感性とからなるインスピレーション」

だとみている。

② **その子どもにはあなたと違う望みがあり、要求があり、願いがあります。**

　子どもを「育てる」ことはけっして容易なことではない。マニュアルどおりにいかないという「悩み」のことは、すでに述べたので、ここでは繰り返さない。しかし、それとは異質な、例えば、「自分の子どものときとは違う」、「自分が考えてきたとおりにならない」、「自分の思いどおりにやってくれない」など別の悩みでも、母親は苦しんでいる。しかも自分に対する母親としての資質や能力を問う冷たい視線をあびながら。

　ところで、これらの言葉は、今相手にしている人物が子どもではなく大人であったら口に出したであろうか。それらは本当に子育ての「悩み」なのだろうか。

　「２つの望みの葛藤。２つの要求、２つの対立するエゴイズム。……母親は悩み、一方子どもは生きるために生まれた。母親は出産の直後で休みたいと思っている、一方子どもはおなかを満たしたい。うたたねしたいと思っているが、一方子どもは眠りたくない。そして、こうした葛藤は際限なく続く。これは些細なことではない、課（せられた）題だ。自分の感情において大胆にふるまいなさい、……自分に対して率直に“やりたくない”といいなさい。
　（家庭編32）」

　相手にしている人物が大人だと考えてみてください。その人が、自分とは異なる「望み」をもち、異なる「要求」をもち、場合によっては「エゴ」をむき出しにする。あなたがこの人物とぶつかりあうことは当然のことではないのか。実は赤ん坊にもあなたと違う「望み」があり、「要求」があり、ときには「エゴ」をぶつけてくることもあるのである。だからいうとおりにならないのは当然なのである。あなたの育て方がまちがっているから、いうとおりにならないのではない（むしろいつもいうとおりになる場合というのは立ち止まって深刻に考え直してみなければならない）。子どもは、「他人」とはいわないまでも、つまり密度の濃い衝突を繰り返さざるをえないという意味で「他人」ではないが、別の人物なのである。

　だから、ときには、あなたから拒否してもよいのである。「やりたくない」と。

③ そして、この衝突・葛藤を受け入れるところからしか始まらない。

　「…ボールを使って私と遊びたがっている、しかし、私は本を読みたい。私たちは、彼（子ども）の権利と私（大人）の権利の境界を見定めなければならない。(家庭編41)」

　ここにある母親と子どもの要求は、いずれもこのレベルで同じ資格をもつ「権利」と言いうる。母親は母親だから、子どもの要求に応えなければならないということはない。逆にもし母親の要求をこの場で優先させたとして、子どもは遊んでくれない母親を不満には思うだろうが、同時に母親が自分と同じくらいか、それ以上の力で何かをしたいということがあるのだと感じ取ることになろう。
　以上にみてきたように、母親と子どもは、何かを望み、要求をもつかぎりで対等であり、またエゴを露わにするかぎりで同等であり、両者が衝突しぶつかりあうことは当然なのであり、そのことを受け入れることができるかどうか、そのことによって、先に記したような親子の対面する以外のところからくる悩みの少なからぬ部分は、消えていくであろう。
　しかし、本当のところ、我々はなぜ、子どもがいうとおりにならないという悩みを持つようになったのか。子どもが弱く大人に従うしかないもの（存在）だと考えてきたからかもしれない、あるいは、育ててやらなければならない未熟で未完成な人間だと考えてきたからかもしれないが、やはりもっと率直にいえば、我々大人は子どもを一個の人間としてみてこなかったからである。

問４．子どもはどのように発達していくのか。まず赤ちゃんへの接し方は？

① その前に、赤ちゃんはすでに一個の人格（人間）です。

　「ただ際限のない無学と見解の浅はかさだけが見落としてしまうことだが、それは、乳児というのは、それ自身、生まれつきの気質と知性の諸力と心身の感覚と生きた経験から成り立っているある人格、厳密にいえば、一個の人格である、ということだ。(家庭編25)」

　今でこそ、乳幼児の発達研究、いやそれ以前の段階の胎児から新生児の段階

での赤ちゃん研究において、赤ん坊はすでに様々な能力をもつ一個の人格であることが明らかにされているが（例えば胎児の聴覚、母親の血流音の"出産後の"「記憶」、誕生直後の反射といわれる握力、味覚、出産直後の母親との対面の持つ意義）、当時において、これほど毅然と「乳児が一個の人格」であるとの定義を示した人物は他にはいないのではないだろうか。引用冒頭の箇所は挑戦的ですらある。

　先に述べてきたことに関連させていうなら、親と子どもが対立するのは、子どもも人間であり、親とは異なる「望み」や「要求」をもつ別の人間だからである。私たちは、仮に子どもも人間であると観念的に頭で理解しているつもりでも、子どもにそして特に赤ん坊に人間性を承認することにそれほど慣れてきたわけではない。赤ん坊にそれ自身のなかに一個の人間としての「望み」や「要求」があると思ってきたかどうか疑わしい。

　「生まれつきの気質」と「知性の諸力」と「心身の感覚」と「生きた経験」をもつ「一個の人格」、これはけっしてどこかの本から借りてきた形式的な概念ではない。生まれつきの気質、そして続く概念は、子どもの「かしこさ」と感性豊かな「心とからだ」、そして経験といいかえてもよいであろうか、それらは、コルチャックの子ども（人間としての子ども）への鋭い観察に裏付けられたものである。

　例えば、赤ん坊の「生きた経験」を、コルチャックは次のように述べている。

② 「田舎の子で１歳にもなれば、すでに生活している」　エンドリェクの話

　「田舎の子、エンドリェク。彼はもう歩いている。扉の側柱にしがみつき、敷居を越えて土間の方へ今にも転がり落ちそうだ。土間から２つの石段を四つんばいで這い降りようとしているのだ。家からは子猫が見えた。互いにチラリと見合い、目を離した。乾いた泥のかたまりにつまずき、立ち止まって、周りを見回す。棒きれを見つけてはしゃがみこみ、砂の上ではよたよたと歩く。皮を剥いたジャガイモが転がっていると、それを口にし、口のまわりは砂だらけになり、額にしわをよせて唾をはき、イモを放り出す。再び立ち上がり、犬の方へ向かってまっすぐに駆け出す。やくざな犬は彼を迎え撃とうとする。ほら今にも、顔にしわを寄せ、泣き出しそうだ、いや、何かを思い

出したらしく、ほうきを引きずっている。

　母親は水辺を歩いていった。彼は母親の服のすそにしがみつき、もうしっかりと駆けている。ずっと年上の子どもの一団がひいている４輪荷車、それを彼はながめている。が彼らは彼を追い払う。彼は反対側に立って、またながめて、運ばれ、降ろされる。母親が呼んだ。こうしたことはたった１つの、１日16時間の前半に過ぎない。」

「だれも彼に小さいということを話すわけでもない。自分で感じとるのだ。彼の力に見合わないという時に。だれも彼に話してくれない。猫はひっかく習性をもっているとか、彼は階段を降りることができないとか。だれも教えてくれないのだ、年上の子どもとどのようにつきあったらいいのか。……

　しばしば道に迷い、まちがってしまう。その１つの結果がたんこぶだ。大きなたんこぶのこともある。そして、傷を負う結果にも。

　いや、私は、過度の心配をしない代わりに、けっして何の心配もしないことを望んでいるのではない。私がただ示したいのは、田舎の子で１歳にもなれば、すでに生活しているということだ。わが国の成長した青年たちがいつかかろうじて生活するようになるだろうといわれているその時に。(家庭編42)」

　子どもは、その日１日を、その日の数時間を、大人から見ればつまらないこととされじっくり観察されることのない場所と時間のなかで、また母親が見れば即座にそれを制止するか手助けをするかスリリングな、その瞬間、瞬間において、しかし人間としての充実した「生活」を送っているのである。そこでは、「だれも教えてくれない」ことを自ら学びとり、吸収しているのである。そして、あるときには、以下にみるようにある「仮説」をたてそれを確かめながら。

③**彼はすでに理解しようとして探求し、学んでいるし、感じている。**

a.**これは……母親？　目と耳と鼻をつかって**
　母親と接しながら、それが何であるかをまだつかみとっていない赤ん坊が、どのようにしてそれが母親であることをつかみとっていくのか、コルチャックは、それを赤ん坊の側から描く。その視覚や聴覚そして臭覚……、五感をフルにつかってそこへ到達することを。

「視覚(まなざし?)。光と闇、夜と昼。夢のなかで現実以上のことが起こるのはまだまれである。何かよいこと(乳)かよくないこと(痛み)が起こるその程度である。新生児がランプを見ている。いや、見ていない。ふたつの眼球はそれにぴったりあわせたり離れたり。やがてゆっくりと動く対象にまなざしを移し、絶え間なくそれをとらえては見失う。

　おぼろげな人影の輪郭、最初の線の輪郭、すべてこれは遠近がない。1メートルの距離にいる母親、これは近くにきて身をかがめていた時のものとはもはや別の影だ。横から見た母親の顔、三日月のようだ、もし母親のひざの上に寝かされて下から見るならそこにあるのは二重あごと唇だけだ。その同じ顔には目があって、さらに母親が別のやり方でより深くかがみこめば、髪のあることもわかる。一方、聴覚と臭覚も、すべてこれらは1つの同じものだと教えてくれる。

　胸、これは明るい雲のようで、風味があり香りがあり温かみがあり心優しいもの。赤ん坊はあらわにした胸をながめながら、まなざしでもって驚くべき何ものかを学ぶのである。それは胸の上に出現することであって、そこからは呼吸の音と響きが暖かくあふれ出る何ものかである。赤ん坊は胸、顔、手が1つの全体、すなわち母親を構成していることを知らないでいるのである。

　よそのだれかが手を引っ張っている。見覚えのある動作、見覚えのある影にだまされて、子どもはこれらの手の方に移動する。そして、そこでやっとまちがいに気づく。今度は手が見覚えのある手から彼を引き離し、恐ろしいものを住まわせている何ものかに近づけようとしている。突然の動作で、子どもは母親の方、安全なところに向きなおり、そして、見て驚き、あるいは、危険をさけるために母親の胸に押し付けられるのである。

　ようやく、母親の顔は影たることを止め、その顔は手で確かめられる。乳児は何度も母親の鼻をつかんで、輝きと暗雲を交互に繰り返すそのまぶたで覆われている素晴らしい目に心を動しながら、髪の毛を確かめた。(家庭編28)」

**b．これは……自分？　自分の手を研究しながら**

　はるか自我以前の「自分」を赤ん坊は、どのようにしてつかんでいくのか。自他未分化といわれる発達段階において、どのように自らをつかみとっていくのか。コルチャックはやはりのその観察から、赤ん坊自身の知性の努力を、これもやはり子どもの側から、描いている。

「私は！

　新生児が自分で自分に引っかき傷をつくるとき。赤ちゃんがすわって、足を自分の前に持ち上げて後ろへひっくりかえる、そして怒って周りに犯人を探そうとする。自分で髪の毛をひっぱっては顔をゆがませるが、その試みを復活するとき。スプーンで自分の頭をたたいては上を見るとき。こういったときに、そこにあるものは何であり、何を見ずに、しかし、何を感じるのか。彼は自分というものを知らない。

　手の動きを学ぶとき、こぶしをしゃぶりながら、それを注意深く観察するとき、授乳時に吸うのをやめて母親の胸と自分の足を比べるとき、小さな足でせかせか歩きながら、立ち止まっては下をながめてみる、母親の手とは全く違ったやり方で自分を支えているものが何なのかを追究するそんなとき、長靴下をはいた右足とはいていない左足とを比較しているとき、彼は理解しようとしているのであり、知ろうとしているのである。

　沐浴をしながら、水を研究するとき、自分には理解できない多くの水滴のなかに自己を理解しうる１滴を見出し、彼は偉大なる源泉――それは「私」という短い言葉のなかにあるのだ――、見抜くのである。(家庭編45)」

④ **やっと自分で、ドアが開けられた。深いためいきの秘密　ブロネックの話**

　「人見知り」といわれるものが、赤ん坊が最も身近な存在、例えば母親と、それと異なる存在であることが理解できることを示す発達の証であることは、すでによく知られていることである。そういった時期の赤ん坊が、我々をじっと見つめ、ときには目をそらし、そして再び我々を見つめ、その後に深いため息をつくことがある。コルチャックは、その深いため息がもつ意味を、掘り下げる。子ども自身の肉体と精神の骨折りを通じて子どもがつかみとる「喜び」のことである。

「ドアが開いた。ブロネックは深いため息をつく。この深い安らぎのため息を、我々はすでに新生児が、どんな場合でも意志の骨折りがあった後で、長い注目の緊張の後にしていたため息として、すでに見てきたものである。おもしろいお話が終わったときに、子どもは同じようにため息をつく。私は人々がこのことがわかることを望んでいる。

そのような個々の深いため息が示すのは、それまで呼吸が遅く、浅く、そして、不十分だったということであり、息を殺して、子どもが見て待ち追跡し、酸素を使いきり神経組織に損害を与えんとするまでに努力したということである。身体が呼吸中枢に警戒のシグナルを発しているのである。深いため息、それは酸素交換の復活なのである。
　もし、あなたが子どもの喜びやその力を見定めようとするなら、最も価値ある喜びとは何であるかということを知っていなければならない。困難を克服したときの、目標を達成したときの、そして、秘密を解き明かしたときの喜び、大勝利の喜び、自立と獲得と占有による幸福のことを。(家庭編43)」

### 問5（まとめ）．子育てにあたってもっとも大事にすべきことは何ですか。

　コルチャックが言わんとすることは、大人（親）が子ども（子）に対する態度においてもっとも大事にしなければならないこと、すでに子どもの誕生の時点から必要なことは、それは、一言で「子どもを人間として尊重すること」である。そして、それは私たちの身体に染み付いてきた、子どもから大人へという成長段階の、そして、成長途上の存在という観念をおそらく一旦は払拭しない限り難しいことなのかもしれない。彼はそのことを一言で、次のように表現したことがある。

　「子どもはだんだんと人間になるのではなく、すでに人間である。(「19世紀隣人愛思想の発展」1899年)」

　私たちは、子どもの発達研究のおかげで、子どもを子どもとして大事に育てる目を養ってきた。それがマニュアルに反映することもなくはない。しかし、自分自身の子どもを育てるために必要なこと、つまり、自分自身の目でもって、子どもがあらゆる人間的な力・術をもって表している子どもの自身の要求を、また、子どもの人間性を見失ってしまわないためには、その発達という言葉を改めて問い直すことが必要なのかもしれない。
　先の言葉「子どもはだんだんと……」に続けて、若きコルチャックは次のように述べていた。

「彼らの理性に向かって話しかければ、我々のそれに応えることもできるし、心に向かって話しかければ、我々を感じとってもくれる。子どもは、その魂において、我々がもっているところのあらゆる思考や感覚をもつ才能ある人間なのである。」

「理性」。子どもに対して、それが「理性」をもつ存在なのかという点は、その限りにおいて疑問視されるであろう。しかし「理性」なき存在は人間ではない（パスカル）、したがって、「子どもは人間ではない」、これは近代法における人権の前提と関わる問題であるが、こういった認識は17世紀から存在した。ひょっとするとこういった認識に対して、若きコルチャックは挑戦しようとしていたのかもしれない。

しかし、コルチャックは、この理性という言葉をのちには使ってはおらず、むしろそれを「知性」におきかえて議論しているように思われる。だがそれは、「理性」という概念を利用することがまずいと考えたからなのか、人間という本質を考えたときに不要と考えたのか、わからない。ひょっとしたら彼特有の反論で、そもそも大人には理性はあるのか？　と問いかけるかもしれない。

そのことはさておき、彼がここで述べていることは、子どもを人間として尊重するということは、成長の途上においてのみ子どもを見るのではなく、その瞬間において、子どもの人間性の総体を対象として見据えること、そして、単にその理解においてではなく、実際に、その子どもの人間性（それがもつ「思考」と「感覚」）に働きかける行為を大人が行うかどうかにかかっているということである。

> 問6（補足）思春期の子どもに対しては……

### ①子どものためによかれと思い ── これまでとここから

我々大人（親）は、子どものためよかれと、誠心誠意、子育てのための努力をしようとする。自分の経験からして、これから子どものために何が必要なのか、子どもが将来こうなっていくために何を援助すればいいのか、先回りして様々なことを想定し、準備する。もし、その軌道に乗り、うまくいっていると感じはじめるや、ますます、自分の考えに夢中になり、あるいは、その考えに固執して、結局、子どものことを忘れてしまうものなのである。つまり子ども

が何を望んでいるのかということはその視野からまったく消えることになる。

「我々（大人）は、育み、身をもって子どもをかばい、養い、勉強させる。子どもは、何の心配もなくすべてを受けとる。子どもは我々なしに存在することなどできないということか？　我々にすべてにわたって恩義を払うべきと？
　我々、これがとにかく、唯一の、そして、全てなのである。
　成功への道を知っているから、我々は指示し、助言する。長所をのばし、欠点を抑える。ある方向に向けて、軌道修正し、慣らさせる。子どもは無であり、我々が全てである。
　我々は、指揮し従順を求める。…（尊重）」

そして、できるなら、自分ができなかったこと、自分以上の成功を収めてほしいと思っている。しかし、これはよく考えれば、最初から実現しそうにないそれも親自身の願望であり、自分にはできなかったしできないでいるが、そうあってほしい夢を子どもに押し付けていることに気がつかない。何せこれは「子どものため」なのだから。

「将来彼が大きくなって何になるのかと我々は不安な気持ちで自らに問うてみる。
　我々は、子どもが我々より以上のものになることを望んでいるのだ。我々には完成した未来の人間が夢である。用心深く自らのうちにある嘘を見破るべきである。それは、美しい言葉で粉飾されたエゴイズムの烙印が押されるべきである。あたかも自らのことは忘れて献身的であるかのようで、その本質は、手荒なペテン師である。
　我々は、自分のなかで対話を繰り返し、和解させ、自らを許す、そうすることで矯正される義務から逃れてきた。我々はよく教育されていないのだ。しかし、もう遅い！　悪習や欠点はもはや根をおろしてしまっている。我々を批判することを子どもには許さない、そして、自分で自分のことをコントロールすることもない。
　自分のことは許し自分と闘うことを拒みながら、その重荷を子どもに負わせているのである。（尊重）」

自らなしえなかったあるいはなしえないでいる、そういった「我々以上」のものになるという自らのエゴに親自身が気づくのはいつのことか。同時に、一方で自分の「期待」とは全く違うことを夢に見始めている子どもがいるということを。コルチャックは次のように、立ち止まって考えるよう呼びかける。

「いや、ひょっとしたら我々がまちがっているのではないのか。子どものなかに我々が見たいと望んでいることだけを見ているのではないのか？
　そう、おそらく、彼は我々から身を隠し、そして、おそらく、密かに悩んでいるのではないか？（尊重）」

　こういった親の期待とは違う子どものそれがはっきりと姿を表し、両者が表立って対立するようになるのは周知のとおり、「思春期」といわれる時期のことである。突然の変貌。しかし、実はそれ以前に、前章で見てきたような私たちが意識していない親と子の両者の望み・要求の対立を意識していないとすれば、それは二重のズレとなって現れているのである。これはコルチャックがしばしば使う言葉でいえば「悲劇的な対立」である。

「子どもが我々の望むとおりになることがどれほどまれなことか、彼らの成長がどれほど頻繁に失望感を伴うものであることか！（尊重）」

「年齢とともに大人が望むことと子どもが目指すものとの間の距離は広がっていく。（尊重）」

「あなたはいう、"彼は…しなければならない。私は、彼が…になるように望んでいる"と。そして、子どものために、子どもがどうならなければならないのか、つまり、その子のあるべき人生をあなたが選択するのである。
　……（中略）……
　あなたの子どもは何にならなければならないのか。闘士かあるいは単に働く者か。指揮官か兵卒か。あるいは幸せ者か。
　どこに幸せが、どんなところに幸せがあるのか。そこへの道をあなたは知っているというのか。そう、そこにそれを知っている人々がいるということも。

聞いてみたいものだ。どのように予知し、どのように柵をめぐらすのか。
　激しく泡立った流れの上に蝶がいる…どのように羽に強さを与え、飛行を低めることなく、鍛えることができるのか、疲れさせることなく。
　自らを模範に？　助言によって？　言葉と行いで？
　もし、拒否されたら？
　15歳も過ぎれば、子どもは未来へと向かう。あなたは、過去のものとなっていく。
　あなたには思い出と惰性。子どもには新たなものへの探求と大胆な希望。
　あなたは疑いはじめ、彼は期待し信じる、あなたは心配するが、彼は恐れない。
　若き時代、もしそれが彼をからかうことなく、罵倒することなく、軽蔑することがなければ、常に彼は未完成の過去を作り直そうとするものだ。自ずと然るべくなるがままに。それでもやっぱり…
　探し求めるがままにさせよ、でも道をまちがうかも…這い上がるがままにさせよ、でもそこで足を踏み外すかも…打ちのめされるがままにせよ、でも怪我をして出血するかも…たたかうがままにせよ、だめよ、慎重に慎重に…
　子どもはいう。"私は別の意見だ。もうおせっかいはたくさん。"
　えっ？　それって私のことを信じてくれないっていうこと？　私はあなたに必要ないということ？　私の愛が重荷だっていうの？
　ばかな子ね、あなたは人生を知らないのよ、かわいそうな子、恩知らず！
（家庭編5）」

② 「子どもを愛することはたやすいことではない。」（スニーデル）
　私たち大人は、本当に子どもを愛しているのか。子どものために、子どもは……ねばならない、……あるべきだ。先に述べた「完成した未来の人間」を求めるそういった思いとともに、親の自己逃避、あるいは、過去になしえなかった負債の子どもへの転嫁について批判する。

「我々は子どもを愛撫しながら、我々はそれが愛撫だと思いこんでいるのだが、手足も出ないほどに腕のなかにかくして抱きしめ、家なき苦悩の時や主なき放置の時の子どものようにその保護や避難所を求めてそこに逃避しているのである、彼に苦しみと悲しみの重荷を課しながら。こういうことを我々

は本当に理解していないのだろうか。(尊重)」

　フランスの教育学者、ジョルジュ・スニーデルが自分の子育ての経験をも振り返りつつ、彼の著書『わが子を愛することはたやすいことではない』（法政大学出版局, 1980年）のなかで、次のように述べていることはよく知られている（ここでの訳は『人間と教育』第1号所収の田中孝彦論文による）。

　　もし、愛という言葉のもとに、「自分の避難所」を求めたり、子どもを「親代わりの勝利者」となることを期待しているのなら、親が愛しているのは、「子どもそのもの」でなく「自分自身」に他ならない。
　　わが子を愛するとは、自分とは違う一個の人間として愛することであり、自分とは異なるその存在と生き方を愛することである。
　　また、わが子が自分から離れたり、拒否したり、反抗したり、そういう行動をも愛することであり、親がわが子のために考えて来た計画を、子どもがそれは自分のものではないときっぱりと退ける時に与えられる失望さえも愛することである。
　　愛するとは、自分とは違う人間であるにもかかわらず、その違いのままに、また、違いゆえに、その人間を愛することである。

　ここで述べられていることは、ここまでみてきたように、ほとんどコルチャックが論争的な形で提起してきた問いに重なるものであり、これらの問いに対する直接的な回答をめざしたもののように思えてならない。

## 2. 子どもの人間としての子どもの権利の尊重
　　（子ども支援に関わる人々へ）

### (1) 我々大人が子ども時代を尊重する意味

　コルチャック教育思想研究者コーエンは、コルチャックの「子ども時代」に

ついての考え方を次のようにまとめている。

「子ども時代とは、人生の準備の時期ではなく、人生の1要素また人生の不可欠の部分であり、大人時代にとっての要・不要によっては測り得ない絶対的価値をもつものであり、それは人間の人生の他の時代と同様に価値をもつものである。」[340]

子ども時代は、人生の他の時代と同じ程度に価値をもち、また、子どもの権利はそれを含んではじめて成り立つ人間の権利＝人権において、大人の権利と対等・同格である。しかし、大人時代と子ども時代の生活が同質であるわけではない（コルチャックは社会的には子どもの大人に対する金銭的従属という地位とともに「生活様式」の違いを指摘する、64章）。また、人生の段階の特性からしても同質ではない。だからこそ、その生活の差異においてまたその特性の差異において現れる各々の「人間性」が、両者の共有する「人間性」を豊かにする契機を与えるのである。その差違、特に「大人と子どもの精神構造」の差異について彼は次のように述べる。

「本性の分野で彼に不足しているのは唯一、それは実際あるようだが、今の所なおあたかも霧のように散らばっているエロチックな予感である。
　感性の分野ではその力において我々にまさっている、なぜならそれを阻止するものが作り上げられていないからである。
　知性の分野では、少なくとも我々と同等である。不足しているのは経験だけである。だからこそ、大人がしばしば子どもになるし、逆に子どもが大人になる。（家庭編64）」

彼は人間性において両者を比較し、大人の子どもに対するいわば偏見を徹底して批判しながら、しばしば子どもの優位を主張する。人間において子どもを、人生において子ども時代を尊重せよとの彼の主張は、子どもが大人に対して相対的に豊かなもの、とりわけ子どもの感性の豊かさに注目するところに根ざしていた。

『子どもの尊重される権利』（1929）は、「子どもは感性の皇子、詩人、思想家である。彼の純粋で澄んだ清らかな聖なる子ども時代を尊重されよ。（尊重）」

との1文が付加されて終わっているが、これは、他の作品においては、次のように展開されている。

「詩人というのはとても幸福でとても悲しい人間である。たやすく怒り、深く愛する人間だ。激しく感じとり、簡単に興奮し、そしてすぐさま動揺する、そういう人間だ。それはまるで子どものようだ。

思想家というものは、じっと見詰めじっくり考える人間である。すべてが本当はどのようにあるかを知ろうとする人間で、まるで子どものようだ。

子どもは彼らが感じていることや考えていることを話すことは難しいこととみなしている。というのも話には言葉が要求されるからだ。そして、おそらく、それを書き下ろすことはもっと困難だと。

しかし本当のところ、子どもは詩人であり哲学者である。(「人生の掟」, 1930年)」[341]

私たちは、子どもと対等に「向き合う」つもりで、その小さな身体にあわせて身をかがめて「子どもの目線に立つ」努力をする。誤りではないが、それは「理解」にとどまる。

「子どもには疲れるとあなたはいう。そのとおりだ。

しかし"だって彼らの考えまでおりなきゃならないのだから。そこまでおりて、身をかがめ、腰を曲げ、身体を縮めなきゃならない"と説明するとき、あなたはまちがっている。

私たちが疲れるのはそのためではない。そうではなくて、彼らの感性の高みにまで高まらなければならないからだ。高みをめざして、つま先立ち、背伸びをしてだ。無礼にあたらないように。(もう一度)」

我々(の子どもの権利に関する哲学)が「弱さ」ゆえの「可塑性」といったところに子どもの人間性の特性を見てきたとすれば、これとは全く異なる子ども(時代)の特性がコルチャックの目には映っている。

子どもの権利を守るとは、その人間性の承認とともに、その人間のなかにある、そして、無防備にあるいは豊かに存在する子ども(時代)の特性、とりわけその感性を尊重することであり、それは今、現時点で隣にいる大人をまた将

来にわたってその子どもと大人の人間性を豊かにするものなのである。子どもに直に携わる仕事を通じて、子どもから得ているその何かは、あるときはその悲鳴や叫びとともに、おそらくもっと大きな声で人々に伝えるべきである。子どもに対する数々の偏見や嫌疑によって、この声がかき消されない限り、子どもと大人の連帯は可能である。

## (2) 我々は子どもと連帯しているだろうか、また、できるだろうか。
### ──子どもに対する我々の態度の点検

　本節では、特に1925年の作品『もう一度子どもになれたら』から多くを引用している。
　この作品についてひとこと述べておくと、子どもと大人の両者に向けて書いた作品で、もし大人が子どもになって生活することになったら「過去」の大人の時代と比較してどうかといった架空の小説であるが、後の『子どもの権利の尊重』とともに、大人の側から、大人の子どもに対する関係を省察できる材料が随所に見られる作品である。

### a. 子どもというのは一般に……

　「堕落するのは簡単だが、矯正するのは難しいといわれる。(尊重)」

　「大声で自分のよくない行いや悪い友だちのことが話される、善のささやきの声を打ち消しながら。善は悪より何千倍も大きなものなのに。善は強力であり、堅固である。堕落するのは簡単だが、矯正するのは難しいというのは、うそである。(尊重)」

　子どもというのは、「悪にそまりやすい」、その悪は「伝染」しやすいもの、そして、「最近の子どもは……」という、まるごと、子どもへのあるいは若い世代への非難の声は、子どもが歴史に登場させられて以来、常に過去の歴史においても存在した。子どもの側では、「最近の大人は」とは思っているかもしれないが、そういった声がメディアを闊歩することはない。(子どものメディアがあればそういった不満であふれるかもしれない)

「大人たちは子どもを皆、十把一(じっぱひと)からげにしてしまう。悪い癖はついても、何も悪いことをしていないものまで、犯人にしてしまう。大人は、文句を言い始めると、いつも子どもを『お前たちは』と、どなる。(もう一度)」

「人間いいものもいれば悪いものもいて、さまざまで残念なことだ。…彼らのために、大人たちは僕たち子どもを、全然信頼しなくなり、僕たちのすることを、真剣に受けとめようとしない。こういう輩がいなければ、人生はそれほどそうぞうしくなく、ずっと おだやかなものとなるだろう。
　大人たちは、僕たちが致命的な悪影響を受けていると、確信しているのだ。つまり、子どもの中でも悪の手本のような輩のすることばかり見習ったり、彼らのすることを、おもしろがっていると思っているからだが。これは真実とは言えない。僕らと彼らの考えがまったく一致しないことがよくあるのに、大人たちはそれになかなか気がつかないのだ。(もう一度)」

　1990年代末の「キレる」子どもの事件(どの子どもの事件でもいいのだが)のメディア報道からは、社会的には子どもを警戒する以外のことは出てこない。子どもをひとくくりにする時、大人の日ごろの疑い・偏見が顕在化する。その後、「騒ぎ」に子どもたちは不平をまた抗議の気持ちをあらわにし、わずかだがメディアに紹介された。子どもみんなが「キレる」わけじゃないと。……むしろ大人の方がキレやすいじゃないかと。

## b. 子どもに悩みなどない？　あってもつまらないものだ？

　子どもも悩み、考える。そして、子どもの悩みは決して、つまらないものではない。大人のそれとは異質なだけだ。あなたは、その子が悩み、考えているときのことをどれくらい知っているだろうか。

「子どもが我々の関心をひきつけるのは、じゃまをしたり、騒ぎを起こしたりするときである。我々が記憶し思い出すのはそんなときのことだけである。
　ところが、我々は彼が静かなときや真剣なとき、そして、熱中しているときのことはみていないのである。(尊重)」

「僕たち子どもの心配ごとは、大人のとは異質かもしれないが、大人のより小さくないし、ずっと心の奥底深く、食い込んでいる。(もう一度)」

「僕は、もうすっかり暗くなった部屋にいた。……
　たくさんの子どもたちが、たくさんの部屋の中で、僕(大人)と同じように、心の中をよぎること、彼らのまわりの世界で起こることを、深く考えている時刻なのである。子どもたちが考えていることを大人たちは知らない。……

　"そこで何をしているんだ。何で遊ばないんだ。何でそんなに黙っているんだ。"
　"……"（もう一度)」。

## c. うそをつくとすぐ顔に出る？
　**下を見てないで、「ホントのこといってごらん…」と。……　大人は疑う。**

「大人たちは、もしも子どもが顔を赤くしたりどもったりすると、すぐに、"うそをついているか後ろめたいことをしている"と決めつけてしまう。それだから子どもは、大人たちの疑い深そうな目つきを感じただけで、もう怖くなって心臓がどきどきしてしまう。だから、あえて大人のほうを見ようとしないのだ。
　人の目を、まっすぐに見るようにと言われるが、そんなことが何の役に立つのか。大人の恥知らずな人、正直でない人も、でたらめのうそをまばたき１つしないで言えるからだ。（もう一度)」

## d.「もうなくなったって。こないだ買ったばかりでしょ。」
　**やっぱり疑っている。**

「子どもたちのあいだでは、大人と違って、よくものの貸し借りをする。だから、何か貸すものを持っていなければならない。そうは言っても小遣いをそれほどもらえないから、どうしたらいいのか。親はだめだと言うし、子どもは困る。そのうえ、親が子どもを信用していないと、なお困るのである。
　…大人が正直者なら、皆が彼を信用する。僕たち子どもは、いくら正直で

あっても無駄。それでも疑われるのだから。
……
　"またなの、この間、買ったばかりじゃない"
　子どもの心は傷つく。……子どもは買い食いをすると思っている。(もう一度)」

　信用されないだけでない。大人だったら侮辱されていると思うだろう。

e. 僕たちはとても「軽い」存在として扱われる。「大人たちに向かって「外へ出ろ」などと誰もいわないのに、僕たちが子どもだから……。
そして言葉はすべてこんな具合に使われる。

　「大人なら　せっせと忙しそうに働く　　子どもなら　騒々しくする
　　大人なら　冗談を言う　　　　　　　　子どもなら　ふざける
　　大人なら　悲しむ　　　　　　　　　　子どもなら　めそめそする
　　大人なら　大胆だ　　　　　　　　　　子どもなら　向こう見ず
　　心配があっても
　　大人なら　悩む　　　　　　　　　　　子どもなら　しかめっつらをする
　　大人なら　気をとられる　　　　　　　子どもなら　そそっかしい(もう一度)」

　子どもも、せっせと働いているし、冗談も言うし、悲しむこともある。大胆なことをやってみたり、深く悩んでみたり…。大人はどうして子どものことを一緒に考えられないのか。他方で、しばしばやるように子どもの言葉に合わせて、我々がそれをまねて話す時のことはどうか。子どもの表現が仮に「幼稚」でも、子どもの悩みが幼稚だということにはならない。

f. **興奮して？　うまくしゃべれない。**

　「(大人ならば)何か熱中していることについては、より上手に話ができる。子どもにとっては、これは全く反対である。子どもたちは、いちばん興味を持っていることを話すのは苦手なのだ。まるで、上手に表現できなかったらどうしようかと思っているようだ。学校が正確な言葉で話すようにと求め過

ぎるからであるし、生徒の話すことを全部成績につけていくからなのだ。(もう一度)」

　私たちは、「ゆっくりと順を追ってきちんと話してごらん…?!」と言っていないか。子どもの話は、文法にそった正しい言葉でなく、感性で聴くものなのかもしれない。

**g.「痛い。」「大丈夫、そんなの痛くない。」**
　**別の「痛み」。「これが現実だ、しかたがない。」**

　大人が子どものことを全くわからないのは、わからなくなっているのは、なぜか。

　「子どもは、痛みや侮辱や不公平に慣らされていない、そのためにより頻繁に泣き叫ぶのである。(尊重)」

　「大人たちは苦しいことにもう慣れている。あきらめてもいる。しかし僕たち子どもは、まだ、苦しみに逆らいたいし、憤慨もしたい。(もう一度)」

　私たちは、自らの感性を鈍らせることによって大人になる。だから子どもの感じることに鈍感になる。しかし、それは単に足に擦り傷や切り傷をつくる痛みのことだけではない(ばんそう膏を貼ってもらう時の子どものあの大騒ぎ、恐怖)。
　大人は、すでに「あきらめ」、「妥協」し、「慣れ」てしまっている、そういう「痛み」がある。子どもはそうではない。あきらめないのだ。この世の「苦しみ」「痛み」「不公平」に対して。だから傷ついてもいる。実は同じ現実に生きているのに、大人は子どもの痛みに近づいていけないでいる。
　結局、私たち大人は、「理解できない子どもに説明できない」という口実でもって、現実から逃げているのである。「なぜ大人は戦争をするの」「何か悪いことをしたの」「どうなったら戦争は終わりなの」。私たちは子どもの問いに答えられるだろうか。
　感性あふれる子どもとともに生きることが大事なことだと感じることがしば

しばある。それは人間として当然のことなのだ。おそらく、子どもに嫌疑をかけずまっすぐに人間として向き合ったときに、子どもが教えてくれることは私たちの「現実」を超えていくものだろう。

子どもと「ともに生きる」とは、我々のレベルで子どもを考え、協力させることでもなく、子どものレベルにおりてそうすることでもなく、以上にみてきたような意味で、我々がなしえないところで、子どもの協力を仰ぐということなのかもしれない。連帯して人間の権利を前進させるために。

私たちは、子どもの権利を守る。というとき、それはなぜ必要なことだと考えてきたのだろうか。未来のため？　だれの？

子どもの権利は、「人権中の人権」だというひとつの認識がある。これはとくに教育関係者の間で定着してきた考え方である。子どもの権利を守ることは、子ども固有の権利、そのとくに中核にある成長・発達権の保障を通じて、将来の大人の人権を保障していく、また、同時に、自らの権利状態を省みるべき大人の権利、という意味においてである。

しかし、コルチャックは、別の考え方、認識をもっていた。子どもの固有の発達の権利が現在から未来へというタテの時間軸のなかで考えられてきたことだとすれば、コルチャックのそれは、現在、現時点においてヨコ並びに相互に関係しあう権利として考えられてきたといえる。

子どもがその充実した子ども時代を保障されてこそ、大人の人間としての権利が保障されると考えるのに対して、現時点において子どもに十分な子ども時代を保障することが、現時点の大人には相対的に欠けている人間的特性を両者の関係＝人間全体のなかで補うことになると考えることの方が、大人と子どもの両者の関係を前進させるのではないだろうか。人権の歴史を前進させる過程において、最後尾に現れた子どもの権利は、他と連帯して進むはずであるし、そうでしかありえないのではないか。

## 3. 教育者の責任と成長（教師・教育者へ）

数々のまちがいを私たちがしないようにするために、何を考え、どう子ども

に接したらよいのか。別の問い方をするなら、本当の子どもは、どこにいるのか。あるいは、子どもが望む権利とはどのようなものなのか。

## ①どうあるべきかではなく、どのようにありうるか
### 子どもにではなく子どもと

以下の引用は、夏季コロニーでの彼の失敗から得たテーゼである。

「ある日森のなかで話をしたときのこと、私ははじめて、子どもにではなく、子どもと話をしたのである。それも、私が望むところの彼らがどうあるべきかということについてではなく、彼ら自身がどのように望み、どのようにありうるかということについて彼らと話をしたのである。」そして、「おそらくそこではじめて私は、子どもには学ぶべき多くのことがあることを、そして、子どもは要求し、条件を付け、その条件付きで実際やるということ、また、そうする権利をもっているということを理解したのである。（夏季コロニー編15）」

子どもと大人の関係のなかにある問題を乗り越えるためには、私たち大人のなかにある、子どもに対して「こうあるべき」だという、それが子どもに対して押し付けであるにせよ願いであるにせよ、また、大人が両者の関係以外のところから持ち込んできたにせよ、自らの経験や過去に基づいて生み出してきた信念からにせよ、一旦それを両者の関係から大人自身がとり除く必要があり、そうしない限り、大人は子どもの望みを見ようとしたり聞き取ろうとしたりしないし、また、そういった大人に対して子どもも自ら話そうとはしないものなのだということである。子どもと大人の間にある問題は、両者の関係性のなかで解決されていく問題なのであって、大人がひとり解決しようとしてできる問題ではない。ひどく単純なことではあるが、きわめて重要なテーゼである。

1. 子どもにではなく子どもとともに。
2. 大人が望むところの子どもがどうあるべきかではなく、子ども自身が自らをどのように望みどのようにありうるのか。

教育という世界は、「子どもがどうあるべきか」で満たされている世界である。これはコルチャックから、あるいは子どもから、つきつけられた困難な課

題である。子どもは今どうあるか、そこからである。

## ②教育者は子どもの明日にではなく、まず今日という日に責任を負う

「骨折りということの話ならば、今日の方がより困難なものだ。(家庭編40)」

「教育者は、はるか将来に向かって責任をとることを義務づけられているのではなく、彼はことごとく今日という日に責任を負っているのである。このフレーズが反発を招くことを私は知っている。普通は、ちょうど逆のことが考えられているが、私の確信では、まちがいである、誠心誠意。しかし、本当に誠心誠意(そう考えられているの)か？ いやたぶん、ごまかしだ。責任を猶予し、どの1時間においても責任をきびしく問われるすでにある今日よりも、はっきりとしない明日に向かってその責任を先延ばしすることの方が好都合だ。間接的には教育者は社会の前で未来に対しても責任を負っているが、しかし、直接的にはまず第1には生徒の前で現在に対して責任を負っているのである。

明日という日の高尚なプログラムの名において今日という日をどうしても軽視しがちである。(1925年「理論と実践」)」[342]

「今という時間を、まさに今日という日を尊重されよ！ もし我々が子どもに、意識的な責任ある現実をもって今日という日を生きさせてやらなければ、いったい、子どもはどのようにして明日を生きることができるのか。

ふみにじることなく、圧力をかけることなく、明日の奴隷にもどすことなく、非難することなく、急がせることなく、追い立てることなく……。

明日の名において否定する？ いったい、それは、それ程魅力があるものなのか？

私たちは、いつも、これをあまりにも明るいペンキで塗りたくってきたのではないか。(尊重)」

子どもの今に対して、どのように大人は考え行動しているだろうか。今ここにこの瞬間に悩んでいる、あるいは何かを求めている子どもに対してである。これを明日に先延ばしすることなく、また、大人の考える明日のために子ども

にとって大事な今日を犠牲にすることなく、その悩みや求めに対して責任をもって対応することが教育者（大人）の任務である。充実した今日があってこそそれに続く明日があるのであり、その逆ではない。そして、また、明日は明日でそれ自身充実したものであることによって、はじめて子どもの未来は確かなものになっていくのである。「充実した」明日のために今日を過ごすのではない。明日というのは、いつも想像上のことであって、大人がいうほどにはバラ色ではない。

　「子どもの未来のために」という言葉（社会的なスローガン）はそれだけでは危ういものなのである。これはあなたの将来のために……コルチャックによれば大人のエゴイスティックな偽善的願望であるが、これと同じものになりかねない。教育という営みは、子どもの「将来や未来のため」に行われるべきものなのか。過去に何度も問われてきた問題ではあるが、少なくとも子どもの現在を無視した未来はないということだけは銘記されていいことである。

## ③子どもの「現実」から、
## 　子どもの「望み、願い、要求する権利……」を聞かれよ

　理想的な教育をめざして、特に若き教育者は子どもの「教育」に立ち向かう。それがそう容易でないことにすぐに気がつく。どういう社会の中のなかで子どもは生きているのか。例えば、国家は官製の愛国主義を求め、……企業家は誠実さを求め……、だれが？　それはだれかが今問題なのではなく、そこにいる子どもにとっては現実なのである。

　幻想をもたず、その「現実」社会のなかに生きる子どもに直接、何が望みなのか願いなのか要求なのかを聞くしかない、そこから始めるべきだと。

　「子どもにあらゆる精神的な諸力の調和的な発達の自由を保障し、かくされた可能性をことごとく導き出し、善なるもの、美、そして、自由への尊敬の念を育てること……無邪気な者、やってみるがいい。……国家は、官製の愛国主義を求め、教会は教条的な信仰を、将来の企業家は誠実さを求め、それらすべてが、平凡さと温順さを求めているのだ。過度に強ければ打ち砕き、物静かであれば押さえ込み、表裏あるものは時折買収し、貧しきものには常に道を切断する。だれが？　そうだれでもない。現実生活だ。

……。

　子どもには、望み、願い、要求する権利があり、成長する権利とそして成熟する権利、また、その達成によって果実をもたらす権利がある。ところが、教育の目的は、騒がないこと、靴をやぶらないこと、よく聴き指示をこなすこと、批判しないこと、また、それらすべては彼にとっての善であることを信じることなのである。(寄宿編10)」

## ④百人の子どものなかに百人の人間性を見られよ

　「百人の子どもは百人の人間だ。それは、いつかどこかに現れる人間ではない。まだ見ぬ人間でもなく、明日の人間でもなく、すでに今、人間なのだ。小っちゃな世界ではなく、世界そのものなのだ。小さな人間ではなく、偉大な人間。『無垢な』人間ではなく、人間的な価値、人間的な美点、人間的な特徴、人間的な志向、人間的な望みを確かに持った存在なのだ。(寄宿編14)」

　すでに見てきたように、子どもを「観る」とき、しばしばできあいの、つくられた「基準」あるいは、標準をもって子どもを区分けする。それは「社会的な」レベルでもつくられる。例えば、「普通の子ども」がキレるというテーゼは、どういうことなのか。そもそも「普通の子ども」というのは存在するものなのか。コルチャックの時代でいえば(今もそうか？)、国家によって求められる「愛国主義」、教会の求める「教条的な信仰」、企業家が求める「誠実さ」をもつ、また、それら3者が共通に求める「平凡さと温順さ」をもつ子ども、そういった子どもが「普通の子」として社会的に受容されているのではあるまいか。
　我々は、子どもの成長発達に関するつくられたマニュアル標準に対する警戒を怠らない必要があるだけではなく、社会的につくられるものに対してもそうする必要がある。
　でなければ唯一(オンリーワン)のその子自身として、そのあるがままの存在を「観る」ことも認めることもできないのである。子どもの「唯一性」、困難だが教育という営みはそこから出発するということである。
　「教育者よ、子どもの世界のファーブルたれ。」(夏季編49)とコルチャックが言うとき、それは単に子どもに対する鋭い観察者となれと要求するだけではなく、百人の子どもがいれば、そこに百人の人間がいることを確かめよという

ことを願っているのである。

## ⑤自分らしくあれ

若い教師に向かって、いかにすべきかを伝える。もう一度、教育を人間の原点にもどって探究すべし。

「自分らしくあれ、固有の途(みち)を探せ。子どものことを分かろうとするまえに、まず、自分のことを知りなさい。彼らの権利や義務の範囲について輪郭をつかもうとする前に、あなた自身で何ができるかということを自らに答えてやりなさい。あなたがあなた自身、他でもない、何よりも先によく知り育て教えなければならないのは子どもなのである。
　教育学というものが、子どもに関する学問であって人間に関する学問ではないと見なすことは、最も深刻な誤りのひとつである。(寄宿編8)」

子どもを人間として尊重し、子どものうちに人間を探究すること。彼の子どもに対する基本的な態度である。そのために教育者の側は何をまずすべきか。何かの知識を身につけることを、例えば「子どもの権利」とは何かを追求しようとする前に、自分という人間がどういう人間であり、人間として子どもに何を伝えることができるのか、そこから始めることが必要だと。教育学が子どもを対象とする学問であることはまちがいとは言えないが、それは人間としての子どもを対象とするという姿勢を忘れていない限りのことであり、そして、また、教育者が自分自身をどのように人間として成長させるのかあるいはいかなる人間でありうるのかという自分自身に対する省察を一方の極に含んで、両者、教育者と生徒の関係は成り立つのであり、その両者の関係を包んでその学問はあるはずだというのである。

## ⑥教育者の成長

教育者は、また、子どもに、影響され、学ばされ、そして、育てられるのだという。それは私たち大人とは異なる経験や感性の豊かさなどのゆえである。ときには仲間裁判のような子どもとの共同の自治の中で、再考や熟考を求めら

れ、自らを成長させる。

「子どもは私を経験によって豊かにしてくれる。私の見解や私の感性の世界に影響を与えてくれる。私は子どもから指令を受けとり、そして私は自身に要求し、自らを叱責し、自分に寛容さを示すか、あるいは、身の証しを立てるかする。子どもは私に学ばせることもあるし、私を育てることもある。(子どもによる教育者の教育)」

こうして彼は、ごく簡潔に、教師の人間的成長を次のように定式化して、自らを戒め、将来の教育者たちに向かってはその成長を激励していた。

「教育者は人間(子ども)を理解し、そして社会(子どもの集団)を理解しながら働くことによって、重要な価値ある真理の理解に到達・成長するものだ。自分に対する警戒を怠らないこと、そういった労働を軽視すれば、堕落するのである。(子どもによる教育者の教育)」

## ⑦子どもの涙を理解できる教師に

彼は実践家である。

「実践、これは私の過去であり、私の人生であり、主観的な経験の総体であり、過去の失敗、失望、敗北、勝利と大勝利、否定的な感情と肯定的な感情、これらの記憶である。(理論と実践)」

また、彼は次のようにも言っている。「教育者の財産とは、自己を不安にする諸課題の数と重みである。(『子どもをいかに愛するか』第2版の序文)」
彼が経験、失敗のなかでつかんできたもの。子どもと相対する実践において最も重要なこと。これを彼は『理論と実践』のなかで次のようにいう。

「…教育活動のこの最初の段階とは何なのか。
　もっとも肝要なもの、これを私は仮説する。
　教育者というものが冷静に事実を評価しながら、できなければならないこ

と。それは、任意のケースで任意の者を丸ごと赦すということ。
　すべてを理解すること、これはすべてを赦すことである。
　…子どもに対して、その子が今存在するために、また、その子が生まれあるいは生活が彼を育ててきたようにして今のその子があるということのために、憤りをおぼえる者、ふくれる者、侮辱を感じる者は教育者ではない。恨みがあるのではない。あるのは悲しみだ。（理論と実践）」

　コルチャックが、教育者はとりわけ子どものことを理解すべきというとき、その悲しみを理解できるか否かということを要求する*。彼はいう。寄宿学校に並ぶベッドの横で「私はこの泣き声を知っている。あの子だ。子どもの数だけ、泣き声の数がある」と。

*「だれが教育者になれるか」と題される論文にも同様の主旨のことが述べられている（A. フリットナー，H. ショイアール編（石川道夫訳）『教育学的に見ること　考えることへの入門』玉川大学出版部, 1994年。コルチャックの著作『だれが教育者になれるか』所収を見よ）

　以下は『子どもをいかに愛するか』「寄宿学校編」の最終章に記されている有名な言葉である。

「自分（の実際）の歳より10歳も上であるような子どもたちが、まれにではあるが存在する。そのような子どもたちはいろいろな世代の特徴を持っており、その脳内には苦難に満ちた数世紀の血みどろの苦しみが蓄積されている。わずかな刺激に対してさえも、潜在している痛み、悲しみ、怒り、反抗が表面に噴き出してきて、どうということもない刺激なのに、それに対し不相応な過剰な反応をしているような印象を与える。泣いているのは子どもではない。過去の数世紀が泣いているのだ。嘆き悲しんでいるが、その子どもが部屋の隅に立っていたことによる悲しみではない。抑圧され、迫害され、虐待され、追放された過去の数世紀の悲しみなのだ。詩的*に過ぎるだろうか。そうではない。答えが見つからない問いかけをしているだけだ。（寄宿編85）」

*「詩的」という部分がモニカ・ペルツの翻訳本では、「政治的」と誤訳されている。モニカ・ペルツ著、酒寄進一訳『私だけ助かるわけにはいかない　コルチャック』（ほるぷ出版, 1994）。しかし、政治的と訳されても違和感がなかったのは、ポーランドの歴史ゆえで

あろうか。

1929年『子どもの尊重される権利』において、医者でもあり教育者でもあった彼は、教育者に向かって、次のように要求している。

「医者は、死の淵から子どもを引きずりあげた。教育者の課題は彼を生かし子どもであることの権利を獲得させることだ。(尊重)」

# あとがき

　ここでは、子どもの権利のパイオニアたち、J. コルチャックと K.N. ヴェンツェリ、また、J. コルチャックと E. ジェブとの関係を整理することを中心にしながら、たぶんに仮説的であるが、草創期の子どもの権利史についてまとめる形であとがきを書いてみたい。

　本書ではコルチャックの子どもの権利探究の営みを中心に、これを 19 世紀末から 20 世紀の 1920 年代に至る当時の、ヨーロッパの歴史の中で考察することを試みた。
　この時期は一方で近代工業化社会への転換に伴う子ども期の生活に様々な変化がもたらされる一方で、公教育の制度的確立期にある社会・国家が、ヨーロッパで戦争が一時的に休止状態の世紀転換期にもあって、歴史上はじめて子どもの生活・子ども期を全体としてとらえ始めた時期であり、教育・医療・司法・福祉といった様々な領域で、子どもへの関心が一挙に高まった時期であった。子ども期の人間をいかに守るか、当時一般化する「児童保護」の概念は、「児童」、「保護」ともに多義的であった。そういった時代のなかで小児科医のコルチャックは、「子どもの総合」を目指して、半ば野心をもって孤児院の子どもの世界に入り込んだ。そこで彼は、医と教育における思想家・実践家として、社会における子ども理解・認識を刷新することを目指し、また、独立を果たしたポーランド社会・国家における子どもの社会的地位の向上を目指して、子どもの人間としての尊重を要求した。世紀転換前後、彼の中で確信となりつつあった子ども観（子どもはすでに人間）を軸にして、彼の子ども＝人間観・子どもの権利思想が形成されていくことになる。
　20 世紀への世紀転換は女性解放運動家のエレン・ケイが女性の世紀から児童の世紀へと期待をこめて述べたように、この時期は女性の権利と並んで、子どもの権利という観念が各地に現れ出し、この観念が、急激に進展する社会革命を背景とするロシアにおいては極めてラディカルな形で理論化される。1905 年革命期から準備されるヴェンツェリの 1917 年子どもの権利宣言がそれである。この時期ポーランドは 18 世紀末以来ようやく独立して国家・社会を再構

築する過程で、直接間接にロシアの影響を受けることになる。コルチャックはそこから子どもの権利要求の社会的な根拠を借用することになる。

　ヴェンツェリは、社会階級（労働者や農民）の権利要求運動、被抑圧民族の権利要求運動、加えて女性の権利要求を背景にして、子どもの権利要求をしたが、1918年の『子どもをいかに愛するか』また1921年の『春と子ども』といったコルチャックの著作のなかで、それらの影響がはっきり示されている。ただコルチャックの場合、子どもの権利観念は、文学者ユゴーの影響や同じくトルストイの子ども＝人間思想の影響を受けて、いわば人文思想としての人間の権利要求を基盤としていた。ポーランドにおいて彼に階級的な基盤があったわけでもないし、またポーランドに同化したユダヤ人として拠り所とする民族的基盤も欠いていた。ただ、歴史の流れは、抑圧される階級、民族、そして、女性とともにあり、これらとの連帯が子どもの権利の前進にとって不可欠という認識を有していたであろう。人権の歴史のいわば最後尾にある子どもの権利について児童文学マチウシの連作の中では直に子どもに向けて語っていたことはすでに見た通りである。

　こういった歴史の流れの中にあって、コルチャックの子どもの権利思想、とくに彼の言うマグナ・カルタ子どもの権利3権はどんな特徴をもっていただろうか。

　それは、当時次第に新教育運動・思想の中で理論化されていく、我が国でよく知られているフランスのワロンの子どもの（固有の）権利論とは異なり、子ども＝すでに人間という彼の特有の思想を基軸とするどちらかといえば子どもの人権という考え方であった。彼のマグナ・カルタ子どもの権利3権は、現代風にいえば、順に1. 人間は自分の意志をもって自己決定していくものだ、2. 常に現在においてそれと向き合い解決していくこと、3. 自分が自分自身であり、自分らしくなっていくことが保障されるべきだと、そのように置き換え可能な、「死」に対する権利・「今日」という日を生きる権利・「あるがまま」で存在する権利が子どものもっとも基本的な権利であると宣言した。この3つの権利は、彼の「子どもはすでに人間」という思想と整合的である。これから人間になるのではなくすでに何らかの意志を持つ存在であり、未来のためだけに生かされることなく今という瞬間を自分の力で生き、それは彼・彼女が彼自身・彼女自身であることの承認を求めている存在なのである。コルチャックのそれは、世紀転換期に形成され始めた、子どもは教育によって人間的に形成され完

成されるのだという一面的な近代思想が圧倒的になればなるほど、その思想と対立するものであった。

　さて、彼はE.ジェブの「ジュネーブ子どもの権利宣言」とはどのような位置関係にあったのであろうか。

　ジェブは、第1次世界大戦後の国際社会のなかで、戦勝国のイギリスのそもそもは慈善事業の団体を出自としつつも、国の利害と離れて、国際的児童救済事業（戦災孤児・浮浪児・貧困児・欠食児救済）の組織化とその活動に奔走し、その延長線で巧みに「子どもの権利」観念を救済・保護事業への意義づけに滑り込ませ、さらに1923年民間国際団体SCIU作成の文書を徹底した情報戦略をもって普及させ、国際連盟において決定的な意味を持つ決議（そして、将来的には国際的な制度としての子どもの権利）へと昇華させていった。こういったE.ジェブの努力は戦争と独立の混乱の時期のポーランドにいて、しかも戦地からようやく帰還したコルチャックに容易に伝わったとは思われない。コルチャックの方は、第1次大戦後ヨーロッパやアメリカの緊急の救援対象とされたポーランドの子どもたちのなかにあってその支援を、フランス革命直後の時期に「子どもの権利」を主張したトーマス・スペンスの議論に依拠しながら、人類の富・支援を受けることは、人類の3分の1にあたる人間としての子どもの権利だと正当化した。さらに、彼は、それ以前からの教育実践を土台にした子どもの自律的権利保障を要求し始めるとともに、その実践の現場から発想する「子どもの権利宣言」公布をめざし始めていた。

　ジェブとコルチャックとでは、明らかに活動の位相は異なっているが、いずれも、人間の権利という概念装置をいかに現実化・制度化するのかということを自らの課題とし、時代がなお人権・子どもの権利といった思考に冷淡・無理解な世界で孤立無援の闘いをしていた（彼女が宣言成立後に言及したフランス人権宣言に関する議論はこの時期においてなお「過激」であったし、コルチャックの議論は"ボリシェビキ"と非難された）。

　ただ両者の議論の舞台は、戦場や街路に放置された子どもの保護・救済を直接の目的とするジェブと、孤児院のなかの子どもを養育対象として、子どもが本来的に有する優れた力量を発掘しこれを発信しようとしていたコルチャックとの間に大きな差異があり、そこで形成された子ども観の相違も明らかであった。1989年の条約の精神、"権利主体としての子ども観"に連なるようなコルチャックの自律的な子ども観と、1989年の条約がそれでもなお圧倒的に保有

する保護的子ども観（その出発点に1924年ジュネーブ宣言が位置する子ども観）との違いは、そういった位相の差異によるものであろう。コルチャックは自らの思想的立脚点に立ってなおかつ本書で見たように、ポーランドでのその受容の在り方に異議を唱える形で、原理的にジュネーブ宣言を批判した。それが子どもの自律的な権利を認めていないこと、そして、それが現在の子ども自身の利害を代弁するものかどうか疑わしいという2つの理由からである。ただそれが子どもを保護するための唯一の国際的な文書であることは後に、子どもの窮地に立って、承認することになる。

　最後に、1920年代のコルチャックの意見表明・参加権についての彼の見解と試行錯誤について確認しておきたい。まずは、自ら考えた1918年「子どもの権利」3権を宣言した後、当時の医者たちが憲法に子どもの権利条項を規定して、権利付与を考えていた大人たちがおり、コルチャックもその1人であったが、自律的な養育実践を行いながら、子どもが子どもの権利を自ら考えることが必要ではないかと考えるに至り、児童文学マチウシの連作を通じて子ども自身に思考させ、1920年代末、最終的には、3権に加えるべき意見表明・参加の権利を考えていたということである（それは同時に出版したエッセイ『子どもの尊重される権利』—本書資料—で、しばしば言及されている）。この経緯は実践家のコルチャックらしい試行錯誤と考える。ただ、そこでも、その権利の実現は大人の態度次第であると付け加えているのである。子ども側の意見表明・参加の権利は、大人が子どもの話を聴き、受容するという姿勢を伴ってはじめて成立するという関係的な権利であり、コルチャックが言うには、正確に言うと大人がそこまで「成長」しなければならない、それが課題だということだ。ところで、そもそも長い人類の歴史の末に達成したひとつの到達点、子どもの権利条約の作成に子どもは参加したのか、子どもの意見は表明されてできあがったものか。それは大いに疑問だと、世界の子どもの権利（史）研究者が気づき始めている。歴史は先に進む余地を大いに残しているといわなければならない。

# 注

## はじめに

1 この会議については、以下にその概要を記録している。拙稿、国際コルチャック会議の開催とコルチャック子どもの権利研究の動向、『人間と教育』、2010年冬期号、2010年12月
2 C.Tsukamoto, Contemporary Educational Problems in Japan from the Perspective of Janusz Korczak's Views, Rok JanuszaKorczaka2012(The Year of Janusza Korczak 2012), Redakcja.
3 Janusz Korczak, The child's right to respect, Council of Europe Publishing, 2009, pp.88-89. また、以下を見よ。「さっぽろ 子ども・若者白書」をつくる会、『さっぽろ 子ども・若者白書2016』、p.230。
4 第Ⅰ部第1章の2と3並びに第Ⅲ部の第3章は、基本的に2004年拙著から再掲したものである。
5 ⑦の著作邦題は先行する邦語文献に安易に従ってきたが研究を進める中で誤訳と確信するに至った。

## 第Ⅰ部　第1章

6 アダム・ウォパトカ論文、"子どもの権利条約成立の周辺"より。下記文献所収。J.Bińczycka(red)., Humaniści o prawach dziecka, 2000.Warszawa, c.17-18.
7 A.Rowicka, Sytuacia dzieci w okresie okupacji Hitlerowskiej, Problemy opekunczo wychowawcze, 2007, N.7 (458), s.54-59.
8 B.リフトン『子ども達の王様　コルチャック物語』サイマル出版、1991年、p.111
9 太田堯『子どもの権利条約を読む』岩波ブックレット`156号、1990年、p.2-3
10 アダム・ウォパトカ論文、"ポーランドにおける子どもの権利条約"より。下記文献所収。Prawa dziecka : deklaracje i rzeczywistość / red. Jadwiga Bińczycka. 1999.
11 塚本智宏『コルチャック　子どもの権利の尊重』子どもの未来社、2004年、p.21
12 以下本節の生涯と作品の基本的なデータは、とくに注がない限り以下の論文によった。M.ファルコフスカ『ヤヌシュ・コルチャックの生涯と業績の暦』(M.Falkowska, Calendar of Life and Work of Janusz Korczak, Dialogue and Universalism (Polish akademy of sciences),Vol.VII, No.9-10/1997, pp.181-187 また、コルチャックの伝記研究に欠かせない文献としてファルコフスカによる著書（注13の文献）、また、コルチャックの伝記として厳密な注記を備えるもっとも信頼できる研究として、ポーランド語文献 Joanna Olczak-Ronikier, Korczak Proba biografii, 2011(Wyd.1-2002)を紹介しておく。
13 M.Falkowska, Kalendarz zycia, dzialalnosci i tworczosci Janusza Korczaka, (Janusz Korczak,Zrodla i Studia, Red.A.Lewin, Tom3) Warszawa, 1989, s.39,43,46,49,50-51,53
14 Tamze, s.69.
15 Tamze, s. 3.
16 Aaron Zeitlin, "The last walk of Janusz Korczak"(Janusz Korczak, Ghetto diary,

Newyork, 1978, s.8,13.

17 中村妙子訳『子どものための美しい国（王様マチウシⅠ世）ヤヌシュ・コルチャック』1988年（原書 King Matt the first, Janusz Korczak ; translated by Richard Lourie ; introduction by Bruno Bettelheim. — 1st ed. 1986, New York）p.491.

18 Януш Корчак, Как любить детей, Книга о воспитании, Москва, 1990, стр.152-3.

19 Tamze, s. 163.

20 Педагогические насление Януша Корчака（1878-1942）; Библиографический Указатель, Сост.Андреева Е.П., Гуревич, Научний ред.Рубенчик, НИИ, Общей Педагогики АПН СССР, Москва, 1978.

21 拙稿、第1章 欧米における児童の保護育成の歴史第4節「ロシア・ポーランド、戦争と革命のなかで」（喜多祐荘他編「児童福祉論」、中央法規、1994年）、pp.22-3

22 Е.Л.Мойтрис, Януш Корчак, <Советская Педагогика>, 1958, No.8, стр.137.

23 新保庄三『コルチャック先生と子どもたち』IUP、1996年、p.141；大井数雄訳『マチウシⅠ世王』影書房、2000年、p.397

24 スホムリンスキー著、笹尾道子訳、『教育の仕事』新読書社、1971年

25 中村妙子訳前掲書

26 近藤康子抄訳『コルチャック先生のお話　王様マチウシⅠ世』女子パウロ会、1992年（M. ワインデンフェルト、王さまマチウシⅠ世、フランス語版からの翻訳）

27 大井数雄訳『マチウシⅠ世王』影書房、2000年

28 Janusz Korczak, Universal significance of his work and Martyrdom (Polish akademy of science, " Dialogue and universalism", Vol. VII , No.9-10/1997.

29 J. ピアジェ（秋枝茂夫訳）『教育の未来』法政大学出版局、1982年

30 拙稿「歴史のなかの子ども――ヤヌシュ・コルチャック（ポーランド）と子どもの権利条約」北海道民教『民教』91号、1991年

31 M.Falkowska, Kalendarz…, dz.cyt., s.266.

32 近藤康子抄訳前掲書『コルチャック先生のお話　王様マチウシⅠ世』pp.241-242；近藤二郎『コルチャック先生』朝日文庫、1995年、p.108

33 Janusz Korczak,Janusz Korczak dziela, t.1, s.8. 以下、コルチャックテキストについては、巻末の文献リストを参照していただきたい。

34 Януш Корчак, Избранные педагогические произведение, под ред.М.Ф.Шабаевой, 1966, Москва, 470стр.

35 ЯнушКорчак, Избранные педагогические произведение, ответ ред.А.Г.Хрипкова, Москва, 1979, 473стр.

36 Януш Корчак, Как любить детей, Книга о воспитании, Москва, 1990.493стр.；Я.Корчак, Педагогические насление, сост.К.П.Чулкова, Москва, 1990.289стр.

37 Selected works of Janusz Korczak. [Selected from Polish by Martin Wolins. Translated by Jerzy Bachrach]. 1967, liv, 742p.

38 以下を参照。西井のぶ子「ヤヌシュ・コルチャックの「子どもの権利の尊重」について」『神戸女子大学教育学論文集』第5巻、1991年

39 O.F. ボルノウ（浜田正秀訳）書評論文「ヤーヌシュ・コルチャック著『子供をどのように愛するべきか』について」、『全人教育』250号、1970年。この論文は石川道夫氏のご教示による。

40  Ryszard Wasita,Foreign translation and books about Janusz Korczak, "Dialogue and universalism", No.9-10/1997, 173-174；Janusz Korczak dziela, t. 1, s.8-10)
41  Janusz Korczak, Bibliographie, Quellen und Literatur(dt.)1943-1987, Heinsberg,1987.
42  When I am little again and the child's right to respect by Janusz Korczak, Trans. E.P.Kulawiec, Lanham-New York-London, 1992.
43  ベティ・J・リフトン『子どもたちの王様　コルチャック物語』サイマル出版会、1991 年 (The king of children : a biography of Janusz Korczak / Betty Jean Lifton. London : Chatto & Windus, 1988. [404] p., [8] p.)
44  Ryszard Wasita, op.sit.p.175.
45  Janusz Korczak, Zycie i dzielo, Komitet redakcyjony：Hanna Kirchner, Aleksander Lewin, Stefan Woloszyn, Warszawa, 1982, s.331.(「ヤヌシュ　コルチャック　生涯と仕事」1978 年 10 月 12-15 日、ワルシャワ国際学術会議資料、1982 年、ワルシャワ、編集委員会　ハンナ・キルフネル、アレクサンデル・レヴィン、ステファン・ヴォウォシン)
46  Janusz Korczak, Samtliche Werke, Ediert von Friedhelm Beiner und Erich Dauzenroth, in16, Banden, 1996-2011.
47  Erich Dauzenroth, The fifteenth auxiliary saint, "Dialogue and universalism", No.9-10/1997, pp.171-172.
48  本節は、2010 年コルチャック国際会議（東京）での報告をもとに執筆。
以下は、主として国際会議報告にて紹介したもの。

①コルチャック研究論文・著書等リスト 1.1970-1988
1970　O.F. ボルノウ（浜田正秀訳）書評論文「ヤーヌシュ・コルチャック著『子供をどのように愛するべきか』について」、『全人教育』250 号、1970 年
1978.4　大井数雄「ヤヌシュ・コルチャクの現実と虚構」『教育』、1978 年 4 月
1978.4　国連 "IYC（International Year of the Child）リポート" 第 9 号
　　国際児童年 "ヤニュシュ・コルチャック　子どもたちのチャンピョン"
　　コルチャックの紹介記事　ＩＹＣ事務局の発行物か　国連・ニューヨークに事務局
1984.7/21-25　劇団仲間公演 No.84 子ども劇場「少年マチウシ」
　　（ヤヌシュ・コルチャック作、大井数雄訳・脚色、稲岡正順演出）
1986　近藤二郎「コルチャックの生涯――ゲットーの子らの死の行進に殉じた小児科医」『朝日ジャーナル』28（47）、1986 年
1988　中村妙子訳『子どものための美しい国（王様マチウシⅠ世）ヤヌシュ・コルチャック』（ブルーノ・ベッテルハイムによるコルチャック伝）1988 年（原書 King Matt the first, Janusz Korczak；translated by Richard Lourie；introduction by Bruno Bettelheim. ― 1st ed.

②コルチャックと演劇 1978-2009
1978.4　大井数雄「ヤヌシュ・コルチャクの現実と虚構」『教育』1978 年 4 月
1984.7/21-25　劇団仲間公演 No.84 子ども劇場「少年マチウシ」
　　（ヤヌシュ・コルチャック作、大井数雄訳・脚色、稲岡正順演出）
1988　中村妙子訳『子どものための美しい国（王様マチウシⅠ世）ヤヌシュ・コルチャック』
1995　井上文勝著、コルチャック没半世紀記念実行委員会監修

『戯曲コルチャック先生・ある日旅立ち』文芸遊人社、1995 年
1995.8　演劇「コルチャック先生」東京・大阪上演　劇団ひまわり、朝日新聞主催
1997.8　演劇「コルチャック先生」東京・大阪再演　劇団ひまわり、ワイダ監督監修・協力
1997.10　演劇「コルチャック先生と私たち：子どもと魚に声はない」からだとこころの出会いの会主催
2000　大井数雄訳『マチウシ I 世王』影書房、2000 年
2001　演劇「コルチャック先生」劇団ひまわり
2005.8-11 月　演劇「コルチャック先生と未来の子どもたち」劇団ひまわり
　ヤツェク・ポピェル脚本　アレクサンデル・ファビシャク監修
2006.2-3 月　スコットランドの劇団　ダンディ・レップ・シアター（Dundee Rep Theatre）「コルチャック先生の選択」子どもの人権をテーマ、横浜・広島
2006.9　劇団俳優座「コルチャック」東京（加藤剛・榛名由梨）
2009.7　劇団俳優座「コルチャック」東京・埼玉・千葉

③コルチャック研究論文・著書等リスト 2. 1989-1991　伝記研究と権利条約
1989.11.20　国連子どもの権利条約採択
1990　近藤二郎『コルチャック先生』朝日新聞社、1990 年
1990　アンジェイ・ワイダ監督、映画「コルチャック先生」全国上映
1991　塚本智宏「歴史のなかの子ども——ヤヌシュ・コルチャック（ポーランド）と子どもの権利条約」北海道民教『民教』91 号、1991 年
1991　西井のぶ子「ヤヌシュ・コルチャックの「子どもの権利の尊重」について」『神戸女子大学教育学論文集』第 5 巻 1991 年
1991　ベティ・J・リフトン『子どもたちの王様　コルチャック物語』サイマル出版会、1991 年（The king of children : a biography of Janusz Korczak / Betty Jean Lifton. London, 1988.
1991　OMEP「子どもの権利条約」東京フォーラム、1991.11.23
　ヤドヴィガ・シコルスカ「子どもの権利をめぐるポーランドの状況」（前ポーランド OMEP 委員長、小児科医）お茶の水女子大学にて。

④コルチャック研究論文・著書等リスト 3. 1992-2009
1992　近藤康子抄訳『コルチャック先生のお話　王様マチウシ I 世』女子パウロ会、1992 年
1993　近藤康子抄訳『もう一度子どもになれたら』図書出版社、1993 年
1993　石川道夫「ヤヌシュ・コルチャックにおける教育と信仰——彼の「無信仰者の祈り」を手がかりとして」『比較思想研究』19 号、1993 年
1994　モニカ・ペルツ、酒寄進一訳『私だけ助かるわけにはいかない　コルチャック』、ほるぷ出版、1994 年（" Nicht mich will ich retten! " ; die Lebensgeschichte des Janusz Korczak / Monika Pelz, Weinheim : Beltz und Gelberg, 1997, 114p., [8] p.
1994　石川道夫「子どもたちと生きるために——ヤヌシュ・コルチャックの教育論」日本ペスタロッチー・フレーベル学会紀要『人間教育の探求』第 7 号、1994 年
1994　O.A. フリットナー、H. ショイアール編（石川道夫訳）『教育学的に見ること、考えることへの入門』玉川大学出版部、1994 年。コルチャックの論文「だれが教育者になれるか」所収。

1994　O.A. フリットナー、森田孝監訳『教育改革二十世紀の衝撃——イエーナ大学連続講義』玉川大学出版部、1994年
1995　塚本智宏「資料紹介:コルチャック著『子どもの権利の尊重』」『季刊教育法』92号、1995年
1995　近藤康子『コルチャック先生』岩波ジュニア新書、1995年
1995　近藤二郎『コルチャック先生』朝日文庫、1995年
1995　井上文勝、コルチャック没半世紀記念実行委員会監修『戯曲コルチャック先生・ある日旅立ち』文芸遊人社、1995年
1995　新保庄三「コルチャック先生と子どもの権利条約」『子どもと教育』、1995年11月
1996　新保庄三『コルチャック先生と子どもたち』ＩＵＰ、1996年
1996　鈴木秀和、ピラーツィク,U.「コルチャックのホーム教育学と学校教育学」の翻訳と考察、『哲学と教育』(愛知教育大学哲学会) 44号、1996年
1997　石川道夫「コルチャックはどう子どもを愛したのか」『教育新世界』23 (1) 号、1997年
1999　「コルチャック裁判」近藤氏による提訴。
2000　大井数雄訳『マチウシⅠ世王』影書房、2000年
2000　本多英明　コルチャック先生と20世紀の児童文学、相模女子大学紀要 64A、2000年
2001　ヤヌシュ・コルチャック、サンドラ・ジョウゼフ編著　津崎哲夫訳『コルチャック先生のいのちの言葉』明石書店、2001年（A voice for child, edited by Sandra Joseph, London, 1999）
2001　松沢杏「子どもの権利条約」についての考察——コルチャックの思想から見た日本の対応と問題点——、日本女子大学教育学会『人間研究』37巻、2001年3月
2002　小田倉泉「ヤヌシュ・コルチャックの「子どもの現在」への考察」『保育学研究』第40巻2号、2002年
2002　塚本智宏「ヤヌシュ・コルチャック、子どもの権利の探求」『稚内北星学園大紀要』第2号
2002　塚本智宏「ヤヌシュ・コルチャックの子どもの権利思想」子どもの権利条約総合研究所『子どもの権利研究』創刊号、2002年、pp.31-38
2002　カーリン・ストッフェルス（大川温子訳）『モイシェとラザレ』未知谷、2002年
2004　塚本智宏『コルチャック　子どもの権利の尊重』子どもの未来社、2004年
2004　小田倉泉「モンテッソーリとJ.コルチャックの子ども存在に関する思想の比較研究」『モンテッソーリ教育』(37)、2004年
2004　小田倉泉博士学位論文、ヤヌシュ・コルチャックの生と教育思想に関する研究——子どもの権利思想に基づく教師教育論構築を目指して（東京学芸大学）
2004冬　日本ユニセフ協会「T・NET通信 No.26　子どもの権利条約採択・発効10周年 UNICEF Teacher's Network 通信」「コルチャック先生と子どもの権利」
2005　近藤二郎『"決定版"コルチャック先生』平凡社、2005年
2005.10月　横浜・宮城・大阪　クラップマン夫妻講演会「コルチャックと子どもの権利」神奈川保育問題研究会主催、バルトラウト・ケルベル・ガンセ「コルチャック博士の子どもの権利に関する思想」大阪・宮城
2006　塚本智宏「コルチャック先生"子ども"の探求——小児科医であり教育者であること」『北海道子ども学研究』No.10

2006　千葉梓「日本におけるヤヌシュ・コルチャック研究」(東京外国語大学卒業論文)
2007　小田倉泉「乳幼児の意見表明権とその実施に関する一考察——J. コルチャックの権利思想を基として」埼玉大学紀要、教育学部、56 (1)、2007 年
2007　塚本智宏「ヤヌシュ・コルチャックの子ども観と子どもの権利尊重の思想——子どもを人間としていかに愛するか」『市立名寄短期大学紀要』第 40 巻、2007 年 3 月
2007　翻訳・資料紹介「コルチャック先生の教育者教育　若い教育者へのメッセージ——著作からの抜粋・論文集」『名寄市立大学紀要』第 1 巻、2007 年 3 月
2008　乳幼児の「意見表明」と「最善の利益」保障に関する研究(課題研究報告　2007 年公募「乳幼児の権利と保育——子どもの声をどう読みとるか」)『保育学研究』、46 (2)、2008 年
2009　小田倉泉「ヤヌシュ・コルチャックにおけるユダヤ的民族性及び宗教性の検討」『人間教育の探究』(21)
2009　乙訓稔『西洋現代幼児教育思想史　デューイからコルチャックまで』東信堂
2008-2010　塚本智宏「コルチャック先生と子どもの権利」2008 年 12 月 -2010 年 6 月 (日本子どもを守る会機関雑誌『子どものしあわせ』に連載記事)

⑤コルチャック研究に関する日本教育学会(ラウンドテーブル)企画 2003-2017
2003　ヤヌシュ・コルチャック研究の魅力——研究の現状と課題
2004　ヤヌシュ・コルチャック「子どもをいかに愛するか」を読む
2005　ヤヌシュ・コルチャックと教育実践
2007　コルチャックと新教育——研究課題の整理と解明
2009　コルチャックの子どもの権利の内容と意義について——最近の研究動向の紹介と検討
2011　コルチャックの実践；サマーキャンプ活動について
2013　2012 "コルチャック年" とコルチャック教育・研究の動向
2015　コルチャック児童文学作品の教育学的検討
2017　コルチャックの思想と実践のなかの "道徳" 教育——その意義と限界

⑥ポーランド・ワルシャワ文献資料調査(塚本) 国際交流・教育・研究・普及活動 2007-2012
2007　研究交流・面談　W. タイス(ワルシャワ国立大学教育学部教授, 当時) ／バルバラ・タイス教授(ワルシャワ国立特殊教育アカデミー) ／ J. ヴィンチツカ(ポーランドコルチャック協会会長, 当時) ／マルタ・チェシェルスカ(コルチャック研究所, 資料研究者)
2008　コルチャック／ポーランドツアー企画「最後の行進からトレブリンカへ」
　　　コルチャック研究・教育フォーラム 2008-2009　日本子どもを守る会との共同行動
2009　子どもの権利条約国連採択 20 周年・コルチャック生誕 130 周年を祝して。11.23 講演と国際シンポの集い「子どもを人間としていかに愛し尊重するか」(共催：日本子どもを守る会・コルチャック研究教育フォーラム 2008-2009、後援：日本ヤヌシュ・コルチャック協会　明治大学
　　　講演 1　W. タイス(ワルシャワ大学教授, 当時)「子どもに対する犯罪　——第二次世界大戦中のポーランドの子ども」、講演 2　バルバラ・タイス(ワルシャワ特殊教育学アカデミー教授)「コルチャックの子どもの権利思想」。
2010　国際コルチャック会議の開催
2012　国際コルチャック年　東京会場と札幌会場で W. タイス教授による記念講演の

開催。ポーランドでは、ポーランド子どもオンブズマン庁主催の国際会議が開催（4-6th of December 2012 International Congress "The Right of the Child to Respect？challenges of the 21st century" Organizer）

2017　コルチャック／ポーランドツアー企画　子どもの権利条約研究所主催・日本ヤヌシュ・コルチャック協会後援　コルチャック記念館・ポーランド子どもオンブズマン庁など訪問。

## 第Ⅰ部　第2章

49　Janusz Korczak w getcie, Nowe zrodla, 1992, Warszwa, s. 135.
50　Janusz Korczak, Dziela, t.VII, s.262.
51　ハイム・A・カプラン『ワルシャワ・ゲットー日記　ユダヤ人教師の記録　下巻』風行社、1994年、p.189
52　アブラハム・レヴィン『涙の杯（高等学校教師　秘密のゲットー日記）』影書房、1993年、p.213
53　Ruta Sakowska, The Warsaw Ghetto 1940-1943.Warsaw
54　M.Rudnicki, My recollection of the deportation of Janusz Korczak,《Polin》,1990, s.219-223.
55　エマヌエル・リンゲルブルム『ワルシャワ・ゲットー——捕囚1940-42のノート』みすず書房、2006年、p.67-68.
56　フェリクス・ティフ編著『ポーランドのユダヤ人』未来社、2006年、p.208-9；E. Dauzenroth,Janusz Korczak –Zycie dla dzieci-, Krakow, 2005（E. ダウツェンロート『ヤヌシュ・コルチャック　子どものための生涯』2005年、クラクフ（ドイツ語版2002）、s.68
57　A.Lewin, Korczak znany i nieznany, Warszawa, 1999, s.51.
58　E.Dauzenroth, Janusz Korczak, dz.cyt., s.68-69
59　アブラハム・レヴィン『涙の杯』（高等学校教師　秘密のゲットー日記）　影書房、1993年,pp.369,382-3.
60　講演記録：センドレローヴァ「私はゲットーから彼らの死に向かってコルチャックと子どもたちが行進するのを見た」（ポ文・英文）。以下に所収　Janusz Korczak, Prawo Dziecka do Szacunku(The Child'Right to respect), Commissioner for Human Rights, Council of Europe, November 2009. なお、彼女の伝記で児童書に次のものがある。平井美帆『イレーナ・センドラー』汐文社、2008年。また、ごく最近マッシェオによる伝記も翻訳紹介されている。『イレナの子供たち』東京創元社、2019年。
61　同上
62　ローレル・ホリディ編『子どもたちのホロコースト』小学館、1997年、pp.184-186.
63　以下センドレローヴァに関する引用は前掲講演記録（「私はゲットーから彼らの死に向かってコルチャックと子どもたちが行進するのを見た」）による。
64　尾崎俊二『記憶するワルシャワ』光陽出版社、2007年、p.80
65　ウワディスワフ・シュピルマン『戦場のピアニスト』春秋社、2000年（英語原本は1999年、原書は1945年執筆、出版直後即絶版扱いに）pp.109-110
66　尾崎俊二、前掲書、p.136
67　Marek Rudnicki, op.cit., s.220.
68　以上、前掲ルドゥニツキの回想論文、並びに文献 E. ダウツェンロートの研究による。
69　http://edukacja.warszawa.pl/wokol-nas/jubileusze/rok-janusza-korczaka/3584_

wladyslaw-szlengel-kartka-z-dziennika-akcji
70 A.Lewin, op.cit., s.50.
71 Tamze, s.51.
72 前掲フェリクス・ティフ編著、pp.181-2, p.208
73 E.Dauzenroth, op.cit., s.67.
74 エマヌエル・リンゲルブルム、前掲書 p.345
75 シュピルマン前掲書、pp.109-110
76 M.Rudnicki, op.cit., s.220
77 前掲書シュピルマン、p.237
78 E.Dauzenroth, op.cit., s.14
79 彼がここで書いている"チクロンB"というのは彼シュピルマンの想像であろう。
80 A.Lewin, op.cit., s.50
81 前掲センドレローヴァの講演記録より。
82 G.Eichsteller, Janusz Korczak, His legacy and its relevance for children's rights today, M.Freeman(edit.) Children's rights : Progress and Perspectives, Leiden-Boston, 2011, p.497.
83 塚本智宏『コルチャック　子どもの権利の尊重』子どもの未来社、2004 年、p.51
84 岡裕人『忘却に抵抗するドイツ』大月書店、2012 年
85 新聞記事『恐ろしく疲労困憊の静寂 —Straszliwa, zmęczona cisza』（コルチャック最後の行進—インタビュー記事）日刊紙 Gazeta Wyborcza, 2012 年 8 月 4 日ポーランド語の記事より翻訳。
86 同上。
87 M.Michalak, Korczakowskie prawo do spolecznej partycypacji dziecka.Dzieciece obywatelstwo, Rok Janusz Korczaka 2012, Nie ma dzici-sa ludzie, Warszawa, 2013, s33-34.

## 第Ⅱ部　第 1 章

88 先行研究、研究の新しい動向については本章末に、研究動向①②を付して紹介している。
89 エレン・ケイ著『児童の世紀』（冨山房百科文庫 24、1974 年）ケイの思想に関しては以下を参照されたい。藤川信夫論「優生学から見た子ども」（小笠原道雄編『進化する子ども学』2009 年、福村出版）
90 ジュール・ヴァレス『子ども（下）』岩波文庫、2012 年；フィリップ・メリュ監訳高野優、訳坂田雪子・村田聖子『コルチャック先生　子どもの権利を求めて』汐文社、2005 年、p.41.
91 ヒュー・カニンガム著・北本正章訳『概説子ども観の社会史』新曜社、2013 年、(Hugh Cunningham, "The rights of child from the mid-eighteenth to the early twentieth century",《Aspects Education》50, 1994 ; Hugh Cunningham, Children and Childhood in Western Society since 1500, 2-nd Ed, 2005 （1-st, 1995), p.185.
92 П.И.Люблинский, Первый международный съезд по охране детства в Брюсселе,《Вестник Воспитания》1913, №6, стр.1-2,4-5.
93 К.Н.ВентцельОсвобождение ребенка,（1906）
http://anarhia.org/forum/ viewtopic.php?f=92&t=29068

94 前掲書『コルチャック　子どもの権利の尊重』p.61
95 篠原初枝『国際連盟』中公新書、2010年、p.129
96 前掲書『概説子ども観の社会史』pp.199-200,201,211,224.228,371
97 D.Marshall, "International Child Saving", The Routledge History of Childhood in the Western World, ed.by Paula Fass, London, New York, 2013, p.472.
98 本資料のとくに、国際会議に関連する事実については、主として以下の4文献より作成。1.M.Balcerek, Miedzynarodowa ochrona dziecka（M.バルツェレクの研究『国際的児童保護』）, Warszawa, 1988,2. ヒュー・カニンガム著・北本正章訳『概説子ども観の社会史』、新曜社, 2013年, 3. 篠原初枝『国際連盟』中公新書, 2010年, 4. Jorge Rojas Flores, The rights of the child in Chile：an historical view, 1910-1930（Los derechos del nino en Chile：una aproximacion historica, 1910-1930, Historia（Santiago）vol.3 no.se Santiago2007. http://socialsciences.scielo.org/scielo.php?pid=S0717-71942007000100002&script=sci_arttext
また、右欄に記した事実について、本節で利用している種々の文献から引用している。
99 賀川の子どもの権利に関する研究、また、当時の欧米知識人の間での子どもの権利論に関する情報交流の可能性について、森田明彦『世界人権論序説』藤原書店、2017年参照。
100 D.Marshall, "The construction of children as an object of international relations," p.115.
101 U.A.Domżał, Międzynarodowa współpraca w zakresie opieki nad dzieckiem（1918-1939）na podstawie publicystyki w II RP. 2009.c.111-2.
102 M.Balcerek, dz.cyt., s.75.
103 П.И.Люблинский, указ.статья, стр.38-39.
104 П.И.Люблинский, там же, стр.11.
105 当時の優生学思想やその歴史動向については、以下を参照。米本昌平他『優生学と人間社会』講談社現代新書、2000年
106 P.T.Rooke, R.L.Schnell, Internationalzing a discourse："Children at risk", The child welfare committee, and the League of Nations(1922-38),《New Education》, Vol.14, No.1, 1992, p.77.
107 D.Marshall, "International Child Saving", op.cit., p.472.
108 以下の文献を参考にした。Kate Douglas Wiggin, Children's Rights. A book of nursery logic, Boston；New York：Houghton & Co. 1892., reprinted；森田明「少年法手続きにおける保護とデュープロセス―比較史的考察―」『憲法学の展望』1991；カニンガム前掲書；М.Левитина, Права детства,《Свободное Воспитание》1913-1914г. № 7；Edward Dickinson,The Politics of German Child Welfare from the Empire to the Federal Republic（Harvard Historical Studies）1996；Jorge Rojas Flores, The rights of the child in Chile: an historical view, 1910-1930, op.cit.,
109 ジュール・ヴァレス、朝比奈弘治訳『子ども（下）』岩波文庫、2012年、p.241,p.275
110 森田明「少年手続きにおける保護とデュープロセス――比較史的考察」『憲法学の展望』1991年
111 同上
112 カニンガム前掲書、p.214
113 同上
114 Jorge Rojas Flores,The rights of the child in Chile: an historical view, 1910-1930 op.cit.
115 以下を参照。D.Kaluzniak, Geneza opieki nad dzieckiem i higiena wychowawcza na przelomie

XIX i XX wieku,《Przeglad Historyczno-Oswiatowy》2001, nr.3-4, s.73.
116 カニンガム前掲書 p.215、ここでは邦訳を訂正している（原著 pp.162-3）。邦訳ではすでに確固たる「子どもの権利」の思想や運動なりがジュネーブ宣言の前提としてあったかのように読めるが、そういったことは原著では書かれていない。
117 M.Balcerek, dz.cyt., s.76.
118 P.Veerman, The rights of the child and the changing image of childhood, Boston/Dordrecht, 1992, pp.87-88.
119 天野知恵子『子どもたちのフランス現代史』山川出版社、2013 年、p.94
120 藤原辰史『カブラの冬』人文書院、2011 年参照。
121 この著者ヴィアマンの経歴は興味深い。1948 年オランダ生まれ。福祉・医療施設で働いた後、1979 年から 1985 年までアムステルダムの心理特殊教育研究所で子どもたちのために働き、福祉の分野と教育の分野の情報交換の場をつくろうと開拓した。1982 年にオランダのヤヌシュ・コルチャック協会を創設し、コルチャック研究の研究者支援を行っていた。その後、1988 年からイスラエルに居を移し、イスラエル DCI を設立している。1993 年には「子どもの権利国際ジャーナル」の創設者のひとりとなった。
122 P.Veerman, ibid.
123 D.Marshall, op.cit., p.107.
124 Czeslaw Kepski, Dziecko sieroce i opieka nad nim w Polsce w okresie miedzywojennym（チェスワフ・ケンプスキ、『戦間期ポーランドの孤児とその保護』）, Wydawnictwo Uniwersytetu Marii Curie-Sklodowskiej, Lublin 1991, s.13.
125 Save the Children Fund《World's Children》1935, No.12, pp.88-89.
126 この直後、「敵国」オーストリアの被害の子どもの写真をリーフレットに掲載し英国当局に逮捕されたこともあった。（森田明彦、エグランティン・ジェブとジュネーブ子どもの権利宣言『子どもの権利条約ガイドブック』（子どもの権利研究第 18 号）2011 年、p.56
127 D.Marshall, The construction of children as an object of international relations: The Declaration of Children's Rights and the Child Welfare Committee of League of Nations, 1900-1924《The International Journal of Children's Rights》, Vol.7, 1999, p.107.
128 Waltraut Kerber-Ganse, Eglantyne Jebb - A Pioneer of the Convention on the Rights of the Child,《The International Journal of Children's Rights》, Volume 23, Issue 2,2015, p.275.
129 この連合の創設メンバーには、SCF の他、国際赤十字委員会やスイス子ども救済委員会が加わっていた。(E.Chanlett, G.M.Morir, Declaration of the Rights of the Child,《International ChildWelfare Review》, vol.22, 1968,p.4.）
130 《World's Children》1935, No.12, p.89.
131 P.T.Rooke, R.L.Schnell, "Uncramping child life"：international children's organisations, 1914-1939, International health organisations and movement, 1918-1939,1995, p.182.
132 《World's Children》, ibid.
133 L.Bolzman, The advent of child rights on the international scene and the role of the Save the Children International Union 1920-45.《Refugee Survey Quarterly》, Vol.27, No.4, 2009, p.28.
134 ジュネーブの UNOG 図書館で文献やアーカイブを閲覧した際、SCIU 文献の多くがフランス語版（筆者には能力の及ばない）資料で、文献収集にあたりローザンヌ大学の Leila

Chakroun にたいへんお世話になった。記して感謝の意を表しておきたい。
[135] 主として注の 118,127,131,145 の文献をここでは利用している。
[136] ヴィアマン（前記注 118,p.156）によると最終的な宣言作成のために SCIU 英国委員会に編纂委員会が設置された。スイスの総書記 Clouzot と G. Werner そして Mr.MacKenzie の 3 名が委員であった。またジェブはこの宣言に「ジュネーブ宣言」とのタイトル名を提案したという。
[137] この後日本もそうであるが世界の各地で子どもの権利宣言作成の活動に火をつけることになった。
[138] E.Chanlett, G.M.Morir, ibid.
[139] United Nations Economic and Social Council, E/CN.5/111, 8 March 1949.
[140] P.T.Rooke, R.L.Schnell, ibid, 1995, p.184.
[141] P.Veerman, op.cit., p.439..
[142] 喜多明人、世界の児童憲章『立正大学人文科学研究所年報』第 21 号、1983 年、p.83.
[143] この国際会議の活動は、当時の子どもをめぐる国際資料の蓄積や SCF などとの人脈のつながりなど本研究を進めるために大いに関心ある対象である。
[144] 新教育運動との関連について触れておく。1921-22 年は、この運動がジュネーブに拠点をおいて活発に活動する時期でその中心に A. フェリエール（1879-1960）がおり、子ども期の発達の固有の意義を盛んに議論していたのは周知の事実だが、H. ワロンが 1932 年までに「子どもの権利」概念とこの運動を連結させたことは周知のとおりである（堀尾輝久 1979 世界の教育運動と子ども観・発達観 岩波講座『子どもの発達と教育 2』参照）。ちなみにこの時期の 1924 年の SCF 年報の巻末に Who's Who が編集されそこにはフェリエール（A.Ferriere）が重要な人物としてその作品や活動とともに紹介されている。（An International Yearbook of Childcare and Protection, E.Fuller(Ed.), London, 1924, p.429) なお、彼の父親も心理学者・精神療法医でありまた SCIU との関係の深い国際赤十字委員会副総裁であった。また、後述の E. ジェブの友人 Suzannne Ferriere（1886-1970）は、彼の従姉妹にあたるという。児童保護救済運動と新教育運動の重なり・接触を今後究明したい。
[145] C.Mulley, The woman who saved the children : a biography of Eglantyne Jebb founder of Save the Children, Oneworld, 2009, p.305.
[146] Ibid, pp.277-8
[147] Ibid, pp.304-5.
[148] Waltraut Kerber-Ganse, ibid.
[149] 国連の児童福祉委員会のポストには、SCF/SCIU を代表して参加していたが、彼女の後任にはドイツのポリヒカイトが着任している。
[150] Save the child! : a posthumous essay, by Eglantyne Jebb 1929.
[151] 下記前掲 2 書、M.Balcerek, Międzynarodowa ochrona dziecka ; U.A.Domżał, Międzynarodowa współpraca w zakresie opieki nad dzieckiem.
[152] 前掲書、P.Veerman, The rights of the child and the changing image of childhood, Boston / Dordrecht, 1992.
[153] 前掲 2 論文、P.T.Rooke, R.L.Schnell, "Uncramping child life" : international children's organisations ; D.Marshall, The construction of children as an object of international relations 1914-1939.

[154] 前掲著書及び論文、Cunningham, "The rights of child from the mid-eighteenth to the early twentieth century", Aspects Education 50,1994；Hugh Cunningham, Children and Childhood in Western Society since 1500.

[155] 前掲書と前掲論文、Clare Mulley, The woman who saved the children：a biography of Eglantyne Jebb founder of Save the Children；Waltraut Kerber-Ganse, Eglantyne Jebb-A Pioneer of the Convention on the Rights of the Child.

[156] 前掲論文、L.Bolzman, The advent of child rights on the international scene and the role of the Save the Children International Union 1920-45.

[157] Children's Rights：Progress and Perspectives, Essays from the International Journal of Children's Rights Edited by M.Freeman, 2011, Leiden-Boston；Handbook of Children's Rights：Global and Multidisciplinary Perspectives, Ruck, Martin D.（EDT）/ Peterson-badali, Michele（EDT）/ M.Freeman, 2017, Newyork and London etc.

[158] M.Liebel, Children's Rights from Below：Cross-cultural perspectives, Basingstoke：Palgrave Macmillan, 2012；The Moscow Declaration on the Rights of the Child（1918）-A Contribution from the Hidden History of Children's Rights.《International Journal of Children's Rights》, 24（2016）pp.3-28.

[159] リーベルが視野に入れる点は以下のとおり。子どもの権利の論説には、多くの事実と意味がある。第１に、子どもの権利は、人権の特殊な形態であり、これと関わり子ども期を人生の一時期として大人期とはその位置づけにおいて区別するための指針として理解することができる。第２に、国連子どもの権利条約の下で、その区分は、しばしば、①保護の権利、②供与の権利、そして③参加の権利（あるいは自由の権利）として分けられて理解されて来た。以下に触れるように、歴史的には、この順で発生・拡張してきたことが確認される。第３に、とりわけ子どもの基本的なニーズを保障する権利に注目する議論がある一方で子どもの発達保障のために提供される権利も強調され、これらは「福祉的」権利で、利害が左右される子どもと（権利行使）代行する大人との両者が絡む特殊な性格がある。第４に、人権一般と並んで、子どもの権利は、市民的、政治的、経済的、社会的そして文化的権利として特徴をもっている。第５に、国際的な条約や国家の法律を土台にして編纂されている権利がある一方で、「書かれていない権利」（エニュー 2002、後述）について語ることも可能である。それらは子どもたちかあるいは他の人々によって考案されたものであったり、あるいは要求されるものであった。

[160] 他方で、この時期②③の供与と参加の権利が、これはきわめて例外的な事実として現れている。トマス・スペンスの『子どもの権利』（英 1796）は、子どもには「地球の果実への完全な享受（participation）」に対する権利があると自然権の存在を示した（これは後に第Ⅲ部第２章でみるようにコルチャックが社会に向けて子どもの権利を主張する際に借用されることになる）。

[161] M.Liebel, Children's Rights from Below, p.29.

[162] エニューについては以前紹介したことがある（拙書, 2004）ように、大人によって書かれた子どもの権利の歴史には子ども自身による自己決定の事実は出てこない。歴史の中にいたはずの子どもをいかに見えるようにするか。第三世界の子ども達（の地位や大人との関係）を見てきたリーベルも同様の関心をもってきたのであろう。法文書には「書かれていない」子どもの歴史を探る努力が必要だと考え、それは可能な限り子ども自身の声かそれを代弁する声を、すなわち、背の低い「下から」の子どもの声を、いいかえるなら、子ど

もの権利を発掘しようとするのがリーベルの立場である。
163 以上のような子どもの権利の歴史を 20 世紀の初頭から開始させた背景には各地に広まりを見せた新教育運動がありその中でエレン・ケイが直接・間接にその歴史に関わっていた。リーベルによると、彼女の『児童の世紀』が新しい思考の最初のマニフェストであったが、それが焦点化したのは子どものニーズといった点にあり「子どもからの教育学」が目ざされたが、この時点の彼女の子ども認識はロマン主義的で観念的な限界を有するものであった。ただその後の著作（1911 愛と結婚）では、子どもの生きる状況から発する結果に対する子どもの権利要求をするようになり、子ども自身の意思、意見、感じ方をもつ権利もあるとの認識に変わっていった（前掲書 M.Liebel, Children's Rights from Below, p.36）という。

## 第Ⅱ部　第 2 章

164 拙稿、ロシア革命とカー・エヌ・ヴェンツェリ「子どもの権利宣言」『北海道大学教育学部紀要』1991 年、56 号。http://eprints.lib.hokudai.ac.jp/dspace/bitstream/2115/29371/1/56_P183-197.pdf
165 P.Veerman, The rights of the child and the changing image of childhood, op.cit. 本書で英語圏に初めてヴェンツェリの宣言が伝えられた。ヴィアマン自身は、この宣言の原典を革命直後のドイツ語文献の中に見出した。(Das Bildungswesen in SowietRussland.1921, Neuropadagogischer Verlag)
166 M.Liebel, The Moscow Declaration on the Rights of the Child (1918),《The International Journal of Children's Rights》, 2016, Vol. 24, Issue 1, pp.3 - 28.
167 拙稿、1924 年ジュネーブ宣言の成立と子どもの権利、子どもの権利条約総合研究所『子どもの権利研究』第 28 号、2017 年 1 月
168 M.Boguslavsky, Konstantin Nikolayevich Ventsel：Advocate for the rights of free children,《Russian-American Education Forum：An Online Journal》, 2012, Volume:4, Issue：3, Dec.15, http://www.rus-meeduforum.com/content/en/task=art&article=1000940&iid=13.
169 カ・エヌ・ヴェントツェリ著、佐々木弘明訳『ロシアの新教育』（世界新教育運動選書 12）、明治図書、1985 年
170 Жизнь и педагогика Константина Вентцеля, ред.-сост.Г.Б.Корнетов, 2007, М., (G.B. コルネートフ編『K.N. ヴェンツェリ；生涯と教育学』2007 年、モスクワ). 本書は、冒頭のはしがきに 1936 年 3 月 19 日の日付がある回想記録である。ロシアの体制転換以降、ごく最近になって公刊されたものである。コルネートフによると、これは PAO の学術アルヒーフにおさめられていた回想を編集したものである。
171 H.Cunningham, Children and Childhood in Western Society since 1500, 2-nd ed., 2005, London etc.,（邦訳『概説子ども観の社会史』新曜社、2013 年）, pp.161-2. イギリスの歴史家カニンガムは、原典を読むと近代史における子どもの経験や子ども観の歴史とともに、歴史の中の 1989 年子ども権利条約のもつ子ども観への強い関心があることがわかる。原典 pp.203-4 を見られたい。
172 ジュール・ヴァレス著『子ども（下）』岩波文庫、2012 年、フィリップ・メリュ著　監訳高野優　訳坂田雪子・村田聖子『コルチャック先生　子どもの権利を求めて』汐文社、

2005 年、p.41.

173　K.D.Wiggin, Children's Rights. A book of nursery logic. By K.D.Wiggin [and Nora Smith, Boston；New York：Houghton & Co., reprinted.（1892）.

174　エレン・ケイの『児童の世紀』は、本国で 1900 年に初版が出されて、1913 年に第 2 版、その後 1927 年に第 3 版が出版されている（小野寺信・小野寺百合子共著『児童の世紀』冨山房百科文庫 24、1974 年、p.325）。各国への伝搬という意味で 1902 年にドイツ語版、1909 年までに九か国に翻訳出版、ドイツ語版は初版の十倍の 25000 冊出版されて大きな影響を与え、第 3 版以降、11 か国語に翻訳されたという。ちなみに、ロシア語版は 1905 年、ポーランド語版は 1904 年の刊行である。

175　このケイの書物の影響で、各国で、子ども固有の権利論の言及や構築がはじまったと考えられる（乙訓稔『西洋現代幼児教育想史』東信堂、2009 年の 2 章・補遺の 2 章がこういった研究に関しての問題提起をしている）。また、注 163 でのリーベルの別の評価も参照されたい。

176　Проф.Людбиг Гурлитт, О воспитании, 1911, СПб.

177　Там же, стр.8.

178　『養育について』（О воспитании）を急いで読むと、「4 章　新教育学は何を与えるべきなのか」のなかで次のような言及がある。「我々は正しく指導するというが、そのときの原理と関わって、旧教育学と新教育学の違いは、前者が権威主義の原則のうえに常に立ち続けるのに対して、後者は子どもの権利を説いている」。また、10 章の「2 つの世代」では、子どもの親に対して関わる権利…「子どもは同じ大人になる義務はないし、同様にまた、親に似なければならないという義務もない。が、彼らに、何よりもひとつだけ義務があるとすれば、すなわちそれは、自らの自然や自らの環境にふさわしく、従ってまた、自らの時期にふさわしく発達することである。だれがこの権利を子どもに対して承認するか、…」（Гурлитт,указ.соч.,стр.37,82）。いずれもヴェンツェリが議論する点と重なる新教育思想である。

179　以下を参照。森田明「少年手続きにおける保護とデュープロセス――比較史的考察」『憲法学の展望』1991 年；E.Dickinson, The Politics of German Child Welfare from the Empire to the Federal Republic（Harvard Historical Studies）1996；J.R.Flores, The rights of the child in Chile：an historical view, 1910-1930.

180　И.В.Синова,Жестокое обрщение с детьми в России на рубеже Х1Х-ХХвв.,《Педагогика》, 2004, № 3. 以下本節は、特に注記ある場合を除き、本論文（стр.70,73,75）からの引用による。

181　В.М.Сорокин, Охрана детства, 1893, СПб.

182　この頃、当時の法律家が帝政期の児童関係法を収録した編纂書（非公式版）を作成している。（Я.А.カントローヴィッチ編『年少者及び未成年者に関する現行法令決定集』サンクトペテルブルグ（Я.А.Кантрович, Законы о детьях, СПб., 1899））

183　ケイ前掲書、p.125

184　井上洋子他『ジェンダーの西洋史』法律文化社、1998 年、pp.140-143

185　Указ. соч., Жизнь и педагогика К.Вентцеля, стр.205.

186　佐々木弘明前掲書参照。

187　К.Н.Вентцель, Освобождение ребенка,（1906）http://anarhia.org/forum/viewtopic.

php?f=92&t=29068（この後 1908 年に第 2 版、1923 年には第 3 版）。以下引用はすべて 1906 年初版より。
188 これは、ヴェンツェリら「自由学校」をめざすグループの会合での複数報告者の発言を集録したものであるが、その冒頭の前書きとして書かれた自由学校の目標である。
189 К.Н.Вентцель, Борьба за свободную школу (1906), http://anarhia.org/forum/iewtopic.php?f=92&t=29066
190 コルチャック研究者、A. レヴィンは、コルチャックの孤児の家の図書室に勤務していたことがあり、そこにあった文献やコルチャックのトルストイの著作に対する傾倒について次のように述べている。(A.Lewin, Korczak znany i nieznany, Warszawa, 999., s.17)

　今でもよく覚えているのは、ひんぱんに利用されていた書棚の一角で、そこに並ぶ本の背表紙である。そこには、エレン・ケイの『児童の世紀』、アルフレッド・ビネーの『最新の児童観念』、エドワルド・クラパレードの『児童の心理学と実験的教育学』、ピオトル・ボヴェットの『闘争本能』、さらには、デューイ、ケルシェンシュタイナー、その他の著者のものがたくさんあった。

　コルチャックはしばしばここに立ち寄り、本を調べていた。もっとも頻繁に手にしていたのは、少なくとも私の記憶では、レフ・トルストイのヤースナヤ・ポリャーナ誌（ロシア語）であった。

　これに続けてレヴィンは、この雑誌には若きトルストイの実践記録が豊富に収められているがその中の、「だれがだれに読み書きを教えるのか、農民の子どもが我々になのか、それとも、われわれが農民の子どもになのか」に注目している。これはコルチャックの論文「子どもによる教育者の教育」への影響を示す見解であるが、他方で、この雑誌のなかの別の記録「ヤースナヤ・ポリャーナ学校」の中に示されているトルストイの子ども＝人間観、子どもは「まだ小さいけれども人間」なのであり、私たちにはその「人間の本性に対する尊厳」が欠如している（トルストイ　佐々木弘明訳、世界教育学選集93『トルストイ自由主義学校』明治図書、1980 年、pp.16-17）との思想にも注目すべきであろう。こういった思想にコルチャックは影響を受けていた。
191 この大会は、1912 年 12 月末から翌年 1913 年 1 月初めにかけて開催されたが、帝政末期のロシアの家族の動揺・危機あるいは子どもの様々な深刻な状況を示す大会となった。本論文でものちに様々なテーマに関連して資料として引用している。
192 これは、雑誌『自由教育』《Свободное воспитание》1912-13, №.8 に全文掲載されている。
193 Указ. соч., Жизнь и педагогика К.Вентцеля, стр.254.
194 佐々木前掲書、p.177。
195 本報告は、『自由教育』にも掲載されたが, その編集者　イ・ゴルブノーフ・ポサードフは、ヴェンツェリの論文テーマ見出しの脚注でわざわざ異論を想定して、弁護しなければならなかった。"自由主義理論"は一枚岩のものではなく、「方向」性において共通であり、「この方向で活動している人々は、本質的に、自由な創造的発達に対する子どもの権利を認めることにおいて一致しているが、この原理の実現の手段に対する見解、この方向における知的ならびに精神的教育のさまざまな側面にたいする見解ではしばしば異なっているのだ（同書 p.185）と。
196 同書、p.177、一部改訳。
197 Т.О.Зейлигер, Публичная охрана детей в современном прав, Труды первого всероссийского съезда по семейному воспитанию, том 2, СПб., 1914, стр.519.

注　225

198 Там же.
199 И.В.Синова, указ.статья, стр.74
200 なお、彼女の夫 С.А.Левитин (1876 -?) については、ロシアネット上の電子事典によると、教育家、国民学校教師、教育雑誌『ロシアの学校』の編集者の一人、ジャーナリストとの記事があるが、1917 年革命の前後、ドイツライプチヒ大学哲学学部を卒業した経歴のある人物でドイツ関連の教育や哲学などに関する翻訳書も少なからずある人物である。
201 Петроградское общество грамотности, Доклады, прения и постановления второй секций, 1-Всероссийского Съезда по вопросам народного образования, 1915, Пг., стр.102-3.
202 М.Левитина, Права детства, 《Свободное Воспитание》, 1913-1914г.№7, стр.63.
203 例えば 1912 年新教育運動推進者の一人スイスのクラパレードの「ルソーと機能主義的子ども観」は、改めてルソーの「子どもの自然」や子どもの中の「固有の成熟」を観るという思想を継承し、子どもそれ自体「独特の存在」として尊重する立場を鮮明にしていたし、そこではリヨンのリセー教授 E. ブルムの 1904 年の発言「何よりも子どものために、ありのままの子どもとして、彼がもっている自然と権利を損なわずに育てることが必要であり正当」なのだと述べていた（クラパレード・原聡介・森田伸子『機能主義教育論（世界新教育運動選書 21）』1987 年、明治図書参照）。また良く知られているように 1932 年には、心理学者ワロンは「新教育」が「おとなに対しての子どもの権利を宣言して来た」とし、「子どもの権利」とは「子どもの本性（自然）を尊重させ、子どもの中にある固有の諸資質を尊重させる」こと等を承認させることだと述べるに至っている。堀尾輝久、世界の教育運動と子ども観・発達観『子どもの発達と教育 2』岩波書店、1979 年参照。
204 Там же.
205 拙稿（注 1）を参照されたい。
206 Там же, стр.64.
207 М.Левитина.указ.статья, стр.73.
208 Там же.
209 Указ.соч., Жизнь и педагогика К.Вентцеля, стр.283.
210 Там же, стр.283-4.
211 Там же, стр.288.
212 Там же, стр.289-90.
213 См.Кружок СВОД,К.Н.Венцель, Уничтожение Тюрем, На устройство деткого дома, М., 1917.
214 Там же, стр.292.
215 К.Н.Вентцель, Провозграшение декларации прав ребенка,《Свободное воспитание и свободная щкола》, 1918, №1-3, стр.69-78.
216 拙稿「20 世紀初頭ロシアの子どもの権利宣言・児童法制度をめぐる思想動向と児童保護問題」(『東海大学国際文化学部紀要』第 9 号、2016 年) 第 3 章を参照されたい。
217 Декларация прав ребенка (Кружка свободного воспитания и образования детей) 《Народный Учитель》, 1918, №9, 4-5.
218 Указ. соч., Жизнь и педагогика К.Вентцеля, стр.283-284.

## 第Ⅲ部　第1章

[219] チェスワフ・ミウォシュ『ポーランド文学史』未知谷、2006 年、pp.467-468；MIŁOSZ Czesław：Czesła Miłosz o Januszu Korczaku《Ruch Pedagogiczny》1998, nr 3/4, s. 111-113.

[220] 拙著『コルチャック　子どもの権利の尊重』子どもの未来社、2004 年、p.58 参照。

[221] 拙稿「地下学校の教師——19 世紀後半——20 世紀初頭ロシア帝国領ポーランドの教育」(『国家・共同体・教師の戦略——教師の比較社会史』昭和堂、2006 年 2 月）参照。

[222] ミウォシュ前掲書、pp.524-525、pp.467-468

[223] 彼女は 1890 年代有名な童話「小さな妖精と孤児マリシャ」（1896）の他、子どものための多くの本をも書いている。『小さな読者さんの楽しい時間』（1889）、『春と子ども、新しい本』（1890）、『幸せな世界、子どものための本』（1895）など。(Janusz Korczak, Diela, t. Ⅲ-cz.1, s.460.)

[224] K.Batnicka, I.Szybiak, Zarys historii wychowania, Warszawa, 2001, s.183.

[225] A.Lewin, Korczak znany i nieznany, Warszawa, 1999. s.183.

[226] ダヴィドによる 1896 年の子ども研究の最初の書『子どもの知的蓄積』、また、その弟子のアニエラ・シツーヴナ（1864-1921）による 1899 年の 6-12 歳の『児童の概念の発達』がポーランド心理学研究の最初の仕事といわれている。これらは、ポーランド人の様々な学校普及や教育者の要求、期待に応えるべき仕事をしたといわれている。（以上、Ryszad Wroczyński, Dzieje oświaty polskiej 1795-1945, Warszawa, 1980, s.257-258)

[227] Janusz Korczak, Diela,t. Ⅲ -cz. 1, 1994, Warszawa, s.227.

[228] A.Lewin, tamze, s.238.

[229] Janusz Korczak, Diela, t.IV,1998, Warszawa, s.151.

[230] Janusz Korczak, Diela, t.VII, 1993, Warszawa, s.15.

[231] Myśl pedagogiczna Janusza Korczaka, Nowe źródła, wybor M.Falkowska, Warszawa, 1983, s.75.

[232] Janusz Korczak, Diela, t. Ⅲ -cz. 1, 1994, Warszawa, s.227.

[233] Janusz Korczak, Diela, t.IV, s.170.

[234] R.H. クイック（1831-1891）、イギリスの教育家、文法学校教師として実践経験があり、本書の初版は 1868 年に出版、1881 年からケンブリッジ大学で教員養成に関わり教育学史を講義。1890 年に、本書第 2 版出版。Janusz Korczak, Diela, t.VI, s.435；The Dictionary of National Biography, Vol.XVI,Oxford UniversityPress, London.p.546；Oxford Dictionary of National Biography, Vol.45, Oxford University Press, London.p.678.

[235] Reformatorzy wychowania：zasady wychowania nowoczesnego / R.H.Quick；przeł. z ang. J.Wł. Dawid. Warszawa, 1896.

[236] A.Lewin, tamze, s.176-7.

[237] Reformatorzy wychowania, s.425. この英語原典、Essays on educational reformers, by Robert Herbert Quick, 1890, London（これは 1868 年の初版を大幅に改訂した第 2 版）を見ると確かにコメンスキー、ロック、ルソー、バセドー、ペスタロッチ、フレーベル、スペンサーの各章が並ぶ。また、この結論の目次（ポーランド語版にはこの詳細な目次はない）を引用すると、「…教育の科学の創始者コメニウス、…観察と追跡をめざすルソー　…"新教育"

はルソーによって開始された、導き出されていること、人間と他の動物、直感、有機体としての人間、行為者であり創造者、旧教育と新教育の対照。採掘が必要だ、これら思想家は私たちのために何をしているか」とある（p.xxxiv）。以下に、同書の結論に関わる部分の文章を紹介しておく。英語原典 pp.522-523 より。

　31章　"新教育"はルソーにはじまり、さらにペスタロッチ、フレーベルらによって準備されながら生まれてきたと述べたうえで、旧教育と新教育が次のように対比させられている。「旧教育はひとつの目的を有する、それは学ぶことだ。人は学ぶ存在であり、記憶する存在であった。…新教育は人間存在を、学ぶ人というより行為者や創造者として取り扱う。教育者の目はもはやその客体たる知識にではなく、主体であるところの教育される存在に向けられる。教育の成功は、教育されるところのものを知ることによって決せられるのではなく、彼らが為すところのもの、彼らが在るところのものによって決せられるのである。彼らが善く教育されるのは、彼らが良いと思うことを愛しているときで、それをやるのにふさわしく心と体のあらゆる能力が発達するはずのときなのである。」これに続くのが次の32章の文章である。「新教育とは、ここでは、"受動的、追随的"であり、人間の自然の研究に基づかなければならないのである。われわれがその発達させられるべき能力が何であるのかを確かめることができるときには、われわれはさらにそれらを発達させるところの自己活動をどのように助成するのかということを考究しなければならないのである。」

[238] O wychowaniu：umysłowém, moralném i fizycznèm / Herbert Spencer ; przeł. Michał Siemiradzki.Warszawa, 1884, Wyd. 3, s.204.　英語原典は1884年のものを参照した。Education, intellectual, moral, and physical.by Herbert Spencer, New York and London, 1884（1861）, p.225, 訳は以下を参照した。　H. スペンサー、島田四郎訳『教育論（西洋の教育思想14）』玉川大学出版部、1981年、p.187、英語原典では、「……要するに、あなたはあなたの子どもを教育すると同時に、自分自身のより高度な教育を行わなければならないだろう。知的にはあなたはあのもっとも複雑な題目―すなわち、あなたの子どものなかに、あなた自身のなかに、さらに世の中に示されている、人間の自然やその諸法則を、効果的に開墾していかなければならない。」下線部は"You must cultivate to good purpose that most complex of subjects ——human nature and its laws, as exhibited in your children, in yourself, and in the world" となっている。

[239] ここでの記載はすでに書いたことと重なる。拙稿参照。"ヤヌシュ・コルチャックの子ども観と子どもの権利尊重思想"〔『市立名寄短期大学紀要』vol.40, 2007〕

[240] Janusz Korczak, Dieła, t.VII, 1993, Warszawa, s.30.

[241] Tamze, s.30-48.

[242] 拙著『コルチャック　子どもの権利の尊重』子どもの未来社、2004年、p.70-71 参照。

[243] Tamze,s.145.

[244] Tamze,s.387. ヤヌシュ・コルチャック『教育の瞬間』（資料紹介：塚本智宏、塚本智宏／鈴木亜里共訳）〔『名寄市立大学紀要』第2巻、2008年〕。

[245] Janusz Korczak, Pisma wybrane, t.II, 1978, Warszawa, s.141.

[246] Janusz Korczak, Dieła, t.VII, s.150.

[247] Tamze, s.216.

[248] A.Lewin, tamze, s.238.

[249] Tamze; Janusz Korczak, Dieła, tX.s.18.

250　Janusz Korczak, Diela, t.VII, s.211.
251　世界新教育運動選書21 クラパレード『機能主義教育論』(原聡介他編訳) 明治図書1987年、p.182
252　R.Segit, O powrot do mysli pedagogicznei z przelomu wiekow XIX i XX, Od pedagogiki ku pedagogii, pod red.E.Rodziewiczi M.Szczepskiej-Pustkowskiej, Torun 1993, s.99.
253　「教育は生活か生活準備か」1930（前掲『機能主義教育論』）から以下引用する部分は、コルチャックが『子どもをいかに愛するか』や他の作品、例えば"理論と実践"で議論されている内容や議論と酷似している。先の1904年リセ教授ブルム報告のなかにある「ありのまま」の子どもへの注目や1926年ボビットの全米学会での発言で「教育の直接的な目的は現在」にあり、「未来のために現在を犠牲にしてならない」とすることなど、コルチャックの子どもの権利論に連なるものがある。
254　ドイツで最新の研究は、コルチャックへの新教育の影響についてこれが2人の女性教育家・医者を介してあったことを明らかにしているという。Malgorzata Sobecki（2008）, Janusz Korczak neu entdeckt（Padologe und Erziehungs reformer）; Malgorzata Sobecki, Janusz Korczak new discovered.A "Pedologue"and reformar of education, Participation paper at the International Korczak 2010.
255　『子どものしあわせ』（草土文化）No.703とNo.712の拙稿コルチャック先生と子どもの権利参照。
256　A.Lewin, tamze, s.183.
257　前掲『機能主義教育論』、p.167-169
258　同上、p.169
259　Janusz Korczak, Diela, t.IV.s.151-2.
260　Janusz Korczak, Diela, t.VI.s.155. また、この同じ日のこととして、Wanda夫人がクイックの『教育の改革』という本の提供を約束してくれたとも書いてある。すでに見たクイックの本のことである。談話のなかで登場したのであろう、これらの先人の列挙が、クイックの著書（1896）によるものであることはすでに明らかだが、この翻訳は、すでに、ダヴィド編集の隔月誌『教育評論』に連載していたものであったという。また、J.J.ルソーのことは、すでにこの時点の会話で否定的な存在となっていたようだ。「ルソーはいかにして偉大な教育家と名づけることが可能なのか、そう名づけられるためには彼自身道徳性の理想でなければならないのだが、そうでなければ模範にはなりえない」と。
261　Tamze, s.151-2. ドイツの詩人の作品。Friedrich Spielhagen（1829-1911）, Natury zagadkowe. Romans, T.1-4, 1880 Warszawa.
262　鹿嶋茂『「レ・ミゼラブル」百六景』、文藝春秋、1987年、p.108
263　『レ・ミゼラブル』（4）、岩波文庫、p.37
264　Janusz Korczak, Diela, t.VI, s.434.
265　Janusz Korczak, Diela, t.Ⅲ, wol.1, s.491.
266　Tamze, s.195-197.
267　Janusz Korczak, Diela, t.Ⅲ, wol.1, s.195-197. ユゴーの『レ・ミゼラブル』の序章について、日本の翻訳の多くが第1の課題のなかの「人間」は、男と訳されている、簡単に列記しておく。辻昶とおる訳（2000.7）潮出版社、ヴィクトル・ユゴー文学館第2巻、坪井・宮治訳（1981.1）集英社　世界文学全集27、井上究一郎訳（1980.11）河出書房、世界文学全集32、佐藤朔訳（1967）新潮文庫 レ・ミゼラブル（一）。フランスの教育学者J.スニーデル

スの邦訳『わが子を愛することはたやすいことではない』に、ガヴローシュを登場させて浮浪児に関して議論を展開する章がありユゴーの同じ箇所の引用がある。この訳は「すなわちプロレタリアに見られる人間性の荒廃と飢えによる女性の退廃と夜の生活からくる子どもの衰弱」となっている。（ジョルジュ・スニデルス『わが子を愛することはたやすいことではない』湯浅・細川訳、法政大学出版局、1985 年、p.194）

[268] Cz.Kustra, Powsciagliwosc i praca w wychowaniu czlowieka, Torun, 2002, s.28.
[269] E.Dauzenroth, Janusz Korczak, dz.cyt., s.14-15.
[270] D.Kaluzniak,Gneza opieki nad dzieckiem i higiena wychowawcza na przelome XIX i XX wieki,《Istoryk wychowawcze》s.68-69.
[271] S.D.Corrin, Warsaw before the first world war, 1880-1914, New York, 1989, pp.142-144.
[272] 辻昶「ボードレールの『レ・ミゼラブル』評」（「河出世界文学大系月報 32」ユゴーⅠ、p.3)
[273] 前掲論文注 48 論文、並びに、以下を参照。M.Balcerek, Rozwoi opieki nad dzieckiem, Warszawa 1978.
[274] この文献紹介のなかで、コルチャックは次のようにいう。「表現上、彼らを餓えた子・寒さに震える子・孤児の子と冷淡に言い放つこともできる。がけっして涙なくしてこれら不幸な子どもらの目撃者にはなり得ない。」(Lewin, A., tamze, s.196 ; Janusz Korczak, Diela, t.IV, s.157) 本書の目次 (Diela, t.IV, s.524-5.) には、モルデンハーベル (1840-1909、法律家、社会事業家、児童労働問題に関与)、ロマン・ヴィェシフレイスキ (1825-1887、法律家で、『女性の権利』(1882) の著者)、スタニスワフ・マルキィェヴィッチ (1839-1911 ワルシャワの医者、ワルシャワ夏季コロニーの創設者)、ヴィクトリン・コスモスキ (1849-1930、ワルシャワ他の小児科医、夏季コロニー活動、児童の健康・衛生保護に関わる活動家、論文「ワルシャワ貧困階級の子どもの成長と障害」(1894) 執筆) といった当時の子どもの貧困・救済事業にかかわった人物の名がある。(Tamze, s.525-6)
[275] こういった活動のなかには時代を先取りする女医たちも少なからず存在した。Anna Tomaszewicz-Dobrska と Justyna Budzinska-Tylicka らは、各種の国際大会の開催、婦人・児童労働の保護、立法活動、療養・飲酒・婚姻等に関わる諸課題に向き合い、また「ポーランド女性同権」同盟のなかに加わっていたという。隣人愛思想の発展論文の「女性たち」の章に現れる女医はこういった人物であり、本論冒頭で触れた女性詩人と同様に、彼の周辺には、さらに教育事業に奔走する教育者など、社会的に活躍する実に多くの女性たちが存在した。D.Kaluzniak, Gneza opieki nad dzieckiem i higiena wychowawcza na przelome XIX i XX wieki, s.71.
[276] モニカ・ペルツ『コルチャック』ほるぷ出版、1994 年、pp.29-30
[277] Janusz Korczak, Diela,t. I, 1999, Warszawa, s.115.

# 第Ⅲ部　第 2 章

[278] 本章の前半は 2013 年日本教育学会研究報告（コルチャック子どもの権利論の歴史的位置――19・20 世紀転換期ヨーロッパにおける子どもの権利思想・制度史の流れにおいて）と重なる点が少なくない。
[279] コルチャックが「子どもの権利」という言葉を使いだしたのはこの頃かと思われる。彼の子どもの権利思想の起点に位置する 1899 年の論文「19 世紀隣人愛思想の発展」の中では、「女性の権利」に言及しながらも「子どもの権利」には言い及んでいない。それが変る背

景には明らかにロシア革命と民族運動がある。第Ⅱ部で見たケイの『児童の世紀』（ポーランド語版は 1904 年に発刊 Key, Ellen Karoline Sofia, Stuletie dziecka, Warszawa, 1904) をはじめとする新教育の運動と思想の影響、そしてそれ以上に、彼の著作はロシアでも多く出版されていたが、その国の 1905 年革命直後のヴェンツェリの子どもの権利宣言に関する発言が、後のコルチャックの発言や思想に、より強く影響している。

[280] 前掲拙著、p.48
[281] この集会の講演者の中には、子ども（心理学）研究者アニェラ・シツーヴナ、教育運動家のイザベラ・モシェンスカ、社会主義者・女性解放運動家ステファニア・センポウォフスカのほか 1909 年にツァーリ官憲による一斉逮捕の際に、拘置所で一緒になる社会学者ルドウィク・クシヴィッキらの名前がある。
[282] M.Falkowska, Kalendarz życia, działalności i twórczości Janusza Korczaka, Nasza Księgarnia, Warszawa 1989, s.109-110.
[283] 小児医学史、乳児医療に関しては、深瀬泰旦『小児科学の史的変遷』思文閣出版、2010 年、梶田昭『医学の歴史』講談社学術文庫、2003 年、中野智世「乳児死亡というリスク」（川越修他編『生命というリスク』法政大学出版局、2008 年、イヴォンヌ・クビピレーヌ／カトリーヌ・フーケ『母親の社会史』筑摩書房、1994 年、小野直子「医療の専門分化と産科学の台頭」（望田・田村編『身体と医療の教育社会史』昭和堂、2003 年）。
[284] 前掲書『母親の社会史』p.375
[285] Tamze, s.143.
[286] Tamze, s.145.
[287] 拙著 p.91-94 参照。
[288] Janusz Korczak, Diela,t.VII, s.67.
[289] 拙著『コルチャック　子どもの権利の尊重』子どもの未来社、2004 年、p.98-100 参照。
[290] 拙稿「ヤヌシュ・コルチャックの子ども・教育思想の歴史的形成（1890-1920 年代）」『名寄市立大学紀要』第 4 号、2011 年 3 月、p.35-47
[291] M.Falkowska, dz.cyt., s.146.
[292] 当時の子ども憲章と権利宣言の関係について、下記を参照されたい。1924 年ジュネーブ宣言の成立と子どもの権利（『子どもの権利が拓く（子どもの権利研究第 28 号）』2017 年 2 月、pp.236-250.
[293] Janusz Korczak, Dziela, t.VII, s.43.
[294] Tamze, s.70.
[295] 「20 世紀初頭ロシアの子どもの権利宣言・児童法制度をめぐる思想動向と児童保護問題」pp.63-84、並びに、「ロシア革命とカー・エヌ・ヴェンツェリ『子どもの権利宣言』」『北海道大学教育学部紀要』第 56 号、1991 年、pp.183-197 参照。前者の論文で触れたが最新の『子どもの権利国際ジャーナル』でヴェンツェリの子どもの権利宣言を「モスクワ宣言」として紹介する論文が現れている。
[296] Janusz Korczak, Dziela, t.VII, s.147.
[297] Tamze, s.235.
[298] Р.Валеева Товарищеский суд в детских домах Корчака как орган зашить прав ребёнка, Ответ ред. О.Медведева, ПамятьКорчака, Сборник статьей, Москва, 1992, стр.160.
[299] Janusz Korczak, Diela, t.VII, s.297-298.

300 W.Szenajch, Sprawy Polskiego Towarzystwa Pediatrycznego 1918-1920, s.91.
301 M.Balcerek, Prawa dziccka, Warszawa, 1986, s.205-206.
302 M.Falkowska, Kalendarz..., dz.cyt., s.181.
303 Tamze.
304 W.Szenajch, dz.cyt., s.90.
305 M.Balcerek, dz.cyt, s.206-207. こういった児童保護に関する各国の規定はいかなるものであったのか、ドイツの児童保護法について知られているよう、1922年7月9日児童保護法では、「ドイツ人たる児童は肉体上、精神上かつ社会上の養育を受くるの権利を有する。養育に関する権利義務は本法により影響されることはなし」と規定されている。児童の権利という観念が実定法上に規定された最初の例となった（古川孝順）といわれているが、このポーランドの規定と本質的には同じものと考えられる。
306 『春と子ども』（ワルシャワ、1921年）は、出版元は、アメリカ子ども救援ポーランド委員会（1919-1922 アメリカ救援局ヨーロッパ児童基金ポーランド部局 Polsko-Amerykanski Komitet Pomocy Dzieciom (Amerikanski Wydzial Ratunkowy, Fundacja dla Dzieci Europy, Misja dla Polski) となっており（Maria Falkowska, Kalendarz..., dz.cyt., s.187)、この救済機関は、戦後直後の子どもたちの救済のためだけでなく、1926-28年に名称変更や組織再編を経て、1928年以降は、基金の名称をポーランド児童保護委員会（Polski Komitet Opieki nad Dzieckiem) とし、後述のジュネーブ宣言の普及など児童保護事業において大きな役割を果たすことになる。(Statut Polskiego Komitetu Opieki nad Dzieckiem：(w skroceniu P.K.O.D.).Warszawa：[s.n.], 1928
307 Tamze, s.186.
308 M.Falkowska, Kalendarz..., dz.cyt., s.175-176.
309 Mysl pedagogiczna Janusza Korczaka, Nowe zrodla, Wybor Maria Falkowska (Janusz Korczak.Zrodla i Studia, Red.A.Lewin, Tom2), s.68.
310 Tamze.
311 前掲拙稿、ヤヌシュ・コルチャックの子ども・教育思想の歴史的形成（1890-1920年代）、p.36-37 参照。
312 W.Szenajch, Mysli Przewodnie o organizacji opieki nad dziecmi w Polsce, W., 1945, s.31.
313 http://www.thomas-spence-society.co.uk/rights-of-infants/ The Rights of Infants by Thomas Spence。なお、この引用部分やコルチャックに言及することはないが、浜林正夫（『人権思想の歴史』吉川弘文館、1999年）がスペンスの著作を紹介している。
314 M.Falkowska, dz.cyt., s.187.
315 Janusz Korczak, Dziela, t.VIII, s.232.
316 Tamze, s.304-305.
317 Tamze, s.390-394.
318 Joanna Olczak-Ronikier, Korczak, 2011 (Wyd.1'2002), s.227-9.
319 Janusz Korczak, Dziela, t. VII, s.43.
320 ジュネーブ宣言とその成立過程については、第3章で検討した。
321 安田 佳代『国際政治のなかの国際保健事業』ミネルヴァ書房、2014年
322 Polski Komitet Opieki nad Dzieckiem, "Deklaracja Praw Dziecka" w Tworczosci Dziciecej, 1928, W.s.5.
323 M.Balcerek, Prawa dziecka, dz.cyt., s.114-5.

324 大澤亜里「ポーランドの児童保護事業と孤児救済協会の活動（1921-1928 年）」『社会事業史研究』第 54 号、2018 年参照。
325 M.Balcerek, Miedzynarodowa ochrona dziecka, s.79.
326 Janusz Korczak, Dziela, t.VII, s.509, M.Balcerek, tamze, s..81；M.Grzegorzewska, O dzieciach, ktore wymagaja specialnei opieki, W., 1928, 29 s. (M.グジェゴシェフスカ)『特別な保護を必要とする子どもについて』
327 1929 年の『児童保護』（Opieka nad dzieckiem）誌（第 7 号）には、SCIU が国際的に実施したコンクールで入選した各国の作品を掲載している。後掲。
328 "Deklaracja Praw Dziecka",dz.cyt.,s.5
329 『子どもの権利宣言――子どもの作品にみる』には、下記の 8 点が掲載され、そのうち本書資料 10 で紹介しているのは、4 点（ポーランド国立図書館で撮影した下記の絵画 1,3,5,7）である。絵画の下には、関連条文、地名、学校、男女別、作成者イニシャル、年齢が順に記載されている。
絵画 1：子どもは通常の精神的な発達の可能性を持つべきである。
　　　　ヴィドゴシチ　ギムナジア　（以下ギム）女子生徒　H.K.11 歳
絵画 2　飢えた子どもには十分な食事が与えられるべきである。
　　　　「王国」領ヒュッツ　ギム男子生徒　E.G. 14 歳
絵画 3　孤児は（施設に）引き取られるべきである。
　　　　クラクフ　ギム　男子生徒　K.G. 12 歳
絵画 4　子どもは危難に際しては最初に救済されるべき　「運び出される子」。
　　　　ワルシャワ　女子教員セミ実習校 8 歳
絵画 5　「子どもはうまく助かった」（絵上位飛行機、絵下位の荷馬車に小さな子どもたちが乗車－塚本）。
　　　　ワルシャワ　普通学校女生徒　E.K.　11 歳
絵画 6　「子どもは搾取から守られるべきだ」" 子どもの圧迫 "。
　　　　ワルシャワ　ギム女子生徒　B.R.13 歳
絵画 7　「子どもは搾取から守られるべきだ」パン屋。
　　　　「王国」領ヒュッツ　ギム男子生徒　E.G. 14 歳
絵画 8　「子どもはその才能が人類同胞への奉仕ために捧げられるべきだという自覚のもとで育てあげられなければならない」作者によると「おばあちゃん、私に朝ごはんを頂戴な」
　　　　ポズナニ　普通学校女子生徒　10 歳
330 Janusz Korczak, Dziela, t.VII, s.510.
331 『季刊教育法』92 号、pp.94-98、1993 年、pp.102-105
332 同上　p.103
333 同上　p.102
334 同上　pp.102-3
335 同上　p.102
336 J.Arnon, Who was Janusz Korczak? 1977, Tel Aviv.（2017、日本教育学会ラウンドテーブル、小田倉泉報告、コルチャック晩年に至る "道徳" 教育の意味と限界について、報告レジュメ p.7-8）
337 A.Lewin, Korczak znany i nieznay, W., 1999, s.235.
338 左上の絵画　メキシコの Epifanio Friles　14 歳「通常の肉体的・精神的発達（第 1 条に

関する)」を表現。

左下の絵画　フランスの Jean Denoy　14歳「孤児を世話することを理解する方法（第2条に関する）」を描いた。

右上の絵画　ドイツ　作者名不明　13歳。人生への準備の方法が誤っているということを作者は示したい。「列車に向かって新聞を売るのは仕事にしてはいけない（第3条）」発車の合図をし動く列車の横で窓から新聞を買おうとする客に少年が走ってお金と交換しようとしている。

右下の絵画　フランスの Thevenet　14歳「そこには典型的な搾取の例がある。貧しい女の子が居酒屋の前で花を売っている」

（出典：雑誌『児童養護』ポーランド語　1929年第7号、pp.169-170）

## 第Ⅲ章　第3章

[339] 本章で引用する文献は以下のとおり。
①「子どもをいかに愛するか」(1918-20)；ロシア語版選集とポーランド語版全集併用。
Януш Корчак, Как любить ребёнка, Книга о Воспитании Москваб, 1990.стр.23-187；Janusz Korczak, Janusz Korczak dziela, t. 7, Warszawa, 1993, s.7-268.
②「子どもの尊重される権利」(1929)；ロシア語版とポ語版を併用。①と同じ。
Януш Корчак, он же, стр.4-22；Janusz Korczak, dziala, t.7 s.429-462.
③「もう一度子どもになれたら」(1925)；邦訳とポ語版併用。
近藤康子訳『もう一度子どもになれたら』図書出版、1993年；Janusz Korczak, Janusz Korczak dziela, t. IX, Warszawa, 1994, s.183-339.
④「理論と実践」；ロシア語版選集①と同じ。
Януш Корчак, он же, стр.268-271.
⑤「子どもによる教育者の教育」；同上。
Януш Корчак, он же, стр.271-272.

[340] A.Cohen, The gate of light：Janusz Korczak, the educator and writer who overcame the Holocaust, London and Tront, 1994, p.124.

[341] Януш Корчак, он же, стр.123-4.

[342] この1文はポーランド語版により引用・翻訳している。Janusz Korczak, Pisma wybrane, Warszawa, 1978, t.Ⅱ, s.124.

# 年譜　コルチャックの作品と生涯

| | |
|---|---|
| 1878 年 | 帝政ロシア領ポーランド、ワルシャワに生まれる。 |
| 1886 年 | 初等学校へ入学。 |
| 1891 年 | プラスキギムナジア入学。 |
| 1896 年 | 父の死。 |
| 1896 年 | 9月　作家としてデビューする。以後雑誌『コルチェ（棘）』への作品投稿。 |
| 1898 年 | 6月　ギムナジア卒業。夏8月には『みんなの読書室』での執筆活動を開始。大学入学。 |
| 1899 年 | 3月　戯曲「どの道を」がパデレフスキ賞を受賞。<br>8月　スイス休暇留学　「19世紀隣人愛思想の発展」発表。 |
| 1901 年 | 最初の小説『街頭の子ども』の発表。 |
| 1902 年 | ワルシャワ慈善協会主催の貧しい子どものための無料読書室のボランティア開始。 |
| 1904 年 | 夏　医学部5年生として、ユダヤ人子弟のグループの"ミハウフカ"サマーキャンプ（夏季コロニー）にボランティア参加。<br>1月　週刊誌『グヴォス（声）』（文学、科学、社会科学・政治学）とコンタクトを開始し、そのコラムとして「サロンの子ども」の断章を執筆開始。 |
| 1905 年 | 社会風刺「コシャウキ、オパウキ」。<br>3月　医師資格取得。4月には小児科病院（ベルソンズーベルマンズ病院）勤務開始。<br>ロシア革命　ロシア各地に民族運動、学校ストライキ。<br>論文「現代の学校」。<br>6月　露日戦争に従軍予備医として招集。1906年の3月に帰国。 |
| 1906 年 | 単行本『サロンの子ども』。 |
| 1907 年 | 小説「生活の学校」の断章、雑誌上で執筆開始。<br>夏　再びユダヤ人児童のための"ミハウフカ"サマーキャンプに参加。<br>「モシキ、ヨシキ、スルーレ」（1911）の作品に結実。<br>9月　ベルリンへ1年留学。 |
| 1908 年 | はじめてクリスチャンのすなわちポーランド人児童のサマーキャンプに参加。<br>「ユジキ、ヤシキ、フランキ」（1910）の作品に結実。<br>「孤児救済」協会のメンバーとなる。翌年には同協会運営委員会のメンバー。 |
| 1909 年 | パリへ半年留学。 |
| 1910 年 | 理由不明、逮捕抑留。留置場でルドウィク・クシヴィツキ教授と同居。<br>1910年-1912年にかけて、ポーランド文化第5局の事業に協力。労働者対象の一連の講話（教育問題や心理学、健康問題について）。 |
| 1911 年 | （8月以前）ロンドンへ1か月訪問。 |
| 1912 年 | 10月　クロフマルナ「孤児の家」が運営を開始。コルチャックは孤児の家院長。『名声、ある物語』、『ボボ』（おはなし）、『不幸な1週間』（学校の生活より）、『蝶々の告白』。 |
| 1914 年 | 第1次世界大戦が勃発し、大尉として軍隊招集。キエフ近郊の軍の野戦病院の副病室長。「子どもをいかに愛するか」の執筆継続。 |
| 1915 年 | 12月　最初の休暇3日間を、キエフの寄宿制職業学校で過ごす（代表マリア・ロゴフスカ-ファルスカ）。 |
| 1917 年 | ロシア二月革命、十月革命。 |

| | |
|---|---|
| 1918 年 | ポーランド独立。<br>6 月 「子どもをいかに愛するか」の原稿を携え、ワルシャワ帰還。「孤児の家」での仕事を再開。<br>『子どもをいかに愛するか、家庭の子ども』 |
| 1919 年 | 家庭医の仕事再開。マリア・ロゴフスカ - ファルスカの経営する孤児院の「私たちの家」(ナシュ・ドム)の医者および雇われ人としての仕事開始。<br>遅進児教育国立教員養成所にに雇われ、寄宿学校の教育学を講義。『教育の瞬間』。 |
| 1920 年 | 1919 年から 1920 年ポ露戦争の間ポーランド軍隊の少佐の地位にあって、伝染病病院に派遣、チフスに感染。看病する母親が感染、1920 年 11 月死亡。<br>『子どもたちをいかに愛するか』(1920)(第 1 巻 家庭の子ども 第 2 巻 寄宿学校・夏季コロニー、第 3 巻 孤児の家)。 |
| 1921 年 | 『学校新聞について』 |
| 1922 年 | 国立特殊教育研究所(1922-)と福祉研究センター(1929-)の事業協力。『1 人神と向かい合って、祈らぬ者たちへの祈り』『王様マチウシ王 I 世』 |
| 1923 年 | 『孤島の王様マチウシ』 |
| 1924 年 | 『若きジャックの破産』 |
| 1925 年 | 『もう一度子どもになれたら』『理論と実践』 |
| 1926 年 | 『恥ずかしげもなく短い……』<br>7 月 ヘンルィク・ゴールドシュミット、ポーランド復活十字勲章を受賞。<br>10 月 『我々の評論』の付録として、子ども向けの『小評論』を創刊。1930 年 6 月までその編集に携わる。 |
| 1929 年 | 『子どもの権利の尊重』、『子どもをいかに愛するか』(第 2 版、補充改定版) |
| 1930 年 | 『人生の掟(生活の規則)』 |
| 1931 年 | 10 月 アテナエウム劇場にて、「狂人の議会」の初公演。 |
| 1932 年 | 「孤児の家」から住居を移し妹アンナと同居。 |
| 1934 年 | 『魔法使いのカィトゥシ』<br>3 週間パレスチナ訪問。その後 1936 年にも 6 週間訪問。<br>12 月 「老博士」の名で、子どものためのラジオ番組に出演。 |
| 1938 年 | 『強情な少年、ルドウイック・パスツールの生涯』<br>物語「人は善いものだ」(叢書:『パレスチナ子ども図書』所収) |
| 1939 年 | 『おもしろ教育学』『老博士のラジオおしゃべり』<br>物語「ヘジェックの三つの冒険」(叢書:『パレスチナ子ども図書』所収)<br>8 月 パレスチナ行きを決意(同年 10 月までに)。<br>9 月 ナチスドイツ軍がポーランド侵攻開始。 |
| 1940 年 | 11 月 孤児の家はゲットーへ強制移動。 |
| 1941 年 | 10 月 孤児院はゲットー内で再度移動。 |
| 1942 年 | 5 月 「ゲットー日記」を執筆開始。<br>7 月 18 日 孤児院での最後の演劇上演。<br>7 月 22 日 コルチャックの誕生日、「ユダヤ人東方移動」の開始日。<br>8 月 6 日 コルチャックとヴィルチンスカ、200 人の子どもたち、そして、孤児院のスタッフは積換場ウムシュラクプラッツに連行される。(トレブリンカ、即刻絶滅収容所へ移送) |

## 資料〈コルチャック『子どもの尊重される権利』(1929年)〉

**軽蔑と不信**

　幼い頃から我々は、無意識のうちに小さなものより大きなものの方がすばらしいものだということに慣らされて育ってきた。
　……ぼくは大きい。机に上がって子どもは喜んでいる。
　……おまえより大きいぞ。同じ年の子どもと背丈を比べながら自慢げにいう。
つま先で立ったって届きやしない、おもしろくない。小さなあんよじゃ大人について行けないし、小さなてってからはコップが抜け落ちてしまう。椅子に座るにも馬車に乗るにも階段を上るのにも子どもは苦労する、身体に合わないからだ。ドアのとってにも手が届かない、窓の外が見られない、何かをおろしたり運んだりすることもできない。高いからだ。大勢のなかではひとかげに隠れてしまい、気にもとめられず、前へ前へと押しやられてしまう。
　大きなものこそ尊敬と感嘆とを呼び起こす。そう、それが大きな位置を占めるのである。小さなものは到るところおもしろくない。小さな人々、小さな欲求があり、小さな喜びがあり、そして、小さな悲しみがある。
　大きな都市、高い山、大きな村、これらは強い印象を与える。我々は、言う。
　……偉大なる事業、偉大なる人間。
　けれど、子どもは小さく軽い存在であり、腕のなかに子どもはいないかのようである。我々は、子どもに向き合い、腰をかがめなければならない。

　子どもは弱い、しかし、それ以上に彼らをみじめなものにしているのは何なのか。
　我々は、彼をその意志に反して持ち上げることも、上に放り投げてやることも、座らせることもできる。そして、走るのを無理に途中でやめさせたり、彼の努力を台無しにすることもできる。
　彼が言うことをきかなくても、いざというとき、私にはいつだって力がある。私は言う。「出ていっちゃいかん。さわったらだめだ。近づくんじゃない。戻りなさい」と。そして、彼も必ず負けることを知っている。だって何度拒んでみたって、まずは捕まえられて、引き渡されてそして、小言をくらうじゃないか。
　いったい、だれがいつ、どんな特別の事情があったら、大人を駆り立てたり、動揺させたり、止めさせたりするのか。ピシャリとたたいたり子どもの手を引きずりまわしたり、「かわいがって」乱暴に抱きしめたりということが、我々にとって、どんなに当たり前のことで罪のないことのように思われていることか。

弱いという感性は、力へのあこがれを引き起こす。だれもがそうであり、もはや大人のみならず、子どもも大きくなるにしたがって、より強く、乱暴なかたちで不満を表明し、その要求を力によって裏付け、無理にでも聞き入れられようとする。勝手し放題で、恨みをかうことになる。
　我々は、自らを手本とさせることによって、より弱きものへの軽蔑(けいべつ)的な態度を教えているのである。貧弱な学問、哀しい前兆。

　世界の様相は、一変した。もはや、腕力でもって仕事をしたり敵から身を守ったりすることはない。地上でも、海でも、森のなかでも、それを支配したり、富や安全を保証したりするのは腕力ではない。奴隷(どれい)となったのだ、機械の。腕力は、その固有の権利と価値を失った。大きなものより、知力や知識がより尊敬されるようになった。
　研究施設のホールに増え続けてきた思索家たちの不審な貯蔵庫、いかがわしい１人部屋。図書館の階が増やされ、本の重みで書架がゆがむ。高慢な知の聖堂が人々を魅了する。人間は科学を創り出し、そして、命令する。理解しがたい数字や記号の数々が、山積みされた新たな成果を次から次へと崩していく。それが人類の不朽の遺体であるとの証明を与えながら。やはりこれは記憶され理解されるべきことがらなのである。
　頑固なつめ込み教育の年限がのばされ、学校も、試験も、惨(みじ)めな言葉も、ますます増えてくる。小さな子どもは、弱き子どもは、まだ、そんなに人生を経験していないし、本を読んできていないし、知っていることも少ないのに……。

　恐ろしい問題。獲得した空間をどのように分け合うか、だれにどのような建物や褒美を与えるか、征服された地球をどのように我が物にするか。手や頭脳の渇いた労働を癒すためにどれくらいの数の仕事場をあちこちにどのように配置するのか、働きアリたちを従順と秩序のなかにどのように組み込むのか、自分を悪意や狂人じみた行為からいかに守るのか、生活の時間をいかに行動と休息と娯楽とによって満たし、熱狂や飽満やふさぎ込みをいかに避けるのか。人々をいかに規律化した同盟のなかに結合させるか、また、相互理解をいかに和らいだものにするのか、いつ分離させたり、分けたりするのか。こちらでは駆り立て活気づけ、あちらでは抑圧する。こちらでは炎を燃えたたせ、あちらでは消火させる。
　政治家と法律家は、慎重に振る舞ってはいるけれど、そう、しばしば過ちを犯す。
　それから、子どもについて大人たちは、協議し決定する。しかし、だれが彼のナイーヴな意見や同意を求めて聴こうとするのか。彼は何を語ることができるのか。

　生存のための闘争において、社会における重みを獲得する闘争において、知力と知識をのぞけば、手助けとなるのは利口さである。機転のきく人間は、利益を嗅ぎとり、大

儲けもする。すべての予想に反して、1度にそれも易々と儲けをあげてしまう。驚きと羨望を招く。くまなく人間というものを知るべきである。もはや、祭壇のそれではなく、生活の資を求めるそれを。

　ところで、子どもは、教科書を手にしているときもボールや人形で遊んでいるときもひとりでせかせかと小刻みに歩きながら、ぼんやりと感じとっていることがある。どこか頭ごしで彼の参加などおかまいなしに、何か重要な大きなことが行われていることや、彼には分け前があるとかないとかを決めていること、罰せられること、ほめられること、おとなしくさせられることもだ。


　花、それは未来の果実を期待させるものだ。ヒナはめんどりとなり卵を生む、子牛はそのうち乳をだしてくれる。そう、その時までは苦労し出費がかさみ配慮が必要なのに、それを避けたり、そこに行き着くようにしないことがあるだろうか？
　すべて成長しつつあるものは騒ぎを引き起こすものである。待たねばならぬ期間のなんと長いことか。たぶん年老いたものたちの支えとなり、何倍にもなってかえってくるであろう日を待つことが。しかし、その収穫に、襲いかかりそれを台無しにしてしまうひでりのことや吹雪のこと、そして、ひょうのことも現実はよく知っている。
　我々は、前触れを予期し、見抜き守りとおそうとする。将来起こるであろうことを不安な気持ちで待つことは、今あることそのものに対する軽蔑を強めることになる。
　未成熟なものの市場価値は小さい。結局、リンゴの花が、熟した穀物の場合も同様だが、その果実や、そして、青い芽と同じだけの価値があるというのは、ただ法と神の前においてのみということか。


　我々は、育み、身をもって子どもをかばい、養い、勉強させる。子どもは、何の心配もなくすべてを受けとる。彼は我々なしに存在することなどできないということか？我々にすべてにわたって恩義を払うべきと？
　我々、これがとにかく、唯一の、そして、全てなのである。
　成功への道を知っているから、我々は指示し、助言する。長所をのばし、欠点を抑える。ある方向に向けて、軌道修正し、慣らさせる。彼は無であり、我々が全てである。
　我々は、指揮し従順を求める。
　我々は、道徳的にも法律的にも責任ある存在であり、何でも知っており、予知することのできる存在であり、子どもの振る舞い、魂の動き、思考、そして、目論見の裁定者なのである。
　我々は、人に委ねてみたり、我々の意志や理性にしたがって、その実行を点検する。我々の子どもたち。我々の所有物。手を引け！
　（何かが変化してきたことは確かだ。もはや家族の意志やその排他的な権威のみならず、

なお慎重なものではあるが社会的なコントロールも変化してきている。わずかに、目だたないものではあるが。)

　貧しき者は施しものを思いつくままに処理するが、しかし、子どもにはそもそも自分のものが何もない。彼はただでもらってもその都度自分のために使う目的を必ず弁明しなければならない。
　むしりとってはならなぬ、こわしたらだめ、汚しちゃいかん、あげたらだめ、軽蔑して相手を退けてはならない。子どもは、満足であるということも受け入れなければならない。すべては指定された時に、指定された場所で、分別よくその使命にしたがって。
　おそらくそのためだ。だから、彼があんなにも値打ちのないつまらないもの、それは我々のうちでは驚きと憐れみを引き起こすもの、それを価値あるものと考えるのだ。いろんなガラクタ、それらは唯一ほんとうの個性と豊かさをもっている、靴紐、小箱、ビーズもだ。
　これらの宝と引き換えに、子どもは譲歩して良いおこないで償わなければならない。懇願するか何か手段を講ずるかして。もちろん、要求だけはしてはならない。だれ1人として彼を泣かせたりしない。なにしろ我々は自発的に与えているのだから。(悲しい事だが、金持ち女の仲間うちで起こるのと同じ類いのことだ。)
　子どもの貧困や物質的従属の施しの陰にあるのが大人の子どもに対する不道徳な態度だ。

　我々は、子どもを軽蔑する。それは、子どもがものを知らないからであり、洞察することもなく予感することもないからである。大人の生活の困難や複雑さも知らない。何のために意気込んだり消沈したり疲れたりするのか、また、何が我々の平静を乱したり気分を害したりさせるのかも知らない。そして、考えきったあげくの敗北や破産を彼は知らないのだ。しかし、子どもの繊細な関心をそらすことも、だますことも、いわずにおくことも簡単なことだ。
　彼は思う。現実というのは単純で簡単なものだと。パパがいて、ママがいる。父親は働きに出て母親は買い物にいく。子どもは彼らがその本分を裏切ることや、自分のためあるいは自分以外のために大人がたたかうやり方を知らない。
　もし、彼が物質的な心配や誘惑、そして、強い衝撃から免れていれば、彼はそれらのことを判断することもできない。我々の方は、彼のことを瞬間的に判断し、冷淡なものいいで心をつきさし、何も聴かずに不器用なずるさをあばいてみせる。
　いや、ひょっとしたら我々がまちがっているのではないのか。子どものなかに我々が見たいと望んでいることだけを見ているのではないのか？
　そう、おそらく、彼は我々から身を隠し、そして、おそらく、密かに悩んでいるので

はないか？

　我々は、山を荒廃させ、森林を伐採し村をおこし、野蛮な獣を追い払っている。そこには、以前密林があり沼地があった。そこに実に多くの村落がある。我々は、新しい土地に人間を植え付けてきた。

　我々によって世界は征服され、我々に獣は従い、鉄も我々のものとなった。有色人種が奴隷化され、共通の区画のなかで民族の相互関係が決定され、大衆は抑圧される。公正な秩序が確立するまでにはまだしばらくかかる、さらに多くの侮辱や苦難が現れるであろう。

　子どもがもつ疑いやその抗議はつまらないことのように思われている。

　子どもの明快な民主主義は、階級制を知らない。早くから子どもは、熟練の汗も同じ年頃の苦しむ子どものことも、そして、切り殺される鶏のこともかわいそうに思う。彼の身近な仲間である犬、鳥、蝶、花、小石も貝殻も彼には兄弟なのである。高慢には縁のない成り上がり者、子どもには、魂が人間のみに存在するなどということは思いもよらない。

　天気のよい秋の1日は貴重なものだ。陽が照ることがまれだからだ。しかし、春のそれは、まだ青いだけだ。それは、多少なりとも彼の幸福のために、何に向かってそうするのかはっきりしないが、自分が努力しなければならないという、そんな気を起こさせるくらいのものである。我々は、せわしくそして冷ややかに子どものもとから離れる。我々は、彼の多様な生活をそして喜びを、彼がやすやすと手にいれるものとして軽視しているのである。

　そうだ、我々にとっては最も貴重な瞬間と年月が駆け抜けていく、しかし、子どもにはまだ時間があるし、まだ間に合う。しばらく待つこともできるというわけだ。

　子どもは、兵隊ではないから、祖国を防衛することもない。彼らと一緒に苦しんではいるけれども。

　子どもの意見を考慮する必要などない、彼は有権者ではない。声明を出したりしないし、要求したり、そして、威嚇することもない。

　弱く、小さく、貧しい従属者、彼にまだ残されているのは、将来市民になることだけである。

　寛容であることも、厳しくあることも、手荒くすることも、どれもこれもみな、軽蔑である。

　鼻ったれ坊主。まだ、子どもだ。未来の人間だ、今日のではなく。本質的に、彼は、将来彼がそうなるもの以外の何者でもないのだ。

監視すること、瞬時も目をそらさず。監視すること、ひとつ残らず。監視すること、足をとめることなく。
　倒れる、ぶつかる、怪我をする、汚れる、泣く、痛む、摘みとる、ばらばらにする、こわす、どこかにしまい込む、なくす、放火する、泥棒の仲間入りをする、自分自身にまた我々に損害を与え、自分自身や我々をまた遊び仲間をだめにするかもしれないからだ。
　監視することか。そこにはどんな自立的契機もない。それは、全く管理者と批評家だけの権利である。
　どれだけ何を彼に食べさせるのか、どれだけいつ彼に飲ませるのか、自分の能力の限界も知らない。してみると、食事養生、睡眠、休息のための、ただ警備に立つだけのことになる。
　どのくらい長きにわたって、いつからそうしているのかって？　いつもだ。成長にともない、子どもに対する不信は別の性格をおびてくる。しかし、減少することはない。むしろ増大しながらである。

　わがままに、気まぐれに、強情に打ち勝つことだ。
　慎重であること、用心深くあること、危険なこと、心配ごと、予想すること、あるいは予感することの能力まで、教え込む。
　我々、経験ある者は、周囲にどれくらいの危険や、待ち伏せ、わな、不意の運命的な出来事、そして、カタストロフィーが存在するのかを知っている。
　しかも、我々は、慎重さが何の保証にもならないことも知っている。それ以上に我々は、清廉な良心をもつということ自体に対して疑いを持っている。そして、自分に何の責任がなくとも、災難に会うという現実も知っている。

　腕白な興奮が愛らしい彼をとらえる、何と彼は見事に悪事にひきつけられるのか、驚くばかりだ。彼は、喜々として、悪のささやきに耳をかし、それも最もよくない見本にしたがってしまう。
　堕落するのは簡単だが、矯正（きょうせい）するのは難しいという。
　我々は、彼の幸福を望み、安らかであることを期待する。自分の経験は、残らず彼に伝えられる。手をさしのべさえすれば、そう準備完了！　我々は何が子どもに有害であるかを知っており、我々自身にとっても、何が有害なものであったのかを覚えている。たとえそれから免れていて、それと見てわからなくとも、試すことがなくとも知っているのだ。
　「覚えておきなさい。知っておきなさい。理解しなさい」
　「自分で納得するように。自分で見て確かめなさい」

聞くわけがない！　どうやら冗談を言っているのか、嫌がらせを言っているのだ。
　彼は聞いてきたとおりのことに従っているのであり、やってきたとおりのことに従っているのである。彼自身、明らかに、あらゆる悪事を志向し、悪い危険な道を選択している。

　いったい意味のないいたずらやばかばかしい悪ふざけ、説明のできない突飛なことにどうして我々は我慢できるのかとそういわれるのか？
　その（子どもの）本質をひそかに不信の目で見る人がいる。従順で素朴なように思われていて、その実、ずるくて悪賢いものだと。
　コントロールをかいくぐることも、油断させることも、だますこともできる。いつでも彼には言い逃れや口実が準備され、言わずかくしていることがあり、そして、まったくの嘘も言ってのける。
　信頼のおけぬ、そういう彼は様々の種類の疑いを招く。軽蔑と不信、嫌疑がかけられ訴えられる。
　悲しいことに同類じゃないか。乱暴者、酔っぱらい、反乱者、狂人。ひとつ屋根の下、何と我々と一緒じゃないか？

　**憎悪**

　そんなことは全くない。我々は子どもたちを愛している。彼らは、我々の生活のなぐさみであり、快活さであり、望みであり、喜びであり、安息であり、光である。我々は、おどして追い払ったり、厄介なめにあわせたり、苦しめたりなんてことはしない。子どもたちは、自由だし、幸せなはずだ……
　しかし、まるで彼らが負担になったり、じゃまになったり、付け足しになったりするのはなぜなのか？　愛すべき子どもに対する憎悪はどこから生じてくるのか？

　子どもがこの無愛想な世界を迎え入れるに到る前に、すでに、家庭生活は八方塞がり、ぼう然自失の状態となってしまっている。取り返しのつかない短い何か月かのこと、そして、待ちに待ったしかるべき喜びのことが忘れ去られているのである。
　気分のすぐれない不活発な期間が続き、やがては病気となり痛みを覚える。不安な夜は続き、余計な出費がかさむことになる。平静を失い、秩序は乱れ、収支のバランスも崩れる。
　おむつの酸っぱい臭いと耳をつきさす新生児の泣き声。それと同時に、夫婦を束縛する鎖の音がする。
　口にだしてはならず、考えぬき見通しをたてねばならぬというのは、厄介なことだ。
　しかし、我々は、待たねばならぬ。おそらく、辛抱づよく待たねばならない。

ところで、やっと彼が歩き始めしゃべり始める時、ずっと地面に近いところでわけのわからぬことを言っているのだが、もう彼は、すべてを感じとり、すべてをさぐっている。とはいってもやはりじゃまをしたり、秩序を乱しているのだ。小さな不潔な専制者。
　彼は損害を与えてみて、自分のやったことと我々の分別ある意志とを対比してみる。彼は、彼の本性にとってそれが望ましいことだということしか求めないし、わからない。
　小さき者を軽視してはならない。子どもに対する軽蔑は、小さな足で立ったときから積み重ねられている。しわくちゃな新聞、服や壁紙の汚れ、濡らしたじゅうたん、こなごなになった眼鏡やみやげ物の花瓶、こぼした牛乳、そして、ざんげ、医者への謝礼。
　彼が寝る時というのは、それが自分にとって都合のいいときだからというわけではない。また、彼が食べるのは自分にはそうすることが必要だからというわけではない。我々はそのように考えてきた。だから、笑い始める。しかし、彼は驚き、泣き出す。ああ何ともろいのか！　どんな不注意も病いに直結している。新たな困難を予告しながら。
　かりに片方の親が許したとしても、もう一方は、あてつけに容赦せず、揚げ足をとったりする。母親の他にも、父親、祖母、女中、近所の女たちが子どもについての自分の意見を持っている。さらに、母親も母親であるにもかかわらず、あるいは、こっそりと子どもをこらしめている。
　小さな陰謀家たちは、しばしば大人たちの間の衝突や圧れきの原因となる。いつもだれかが文句を言われ恨みをかうことになる。ばかげたことのために責任を問われるのはだれよりもまず子どもである。しばしば偽りの優しさのかげに軽蔑そのものが隠されており、子どもは、他人の罪の責任をとらされることになる。
　（女の子も男の子も、彼らが"子ども"と呼ばれることを好まない。最も小さな頃と同様の同じ呼び方で、否応なしに遠い過去の責任もとらされ、少年のときの悪い評判をも背負い、自分に対する多くの非難を、もう関係のないはずの年長になってもじっと聞かざるをえなくなるからである）。

　子どもが我々の望むとおりになることがどれほどまれなことか、彼らの成長がどれほど頻繁に失望感を伴うものであることか！
　とにかくもう、……しなけりゃならないのだ。
　我々が自発的に彼に与えることとひきかえに、彼には義務がある。努力し何かの埋め合わせをしたり、理解して、同意したり拒否する義務もある。しかし、何よりもまず、感謝の気持ちを試される義務がある。しかも、その義務や、要請は年をとるにつれてさらにふくれあがる。ところが、我々のまさに望んでいるところにくらべれば、それらの義務の履行はますます小さく期待はずれのものとなっていく。
　我々は教育に向けてきた時間や権利そして期待の一部を学校にゆずった。警戒心は2倍になり、責任もより増し、相対立する全権同士の衝突も起こるにいたった。諸欠陥が

明るみに出る。

　親たちは、子どもを大目にみる。彼を見逃すというのは、明らかに罪をみとめているからである。何が子どもにそうさせているのか、何が子どもをだめにし害をもたらしているのかを知っているからである。時おり母親というものは子どもが他人の非難に対して、自分の疑いをはらすために仮病を使っているということを見抜くものである。

　一般に母親の声は扉をあけることはない。その声は、おどしの調子でそもそも効果をもつ資質をもっていない。経験ある教育者、専門家の意見に委ねるのがよいであろうか。子どもは我々の好意に応えてくれるだろうか？

　個人の家に雇われた教育者というのは、まれにしか子どもの仕事をするのに望ましい条件を見いださない。

　疑い深い管理にしばられて、彼は他人の指示と自分の確信との間を、また、外からくる要求と自分の平静や快適さとの間を巧みに切り抜けることを余儀なくされる。彼は自分に委ねられているがゆえに、法的な後見人や雇い主のあやしげな決定の結果に甘んじなければならない。

　言わずにおくことや難しいことに何度も直面することを求められて、教育者は、戦意を喪失し、偽善に慣れ、怒りやすくまた、怠慢にもなる。

　年とともに大人が望むことと子どもが目指すものとの間の距離は広がっていく。卑劣な抑圧の方法の知識も増えることになる。

　ありがたくない仕事に不満の訴えが現れ始める。もし、神が誰を罰することを望むかといえば、それは教育者の方である。

　子どもたちはやんちゃで騒々しく、生活やその謎に興味津々である。そんな子どもたちが我々を消耗させる。彼らの疑問、驚き、発見、試み、これが好ましくない結果をもたらすのはしばしばであり、我々は頭をかかえてしまう。

　我々はまれに助言者であり慰め手であるが、もっと頻繁に厳しい裁判官である。猶予なき判決と懲罰とがもたらすひとつの結果。

　ふさぎ込みと反乱の数はよりまれになるが、その代わりより強力に、そして、より頑固なものになる。結局、監視を強め、その反抗を抑え込み、思いもかけないできごとから身を守ることにしかならない。

　こうして、教育者はそこで傾いた斜面を転がり落ちるだけだ。

　軽蔑し、信ずることなく、嫌疑をかけ、追跡し、捕まえ、小言をいい、刑をいいわたし、罰し、繰り返しのおこらぬように適当な方法を見つけだす。

　ますます頻繁に禁止し、容赦なく強制し、子どもがページのたびによりじょうずに書くとか生活の1時間を満たすとかの努力をしていることなどまるで見ようとはしない。

そして、冷淡な断定をする。だめだ。
　許しの瑠璃色はまれであり、怒りと憤慨の赤紫色は頻繁である。(強調は原文のまま)

　子どもの集団の教育となればどれほど大きな理解が必要となるだろうか、そして、ここではどれほど容易に非難や侮辱という過ちに陥ってしまうのだろうか。
　1人でさえ、小さな弱々しい者が彼を疲れさせる、のみならず、何人もが同じことをしでかして彼を怒らせる。なんとしつこくうるさいのだろう、口では言いあらわせられぬほどだ。なにしろ群れをなしてかえってくるのだから！
　結局あなたは捕まえようとする。子どもたちではなく、群れを。塊ごと一味を、悪党たちを、子どもたちでなく。
　あなたは、あなたが強いという考え方にならされてきた。しかし突然自分が小さく弱いものだということを感じ始める。群れ、これは総重量の点でも巨大な経験が蓄積されているという点でも極めて大きなもので、抵抗のために固く結集しているかと思えば、十組の足と手に分解もする、そして、頭。その各々が別々のことを考え、胸にはそれぞれの望みがかくされている。
　教室や寄宿学校で新米教師になることがどれほどつらいことか、そこでは厳格な服従生活に拘束されて、鉄面皮となり荒れた気分になっている子どもたちが、暴力的なギャング集団に組織されているではないか！　総力をあげてあなたの意志にむかって襲いかかり、障壁を突破しようとするときの彼らがいかに強く荒々しいことか、子どもじゃない、自然のものではない！
　彼らのうちに潜在的革命がどれくらいあるか。そのことについて教育者は語ろうとしない。それは、彼が子どもたちより弱いということを認めたくないからだ。
　一度学んでしまった教育者というものは、子どもを抑圧したり服従させるその方法にしがみつくものである。どんなくだけたことも、無邪気な冗談もない。答えのときのつぶやきや、肩を落としてみたり、悔しいしぐさをしてみたり、強情に黙りこんだり、にらんでみたり、そういったことがいっさいない！　軽蔑や悪意にみちた強情とを根こそぎにし徹底し払拭することだ！　彼は、先導者たちに特別の権利をあたえて買収し、自分の手先にする。そして、罰の公平さに配慮することなく、まさにきびしく教訓をもってする。それは、暴動の最初の火花を時を失することなく消し去り、群れの豪傑たちが、心のなかでさえ、うっぷんを晴らしたり要求を提出したりすることのないようにするためだ。
　子どもの弱さは優しさを呼び起こすものだが、子ども大衆の力は、反乱を引き起こし侮辱的な行動となる。
　偽りの判決は、子どもを親密な態度から一転して不遜なものにし、優しさに対しても無規律、無秩序で応えることになる。

しかし、無頓着、無能力、救いようのない愚かさを我々は優しさと呼ぶわけにはいかない。文無しになった賭事師や人間嫌いを除けば、教育者の中でどんなひとつの仕事にさえも耐えることなくどんな責任あるポストにむかない、そういうくだらぬ連中に出会うことがある。

しばしば、こんな教師がいる。子どもと遊びだし、すばやく、簡単に、難なくドアをくぐりぬけてしまいたいと思っているそんな教師である。もし気分がいいなら、はしゃぎまわりたいと思っている、集団の生活を綿密に組織することなどしないで。時としてこれらの殿様ぐらしのあまやかしが不快な気分といれかわってしまうこともある。そんな教師というのは子どもの瞳に映る自分自身を笑いものにしているようなものだ。

しばしば、野心家かとも思われるような教師もいる。人間を簡単につくりかえるのだという野心である。説得と優しい教えとによってそうするのだと。それは、感動させ、心を改めるという約束をおびき出しさえすればよいのだ。そんな教師にはいらいらするし、うんざりする。

友だちを見せしめにするそんな教師もしばしばである。言葉では連帯を装いながら行動では、最も油断のならない敵であり侮辱者であることも。こういう教師は排斥される。

鼻であしらえばその返答が軽蔑となり、好意に対しては嫌悪と一揆、不信に対しては、地下活動（陰謀）である。

長年の経験からますます明らかとなってきたことは、子どもは尊敬され信頼するに値し、友人としての関係に値するということだ。そして、優しい感性と陽気な笑い、純真で明るく愛嬌ある喜びを我々は彼らとともにすることができるということ。この仕事は、実りある生きいきとした、美しい仕事であるということも。

ひとつだけ疑問と不安に思うことがある。

なぜか、最も信頼していた者が問題を起こし、その策略を企てるといったことである。

どういうわけか、まれだが、しかし実際起こることで、突然グループ全体の常軌を逸した大衆的爆発が起こる。なぜなのか？　たぶん、大人の方もこのうえなくよりしっかりした信頼にたる落ちついた、そういう大人が彼らに信頼を寄せていたのであるが。

私はずっとその回答を捜し求めてきたが、ようやくわかってきたことがある。

１．かりに教育者が子どもたちのなかに、彼にとって特に価値あると思われるそういう性格の特質や長所を見つけ出し、もし、それらすべてを調和させ、すべてをひとつの方向に向けさせようとすれば、彼は誤った道に踏み込むことになるということだ。そういった時というのは、彼の要求に応えるふりをしているか、別の場合はまさにその暗示に一時的に屈服しているだけなのである。ところが、子どもの本来の顔が現れ、教育者のみならず、子どもも自分の失敗を痛感することになる。それも、不健全なかたちで。

資料〈コルチャック『子どもの尊重される権利』（1929年）〉

仮面をかぶろうとする努力、あるいは、感化しようとする努力が大きくなればなるほど、その反動は激しいものになる。子どもが自分自身に、本来の姿になったとき、彼に失うものは何もない。ここからどれほど重要な教訓が得られることか！

2. 評価の一方の尺度は、教育者の側にあり、他方は子どもたちのなかにある。彼も、彼らも、精神的な富を見いだしている。彼の方はこの精神的な富が成長することを期待する。ところが彼らの方はその富からどんな利益が得られるか、それも今、どんな利益が得られるかを期待する、子どもというのは、何かを所有しようとするよりはむしろあるものを分かちあおうとするのではないか。そうでなければ、自分を、他に与える権利などない、高慢でどん欲なエゴイスト、けちんぼうとみなしている。おとぎ話を話してみせたり、芝居を演じてみせたり、絵を描いてみせたりもしない、助けたり、何かに奉仕したりもしない。まるで、「お世話よろしく」、「お願いあるのみ」といったところだ。ひとりになってはじめて、子どもというものは、太っ腹なところをみせてその固有の子ども社会での好意を買おうとする。その固有の社会は、そういう変化を喜んで迎え入れるものである。そこで突然彼が堕落したわけではなく、逆に、そこでわかったのだし、改心したのである。

すべてがそうさせたのであり、みんな一緒に侮辱してきたのである。

3. 私は、猛獣の調教に関する本のなかでこの解釈をみつけた。私は、それが典拠であることを隠したりしない。ライオンが危険なのは怒って興奮しているときではない。じゃれて遊びに夢中になりしばらく遊びにふけっていたいと思って回っているときなのである。群れとなれば強力であり、ライオンなれば…。

解答は、心理学に求めるよりもむしろ、しばしば医学、社会学、倫理学、歴史学、詩、刑法学、祈祷書のなかに、そして猛獣の調教書のなかに、求めるべきである。芸術は、永遠なり。

4. まさに陽の光のように(もちろん、過去のでなく！)まぶしい説明の時がやってきた。子どもは、空中の酸素を吸って酔うことができる。大人がウォッカで酔うように。興奮、コントロール中枢機能の停止、熱中、頭の鈍り、一転して、動揺、後味の悪さ、胸焼け、罪の意識。私の観察は、厳密に臨床的なものである。そして、ほんとうに尊敬すべき市民のなかにも、頭の弱いのがいるのかもしれない。

子どもを叱りつけない事。この子どもの明らかな陶酔は、感動と尊敬の感性を呼び起こし、また、敬遠しあったり分裂させたりすることなく、接近させたり連帯させたりするものである。


我々は、自分の欠点や罰に相当する振るまいを隠している。我々の滑稽な特徴や悪い習慣、おかしな側面を非難したり、注意したりすることは、子どもに許されない。我々は、自分を完成したものとして振るまうからである。最高の高みにたって侮辱で威嚇しなが

ら、我々は、支配者階級の、そして、彼らの最高機密に吸収された選ばれたるカーストたちの秘密というものを守る。破廉恥にもすべてをあらわにしさらし者にすることができるのは子どもだけだ。

　我々は子どもと遊ぶのに印のついたいかさまトランプをもってする。我々は子どもの年齢の未熟さに対してその道にたけた大人の強みで打ち負かすのである。いかさまカード師、つまり、我々は、最も悪いカードが子どもにわたるように、カードを選びとるのである。結局、我々のもとに良いものが、価値あるものがくるように。

　わが怠け者、軽薄な美食家、おろか者、不精者、山師、うそつき、ペテン師、酔っぱらい、スリはどこにいるのかだって？　我々の暴力、公然、非公然の犯罪がどこにあるのかだって？　くだらぬ喧嘩、策略、妬み、中傷、恐喝、おしゃべり、精神を堕落させること、様々の問題、名誉を傷つけること、こういったことがいったいどれくらいあるだろう。どれくらい静かな家庭の悲劇があるのか、子どもはその被害をこうむる。子どもは最初の受難者であり犠牲者である！

　その上、我々は罪を彼らに帰し、彼らに原因があるとみなすことができるのだ！

　何しろ大人社会は綿密にふるいにかけられたりろ過されたりしているというじゃないか。人間社会のくずがどれくらい排水講に流され、墓場や監獄、精神病院に吸い込まれていっていることか！

　我々は、年長者を、経験あるものを、有無をいわせず、尊敬するよう命じている。ところが、子どもにとっては、より大きな最も身近な彼らの年長者は、教唆や圧迫でしつこくつきまとわれている未成年の子どもたちなのである。犯罪を犯し心の平衡を失った子どもは、保護なくあちこちを放浪し、押しあいへしあいしながら、だましたり、つりこまれたり。そして、すべての子どもが彼のために連帯責任を負うのである（時としてほんのちょっと我々大人のところにもそれが及んでくる）。これらとるにたらぬ事どもが、社会的世論を憤慨させ、子どもの生活に現れる明らかな汚点として際だたせることになる。このとるにたりないことがまさに昔ながらのその方法を押しつけてくるのである。子どもをおとなしくさせるためである。これは厳格に取り扱い抑圧することでもある。これは心に痛手を与え、きびしくあたる、つまり、乱暴することでもあるのだか。

　我々は、子どもに組織することを許していない。軽視し、信ずることなく、好むことなく、彼らのことを配慮するわけでもない。専門家の関与なしにすますことはできない。この専門家とはいうまでもなく子どものことだ。

　愛撫というものが何であるかということに、我々が疑いをもつべきではないというのは本当のことか。我々のところでは好意あるものとして表明されてはいるが、それをもって子どもを苦しめているのではないか。我々は子どもを愛撫しながら、我々はそれが愛撫だと思いこんでいるのだが、手足も出ないほどに腕のなかにかくして抱きしめ、家な

き苦悩の時や主人なき放置の時にその保護や避難所を求めるように、そこに逃避しているのである、子どもに苦しみと悲しみの重荷を課しながら。こういうことを我々は本当に理解していないのだろうか。

　まったく別の愛撫、これは子どもへの逃避でもなく、期待して祈ることでもない、それは、許しがたい求めであり、子どもに肉体的な感覚を引き起こすものだ。

　「抱いてあげよう。私は悲しいのだ。キッスをしておくれ、私もそうしよう。」

　エゴイズムだ。好意からなんかじゃない。

### 尊重される権利

　生命にはあたかも2つのものがあるかのようである。1つが、重んぜられ尊敬に値するもの、そして、もう1つが我々の寛大さによって許容されるより価値の低いものである。我々は、未来の人間、未来の労働者、未来の市民という言葉を使う。それらはまだ先のことであって、現実のものになりはじめるのは後のことであり、これが本当のものになるのは未来のことなのである。つまり、今のところ、彼らがうるさくつきまとうことが大目にみられる、彼らにはそのような恵みが与えられはするが、しかし、我々にとっては彼らがいない方が好都合というわけだ。

　いや違う！　子どもたちは過去にいたのだし、そして未来にも、いるのである。子どもは、不意にほんの短い時のうちに我々をとらえたのではない。子どもというものは、笑顔をつくろって挨拶しながら大急ぎで往来するそんな通りがかりに出会う知人とは違う。

　子どもは、人類のなかで、人口のなかで、民族のなかで、住民のなかで、同胞のなかで大きな割合を占めており、彼らは我々の誠実な友人である。今いて、過去にいて、そして、未来にもいる。

　生命は戯れに存在するのか？　いや、子どもの時代は、人間の生のうちにおいて長い重要な年月である。

　古代ギリシアやローマの苛酷な法律は、子殺しを許容している。中世には、漁師たちは、川から溺死した小児の死体を網でたぐりよせた。17世紀パリでは、年長の子は乞食に売りさばき、小さな子はパリ聖母寺院にただで引き渡した。これは遠い過去のことではない！　今日、子どもがじゃまであればこれを放り出している。

　私生児、捨児、浮浪児、搾取される子、堕落に引き込まれている子、虐待を受けている子、こういった子どもの数が増大している。法律は、かれらを擁護しているが、しかし、どの程度十分なものか。世の中の多くのことが変化してきた。旧い法律は再び検討されねばならない。

我々は、多くのものを手に入れてきた。我々はすでに多くの果実を得ているがそれは自分の労働のみによる果実ではない。我々は、巨大な財産の相続人であり、株主であり、その共有者である。我々が有する都市、建築物、工場、鉱山、ホテル、劇場がどれくらいの数となっているか。商品市場はどのくらいに広がりそこでそれを輸送する船はどれくらいあるのだろうか。需要者は殺到し、その売りを求める。

　この総額から子どもに支払われるのはいくらであり、恵みや施しものでなく、彼の分け前として振り落とされているのはいくらか、収支をあわせてみよう。良心に基づき確かめをやってみようじゃないか。我々は、子どもの国民に、背丈の小さい民族に、隷属化された階級に、彼らが享受すべき分け前をどれくらい与えているのだろうか。相続は平等か、義務とされる分け前はどのようなものでなければならないか、我々、不誠実な後見者は、子どもから彼らの正当な分け前を取り上げていないだろうか、収奪していないだろうか？

　わが国において、子どもにあるのは、窮屈で、息苦しく、うんざりするような、貧しくて厳しい生活である。

　我々は、普通教育を実施した。登録と学校徴集を伴う強制的知的労働をである。我々は、子どもに、対照的な権威の相矛盾するふたつの利害を一致させる、そのような労働を課したのである。

　学校は、要求する。しかし、必ずしも親は喜んでいない。家庭と学校の間の対立が、子どもには全くの重荷となっている。親は、常に公正とは限らない子どもの訴えに際して、学校から押し付けられる自らの監督責任を逃れるために、学校と連帯するのである。

　軍隊教育も、同じように、兵士を勲功のために、その徴集の日に向かって準備するだけのものである。しかし、国家は、兵隊にすべてを与えているではないか。国家は、彼らに屋根の下での生活をまた食料を与えている。制服、カービン銃、金銭支給を受け取るのは、彼らの権利である。施しものではない。

　一方、子どもは、義務的普通教育に服しながら、親や共同体のもとで施しものを乞い願わなければならない。

　ジュネーブの立法者たちは、義務と権利をごちゃごちゃにしている。宣言の調子は、要求ではない、忠告である。善良なる意志への呼びかけであり、愛顧を求める願いである。

　学校は、時間の、日々の、年月のリズムを作りだした。学校で働く者は、若い市民の現時点の必要を満たしてやらなければならない。子どもは、利口な存在である。自分の生活に必要なもの、生活の困難、生活の妨げになっているものをよく知っている。専制的な命令も、押し付けられる規律も、疑い深い管理もいらない。子どもたちには気転のよく利いた話し合い、経験や協力や共同生活への確信がある！

資料〈コルチャック『子どもの尊重される権利』（1929年）〉

子どもは愚かではない。彼らの内にいる愚か者は、大人のなかの愚か者より少ない。濃紫の（法衣）マントをまとった年寄りがおり、我々がしばしば無意味、無批判、不実行と名づける命令がある。時折、白髪の愚かな毒舌の攻撃に、利口な子どもたちがあきれて立ち止まることがある。

　子どもには未来がある、がしかし、過去も、ある。記憶する出来事、思い出、そして、本当に自分だけの物思いにふけった多くの時間がある。

　我々と同じように、…違っていないのだ…、彼は覚えもするし忘れもする、評価したり過少評価したり、論理的に思考したり、もし知らなければまちがいもする。信用することに慎重であったり、疑ったりもする。

　子ども、それは異邦人である。彼は言葉を知らないし、通りの方角を知らない、法律も慣習も知らない。時折自からどこかに迷いこんでしまうことがある。指示を求めることも助言をうることもできない。礼儀正しく質問に答えてくれる案内人が必要である。

　彼が知らないということを尊重されよ！

　悪意のある人間、詐欺師、悪党は、異邦人の知らないということを利用して、理解しがたい解答を与えてわざと誤った道に連れていく。乱暴者が鼻先で自分に向かって何か言っている。そう、我々は、親切に教えてやろうとしているのでなく、終始ガミガミ子どもをどなりつけているのだ、きびしくたしなめたり、叱ったり、罰したり。

　かわいそうに子どもの知識がどれほど貧弱なことか、彼はそれを同年者から得たのではない。大人の言葉や会話をこっそり盗みぎきしてはならないのだ。

　認識という活動を尊重されよ！

　失敗と涙を尊重されよ！

　破れた靴下のことだけでなく、引っかき傷のある膝のこと、粉々になったコップのことだけでなく、切り傷のある指やあざやこぶのこと、つまり、痛みのことだ。

　ノートの上にインクのしみ。これは不幸なできごとだ、不愉快、失敗だ。

　「パパがお茶をこぼしたとき、ママは言った。『なんでもないわ』って。でも、僕だったら必ずおこられるんだけどな。」

　子どもは、痛みや侮辱や不公平に慣らされていない、そのためにより頻繁に泣き叫ぶのである。しかし、その子どもの涙に対してすら、滑稽な小言をいってしまう。それほど大事なこととは思われず、腹を立てているのである。

　『ほら、ぴいぴい泣く、ギャーギャー泣きわめく、めそめそ泣く、泣き虫』

　（子どもを利用するために発明された大人の辞典にある言葉のブーケだ）

　強情とわがままの涙。これは無力と興奮の涙だ。抵抗の絶望的な試みか、援助を求めるアピールか、監督保護の怠慢に対する訴えか、子どもを愚かにも拘束し従属させていることの証拠か、どこか具合の悪いことの現れであるか、しかし、いずれにせよ、子どもにとって苦痛である。

子どもの財産と子どもの見積もりを尊重されよ！　子どもは、家庭の物質的心配を大人とともに分かち合いながら、その不足をひどいものと感じている。自分の貧しさと同級生の満ち足りた様子を比べながら、わずかな金でさえ家庭を貧しくするその金のために思いわずらっている。彼は厄介者になることを望んでいない。

　いったい、どうしたらいいのか、帽子や、本や、映画にいくことがいつ必要になるか。ノート、それはノートを仮にいっぱいにしてしまったときのことであり、鉛筆も、それは鉛筆を手に入れることができてのことであり、あるいはそれをなくしてしまったときのことだ。それに、何かの記念に身近な友だちに何かあげたいと思ったり、お菓子を買いたいとか友だちに貸してあげたいものとかあるではないか。それらの必要、望み、誘惑がどれほど切実なものか、しかもそれらはない！

　年少者のための裁判における圧倒的な盗みの事実、これを捨ておくのか？　子どもの考える見積もりを軽んじることは、己れに対する報復である。罰することなどできない。子どもの財産、これはガラクタではない、乞食のように貧しい生活資料と労働の道具、そして、希望と思い出である。

　想像上のものではなく、正真正銘いま現時点の心配や不安があり、苦い悲しみがあり、そして、若き年代の幻滅がある。


　子どもは成長する。より緊張する生命、より速い呼吸、より活発な脈拍、子どもは、自分をつくりあげる。より大きくさらに大きく。より深く生命に根をおろしながら。昼も夜も、成長している。寝ているときも寝ずにいるときも、愉快なときも悲しいときも、いたずらをしているときも、あなたの前で懺悔しているときも。

　春がやってきて発達の仕事は2倍になる、そして静かな秋が来る。ほら、体つきががっしりとしてきた、心の方は、それに追いついていない。不足と過剰。一方で、分泌腺を減らしたり増大させたりの化学作用が起こり、また他方で、不意のできごとや不安が生まれる。

　彼には、息つくために、闘うことや重荷をかついだり稼いだりすることを避ける必要がある。そして、身を隠し、幻想に浸り、もの悲しく思い出にふけることになる。焼き入れと、安穏や暖かさや心地好さへの渇望とが交互に入れ交わる。実行へ強力な思いがあり、情熱がある。

　疲労、病気（痛みと冷えた身体）、熱く、寒い、睡魔、飢え、渇き、なにものかの欠乏と過剰、具合が悪い、これらすべては、気紛れでもなければ学校でいう言い逃れでもない。

　成長の秘密を、そして、成長という重苦しい仕事からの逃避を尊重されよ！


　今という時間を、まさに今日という日を尊重されよ！　もし我々が子どもに、意識的

な責任ある現実をもって今日という日を生きさせてやらなければ、いったい、子どもはどのようにして明日を生きることができるのか？

　ふみにじることなく、圧力をかけることなく、明日の奴隷にもどすことなく、非難することなく、急がせることなく、追い立てることなく。

　その各々の瞬間を尊重されよ、なぜなら、それはすぐに消え去り２度と現れないからだ。そして、それは常に真剣勝負である。傷の瞬間は、それは出血となり、死の瞬間は、醜い記憶の妄想となって動揺をもたらす。

　朝、子どもが喜んでたらふく食べて、それから祈ることを許してやりたい。彼にとって、物語や犬との会話、ボール遊び、絵画のつぶさな観察、文字の書き写し、これらに時間を費やすことはなんでもない。すべてが楽しい。彼はまちがっていない。

　我々は、心のなかで死をおそれている、生命というものが、死にたえた瞬間と新たに誕生した瞬間との輪舞（りんぶ）であることを認識していないのである。１年というのは、永遠を平凡な日常生活に照らして解釈するひとつの試みに過ぎない。世界は、微笑みあるいは溜め息と同じくらい長く継続するものである。母親は子どもを育てることを望んでいる。待たされることなどないのだ！　次から次へとある女性が別の女性を迎え、そして、人間を送り出している。

　我々は、ある時代を、より成熟した年とより成熟していない年とに分けることはできなかった。考えてもみよ。未熟な今日というものは存在しないし、年齢にどんな上下階層性もないし、痛みと喜び、そして、希望と絶望の下級・上級といったランクも存在しないではないか。

　私は子どもと遊んでいるか話をしている。そこには、私と彼の生活の成熟したふたつの瞬間が、ひとつに、編み込まれている。子どもの群れのなかでは、私はいつも、瞬間的に、子どものいろんなまなざしや微笑みを迎え、送り出している。腹をたてれば…、やはり私たちは一緒だ、私の悪意ある執念深い瞬間は、彼のたいせつな成熟した生活のその瞬間を追い払うことになる。

　明日の名において否定する？　いったい、それは、それほど魅力があるものなのか？

　私たちは、いつも、これをあまりにも明るいペンキで塗りたくってきたのではないか。予想どおりだ。屋根がくずれ落ちた。なぜか？　建物の土台にしかるべき関心を払っていないからだ。


### 子どもがあるがままで存在する権利

　将来彼が大きくなって何になるのかと、我々は不安な気持ちで自らに問うてみる。

　我々は、子どもが我々より以上のものになることを望んでいるのだ。我々には完成した未来の人間が夢である。

用心深く自らのうちにある嘘を見破るべきである。それは、美しい言葉で粉飾(ふんしょく)されたエゴイズムの烙印が押されるべきである。あたかも自らのことは忘れて献身的であるかのようで、その本質は、手荒なペテン師である。
　我々は、自分のなかで対話を繰り返し、和解させ、自らを許す、そうすることで矯正される義務から逃れてきた。我々はよく教育されていないのだ。しかし、もう遅い！悪習や欠点はもはや根をおろしてしまっている。我々を批判することを子どもに許さない、そして、自分で自分のことをコントロールすることもない。
　自分のことは許し自分と闘うことを拒みながら、その重荷を子どもに負わせているのである。
　教育者というものは、次第に大人の特別の権利を獲得していく。自分のことではなく、子どものことを監視し、自分の過失ではなく子どもの過失を記録するようになる。

　ところで子どもの過失は、それは、我々の平静、自尊心、快適さを標的にするが、子どもには葛藤(かっとう)を起こし、いらだたせ、習慣をうちこわし、時と思考を呑み込んでしまう。我々は、何の悪意もない失敗というものを認めようとしない。
　子どもは知らない、はっきりと聞き取ってこなかったし、わからなかった、じっと聞き入ることもしてこなかったから。過ちをおかす。できなかったし、できない。すべてこれが彼の罪とされる。たまたま不運だったか、あるいは、機嫌が悪かったか、それぞれの難しさか、これも罪であり、悪意である。
　遅すぎるか速すぎるかして、やっている仕事も十分正されない。これも罪である。怠慢か、不精か、注意が散漫か、働きたくないかということにされる。
　侮辱的で実行不可能な要求にたいしてこれをやらないこと。これも罪である。そして、我々のせっかちな悪意にみちた嫌疑。これも彼の罪とされる。子どもの罪、これは我々の恐怖であり、我々の嫌疑であり、そして、良くなるための子どもの努力でさえある。
　「ほら見てごらん、やろうとすれば、できるんだから。」
　我々は、常に、何かとがめだてすることを探しているのであり、そして、どん欲なほどにますます大きなものを要求しているのである。
　我々は、戦術的に譲歩するとか、不必要な衝突をさけるとか、共存生活のために和らいだ雰囲気をつくるとか、そうしたことをしないだろうか。我々の方こそ、頑固で、気難しく、じらし屋で気まぐれなのではないか。

　子どもが我々の関心をひきつけるのは、じゃまをしたり、騒ぎを起こしたりするときである。我々が記憶し思い出すのはそんなときのことだけである。ところが、我々は彼が静かなときや真剣なとき、そして、熱中しているときのことは見ていないのである。我々は、子どもが自分自身や世界や神と対話している無垢(むく)な時のことを過小に見積もってい

る。子どもは、あざ笑われたりきつく言われたりすることで、自分の憂うつな気分や内的衝動を隠さざるをえなくなる。説明したい気持ちを外にださなかったり、正す決意も言い出さずにおわったり。

彼は透徹した眼差しをけっして投げ捨てることなく、驚嘆、胸騒ぎ、嘆き、心の重荷、興奮といったものを自らの心のうちに、隠している。我々が彼に少しはねながら手で拍子をとってもらいたいと思うと、すると彼はおどけた顔でにやにや笑うだけだ。

大声で自分のよくない行いや悪い友だちのことが話される、善のささやきの声を打ち消しながら。善は悪より何千倍も大きいのに。善は、強力であり、堅固である。堕落するのは簡単だが、矯正するは難しいというのは、うそである。

我々は、自分の注意や創意というものを、悪の偵察や調査のなかで、嗅ぎわけたり、つきとめたり、追跡したり、現場をおさえたりするなかで、また、悪い予感や侮辱的な嫌疑のなかで、訓練している。

（我々は老人のためにということで、サッカーをしないようにと監視するようなことをしているだろうか。子どものオナニズムをしつこくつきとめようなんて何といまわしいことか。）

男の子の1人がドアをたたく、ふとんの1枚がきちんと敷かれていない、上着が1つなくなってしまった、ノートのうえのインクのしみ1滴。仮に我々がこれをきびしくたしなめるようなことがなくとも、どんな場合でも、笑いとひきかえに、たとえ1人でも、1枚だけでも、あるいは1滴だけでも、あったという事実を我々は取り返すのである。

不平や口論を我々は耳にとめる。しかし、それらに比べれば、許しや譲歩、援助、気配り、世話、骨折り、稽古の話などはなんと少ないことか！　いくら喧嘩ずきでもかんしゃくもちでも、涙を流したり、笑みで生き生きと輝くこともある。

我々は怠慢であるから、だれもまたどんな時でも、学校日の1万秒（計算されよ）を通じてひとつもめんどうなことがないようにと望んでいる。

子どもがある教育者からするとだめで、他の教育者からするとよいというのはなぜなのか？　我々は、徳や品行の標準を求めているし、さらに、我々は、我々の判断や見本に従っているからである。

歴史上においてそのような暴政の類を見いだすことができるのではないか。ネロたちの世代が栄えたではないか。


健康が一方にあれば、他方に病気があり、価値や肯定的なもののある一方で、不足と欠陥がある。

信じやすいおひとよしのだれかにとっては、その生活がおとぎ話か聖者物語であるような、陽気で祝いの日々のなかで育つそんな子どもの数が多くはないということのもう一方には、年端もいかないのに世の中とは過酷なものであり、ありのままの厳しい真実

をみよと宣告される多くの子どもが存在する。

　野蛮と貧困という軽蔑的な専横によって、あるいは、感覚的には穏やかな飽満と表面的な輝きという軽蔑によって堕落させられた者たち……

　心を汚され、疑い深くなり、人々に反抗させられた者たち、彼らが悪いのではない。

　子どもにとって模範は家庭にだけあるのではない、廊下にも、小屋にも、通りにもある。子どもというものは、周囲の者たちの言葉で語り、彼らの見解を表明し、彼らの身振りを繰り返し、彼らの行為をまねる。我々は純粋な子どもというものを知らないのだ。どの子どもも色々なレベルで汚されているのである。

　ああ、いかに彼は早くそこから抜け出し、清められることか！　これは治療するのではなく、洗い流すのである。子どもは自分を見つけることができて喜び、心からそのための協力をするだろう。お風呂をなつかしく思い出し、そこであなたに、そして自分自身に微笑みかけている。

　どの教育者もそんなナィーヴな成功感を孤児に関する物語から知っている。しかし、これらのケースというのは頭だけで考えている無批判なモラリストの考えから切りとったものなのである。至極簡単なことのようにいわれる。間に合わせの仕事をする者、笑いがとまらない、名声のみを求めるそういった者たちは、功績を自分のものにしようとする、ある時は、必ずしもそうならないことに腹をたてる専制君主である。そんなとき、あらゆる手だてをつくし、説得の薬量を増やしながら、その結果を得ようと奔走する、他の方法は、圧力を加えることである。

　ただ薄汚れている子どもだけでなく、傷や打撲を負った子どもに出合う。刺し傷は傷跡を残さないよう清潔な包帯できつく縛ることになる。裂傷は、それを癒着させるには長くかかり、病んだ傷跡も残ってしまう。それらを消し去ることはできない。疥癬や潰瘍には、さらに骨折りと忍耐が必要となる。

　肉体は治癒すると言われている。願わくばこれにつけ加えられることを。精神も。

　小さなすり傷や学校、寄宿学校のなかでの伝染がどれくらいあるか、悪への誘惑やささやきがどれくらいあるのか。しかし、彼の行為がいかに瞬間的で罪のないものか。恐ろしい伝染病も、寄宿学校の空気が健全で酸素が十分で光が満ちているような、そのようなところであれば、我々は恐れはしないだろう。

　全快のプロセスがいかに複雑でそして次第に奇跡的とも思えるほどになることか。血液や樹液、繊維のうちにどれくらい重要な秘密が隠されていることか。それぞれの破壊された機能や傷つけられた組織がいかにバランスを回復しようとつとめ、自らの課題と照合しようと努力していることか。植物でも人間でもその成長においてどれほどの奇跡が起こっていることか。心のなかで、頭のなかで、呼吸のなかで。最も小さな興奮があるいは緊張が、やがては、より強力な心臓の鼓動となり脈拍のテンポを高めていく。

こうして子どもの精神の軸も強力になってくる。強固な道徳性と鋭敏な良心も備わる。子どもとはかぶれやすいものだというのは、うそだ。
　そして、学校のプログラムのなかに児童学が、残念ながら遅れてではあるが入り込んできたのはまちがいでない。肉体の調和を理解することなく、矯正の秘密に対して深い尊敬を抱くべきではない。

　まにあわせの診断は、活発で批判的な知性をもつ自尊心の強い子どもたちも、そして、あらゆる「望ましくない」健全で純粋な子どもたち、彼らは同時に侮辱的であったり高慢であったり不信に満ちたりもしている、そして、そこに、身なりのみすぼらしい子もいるし、経験にとんだ子も、軽率な子も、ものを考えられない子もいるのだが、そんな彼らをごたまぜにしてしまう。それは、悪い手本に従っているからである。貧弱で無頓着で浅薄な見解に。それは、彼らをまれにしか見られない犯罪的な悪い素質を背負わされた子どもたちと混同しているのである。
　（我々大人は、疎外された者の運命に解毒作用を与えることができるだけでなく、社会に見捨てられた者たちの困難を利用することもできるのだ。）
　彼らと生活をともにすることを余儀なくされた健全な子どもたちは、２倍の努力をすることになる。彼らをだまし彼らを犯罪へと誘い込んでいると。
　えっ、我々？　深く考えもせず、すべての子どもをだれかれの区別なくいっしょくたにして非難し、連帯責任を強要していないというのか？
　「ほらみろやつらはどんなものか。だいたいやつらにできるのはそんなところだ。」
　おそらく、最も重大な不公正である。

　酒飲み、暴力そして狂乱の子孫。過失、それは外からの命令ではなく、内面からの命令の響きである。真っ暗な瞬間、彼は自分が別人となりどうしようもないと感じるとき、彼は、精神的に不具となって自分をおろか者に売りさばくのである。最初の決断。それは彼に悪い行いを命じる力との闘いでもある。何が無益にそうもやすやすと他に身を委ねさせるのか。何がつまらぬ事に、日常を、心の平静を保つ晴れた日々を費やさせるのか。彼はそこで自分自身との血みどろのたたかいをしてその代償を受け取るのである。彼は援助を求める。かりに信じたとすれば、あなたにすがりつき懇願して求めるだろう。「助けて！」と。彼は、その秘密を知ったとき、一度かぎり、その場で一瞬の力で立ち直ることを心から望むのである。
　我々は、浅はかな衝動を用心深く抑えたり、矯正の決定を延期する、そういったことをしないかわりに、今度は不器用に何かを奨励したり促したりしている。子どもは脱出することを望んでいる。ところが我々は彼らを網のなかに必死にとらえようとしている。彼は、自由の身を望んでいる。しかし、我々は巧みな罠を準備している。子どもたちは、

明白にまっすぐに心から望んでいる。しかし、我々は隠すことのみを教える。子どもたちは、我々に完全な長い1日を欠かすことなく与えてくれる、しかし、我々は彼が何か悪いことをすれば一瞬のうちに彼を排斥している。こうすることに何か価値があるというのか？

　子どもはおしっこで毎日のように濡らしてきた、今はまれだが、よくなった、再び悪くなった。たいしたことではない。てんかんの発作と発作の間の休みの期間の方がはるかに長い。風邪のせきも次第にまれになり、熱もおさまってくる。まだ、よくはなっていないが、もう悪化することはない。医者はこれを治療の上でプラスと見なす。ここにはおびき出すようなことも何かを強いるようなこともいっさいない。

　絶望の淵にある完全な暴動、そして、おとなしいおべっかつかいの道徳的仲間に対する軽蔑とが、おそらくもう唯一最後の聖物、すなわち偽善に対する嫌悪感を携えさせながら、子どもを教育者の前に立たせている。そこで何と我々はこの聖物を打ち倒しズタズタに切り刻もうとするのだ。我々は流血の犯罪を犯している、子どもに飢えと拷問を与えながら、そして、野獣のような暴動それ自体を鎮圧するのではなく、裸のままの彼を鎮圧しているのである。浅はかにも従順さと偽善に対する憎悪をさらに白熱させ焼きつくすほどまでにかきたてながら。

　子どもは復讐のプランをたてたりしない、しかし、彼はチャンスがくるまでとっておくのである。そして、もし、彼が善なるものを信じることになれば、そのときは、心の奥底に善なるものへの憂うつさを潜めることになる。

　…何であなたは私を産んだの。こんなひどい生活をするようあなたにたのんだのは誰なの。

　胸の奥底に秘められた秘密を打ち明けることにする。最も打ち明け難いことだが。何かの約束違反や失敗には、辛抱づよい友人のような寛容さで十分である。罪を犯した子どもには愛情が必要である。彼らの怒り、荒れはもっともなことである。彼らの平板な徳にたいする無礼を心から理解してやるべきであり、たった1人で罪をかぶっている彼らと連帯すべきである。今すぐにではないとしても、彼に微笑みの花束を贈ることができるのはいつのことだろう。

　矯正施設では、今もって異端審問（いたんしんもん）が行われ、体罰による中世の拷問（ごうもん）が行われている。そこでは残酷さと合法的な弾圧の執ようさとが一致連帯している。我々はいったい本当にみていないというのか、気の毒に最良の子どもたちにこれら最悪のものを与えているではないか。彼らのどこに罪があるというのだ。

＊＊＊＊＊

　最近のこと、ある柔和（にゅうわ）な医者が、自己の任務に忠実に病人にあまいシロップと苦い薬

を与えた。そして、熱病にかかった病人をしばりつけ、血液をながさせ、餓死させた。陰気な墓場の入り口で。貧しき者への冷淡、富める者を喜ばす。

しかし、彼が求めるようになったじゃないか。そして、彼は受け入れた。

ある医者は、子どものために広場と太陽を獲得した。それは、ある国の総督が子どもに運動や陽気な冒険や仲間に奉仕する喜びを与え、そして、星の輝く夜空のもとでキャンプのかがり火をたき、汚れなき生活をするよう指示したように。我々がこれを紹介するのは恥ずかしい限りであるが。

いったいわが国の教育者の役割とはどんなことなのか。

壁と家具の番兵、家屋の静けさや把手や床の番兵である。家畜が畑に入り込んで荒らさぬよう、大人の仕事やのんびりとした休息のじゃまをせぬよう追いたてる牧人、また、ぼろぼろのズボンや靴の管理人であり、みすぼらしい粥の配給係りである。大人の特権を守る番兵であり、大人の道楽好きの気まぐれなふるまいの怠惰な遂行者である。

恐怖と警戒の屋台、道徳的ガラクタでつまった行商木箱、店から持ち出しの変性アルコールのように、もう香りもなにもない、混乱させ、ただ眠らせるだけの知識を販売している。覚醒させ、蘇生させ、喜びを与えるかわりにである。陳腐な徳の代理人。我々は、子どもたちには尊敬と従順を強制し、大人たちには彼らが心から同情したり、しばらくの間ここちよく興奮するのに手をかさねばならないというわけだ。ほんのわずかな金で強固な未来をつくりだそうというのだ、欺き、隠しながら。子どもとは何か。これは大衆であり、意志であり、力であり、権利である。

医者は、死の淵から子どもを引きずりあげた、教育者の課題は、彼を生かし、彼が子どもであることの権利を獲得させることだ。

研究者たちは決めつけている。成熟した人間は誠実な激励によって導かれる。子どもは衝動的である。大人は論理的であるが子どもは気まぐれな空想に支配されている。大人には、性格と一定の道徳的風格があるが、子どもは本能と欲求のカオスのなかで迷い理路を失ってしまうという。彼らは、子どもが特色あるものとしてではなくて、下級のより弱くて貧弱な心理的体質をもつものとして研究している。あたかもすべての大人が学者先生たちのようである。

一方の大人は、これはどこまでいってもごたまぜものできりがない。田舎じみた諸見解や信念、群れの動物心理、迷信と習慣、父親と母親としての浅はかな振るまい。大人の生活はどこまでいっても、最初から最後まで、無責任である！　無頓着、不精、鈍感で頑固、無思慮、不合理、無分別、大人の酔っぱらいの愚かな騒ぎ…

…対して、子どもの誠実さ、慎重さ、平衡感覚、しっかりとした本分、自己の領域での体験、信頼できる判断や評価の技量、要求の節度をまもる呼吸の完璧さ、感性の鋭さ、過ちを犯さない公正さの感覚。

我々のうちだれが碁盤のうえで子どもたちを打ち負かすことができるか。

　澄んだ目、なめらかな肌、若い力、そして、信じやすい心をどうか尊重していただきたい。消え入らんとする眼差し、しわでおおわれた額、弾力を失った白髪、そして、腰がまがりただ運命に従順であるもの、それ以上に我々が尊敬すべきものは何か。
　陽は昇り沈む。朝の祈りと夜の祈り。そして、吸気と呼気。そして、静かにおとなしく。そして、心臓の衰弱。
　新しい世代が成長する。新たな波が立つ。欠点も、長所も伴いながら。子どもがよりよく成長できるよう条件を与えよ！　不健全な遺産の相続問題で墓場に訴訟をもちこんでも我々に勝ちめはない、やぐるま菊に向かって穀草になっていれば、などと言えるはずがない。
　我々は魔法使いではない。そして、やぶ医者にもなりたくない。完成された子どもという偽善的な物思いから我々はきっぱり足を洗うべである。
　我々は要求する。飢えと寒さと湿気と蒸し暑さと窮屈さと人口密集とを一掃せよと。
　そうだ、病人も障害者もあなたたちが生み出しているものだ。暴動も伝染もあなたたちがその条件をつくり出しているのだ。あなたたちの浅薄な考えと和合の欠如がそれらをつくり出しているのだ。

　伝言。現代の生活を形作っているのは、乱暴な猛獣（homo rapax）である。これこそが行動の原理を支配しているのである。それが弱きものに譲歩しているなどというのは、嘘である。古老を尊敬し、女性を同権とし、子どもに好意をなどというのは欺まんである。世の中をさまよい歩く家なきシンデレラ、感性。そう、確かに子どもこそ、感性の皇子であり、詩人であり思想家ではないか。
　尊重されよ。かりに敬意を払わないにせよ、真白く純粋な、澄んだ、清らかな聖なる子ども時代を！

（初出『季刊教育法』92号 1993年 一部改訳）

〈文献リスト　コルチャック研究資料およびその他本書の研究資料〉

## Ⅰ．コルチャック研究基本文献

〈コルチャック全集・選集・著作（複写を含む）〉

　　Janusz Korczak, Wybor pism, warszawa, 1957-1958, t. 1-4.
　　　oprac. i wstep I. Newerly.（t.1-2のみ入手）
　　Janusz Korczak, Pisma wybrane, warszawa, 1978, t. 1-4.（1984-5 t. 1-4）
　　　wstep i wybor A. Lewin.（1978.t2, 4, 1984. t. 1（複写）, 1985. t. 3 入手）
　　Janusz Korczak, Wybor pism pedagogicznych, warszawa, 1957-1958, t. 1-2,
　　　oprac.E. Frydman.（未入手）
　　Janusz Korczak, Dziela, t. 1-16, Warszawa, 1992-.（ポーランド語版全集最終巻未刊行）
　　Mysl pedagogiczna Janusza Korczaka, Nowe zrodla, Wybor Maria Falkowska（Janusz Korczak.Zrodla
　　　I Studia, Red.A.Lewin, Tom2）, Warszawa, 1983.
　　Janusz Korczak, Kak kochac dziecko, Prawo dziecka do szacunku, Warszawa, 2002.
　　Janusz Korczak, Kak kochac dziecko, Warszawa, 2004.
　　Wyklady korczakowkie, Janusz Korczak-Prawo dziecka do szacunku, Komisarz praw czlowieka,
　　　Ministerstwo Spraw Zagranicznych RP, Council of Europe, 2009.

〈著作選集・教育学著作選集　英語・露語・独語〉

　　Selected works of Janusz Korczak. [Selected from Polish by Martin Wolins. Translated by Jerzy
　　　Bachrach]. 1967 liv, p.742.（英語版選集）
　　Януш Корчак, Избранные педагогические произведение, под ред.М.Ф.Швбаева,
　　　1966,470 с.
　　Януш Корчак, Как любить детей,ред.О.Г.Свердлова, Moskva, 1968. 287с.
　　Януш Корчак, Избранные педагогические произведение, ответ ред.А.Г.Хрипкова,
　　　Москва, 1979.473с.
　　Януш Корчак, Как любить детей,Книга о Вспнтаний Москва, 1990.493 с.
　　Я.Корчак, Педагогические насление, сост.К.П.Чулкова, Москва, 1990.289с.
　　Janush Korczak, Samtliche Werke, Ediert von Friedhelm Beiner und Erich
　　　Dauzenroth, in16 Banden, 1996-2010.（独語版全集）
　　Janusz Korczak, The Child'Right to respect, Commissioner for Human Rights, Council of Europe,
　　　November 2009, Printed in France.
　　A Child' Right to Respect, Rzecznik praw dziecka, 2107, Warszawa.
　　How to Love a Child And Other Selected Works, Janusz Korczak, Selected by Olga Medvedeva-
　　　Nathoo, Edited by Anna Maria Czernow, Vol.1, 2, 2018, London / Chicago.

〈コルチャック著作・研究文献目録　ポ語・独語・露語〉

　　Педагогические насление Януша Корчака（1878-1942）；Библиографический Указатель,
　　　Сост.Андреева Е.П., Гуревич, Научний ред.Рубенчик, НИИ, Общей Педагогики АПН
　　　СССР, Москва, 1978.
　　Janusz Korczak. Bibliografia 1896-1942, Heinsberg, 1985.

Janusz Korczak, Bibliografia polska, 1943-1987, Heinsberg, 1988.
Janusz Korczak, Bibliographie, Quellen und Literatur (dt.) 1943-1987, Heinsberg, 1987.

〈コルチャックの生涯・活動・業績に関する資料・回想〉
Ludwik Barszczewska, Boleslaw Milewicz, Wspomnienia o Januszu Korczaku (Janusz Korczak.Zrodla I Studia, Red.A.Lewin, Tom 1) Warszawa, 1981.
Maria Falkowska, Kalendarz zycia, dzialalnosci i tworczosci Janusza Korczaka (Janusz Korczak. Zrodla I Studia, Red.A.Lewin, Tom3) Warszawa, 1989.

〈ワルシャワゲットー日記〉
The Warsaw Ghetto Memories of Janusz Korczak, 1978, Washinton, D.C., Intro.Edwin P.Kulawiec.
Janusz Korczak Ghetto Diary, 1978, New York, Aaron Zeitolin "The last walk of Janusz Korczak",
Дневник, Я.Корчак；перевод на руский язык, Ю.Зйман, Иерусалим:став, 1981？
Jausz Korczak, Pamietnik I inne pisma z getta, Warszwa, 2012.

〈コルチャック研究　雑誌特集号を含む〉
Е.Л.Мойтрис, Януш Корчак,《Советская Педагогика》№.8.1958.
Janusz Korczak, Zycie i dzielo, Komitet redakcyjny : Hanna Kirchner, Aleksander Lewin, Stefan Woloszyn, Warszawa, 1982.
И.Неверль, О Януш Корчак, (Януш Корчак,Избранные педагогическиепроизведения, под ред.М.ФМ.F.Шабаевой, Москва,1966).
Aaron Zeitlin, "The last walk of Janusz Korczak", Janusz Korczak, Ghetto diary, Newyork, 1978.
Betty Jean Lifton, The King of Children, A Biography of Janusz Korczak, New York, 1988.
Kopczynska-Sikorska Jadwiga, "The rights of the chilld : reflected in the life and works of Janusz Korczak", abridged from a longer paper, given at the Forum of the Japanese National Committee of OMEP, November 1991.
О.Медведева (Ответ.ред.), Память Корчака, Сборник статьей, Москва, 1992.
Р.Валева, Товарищеский суд в детских домах Корчака как орган защи прав ребенка, указ. соч.,Память Корчака.
А.Левин, Януш Корчак, Мыслитель и педагог,указ.соч., Память Корчака.
A.Cohen, The gate of light : Janusz Korczak, the educator and writer who overcame the Holocaust, London and Tront, 1994.
Berding, J.W.A., "Meaningful encounter and creative dialogue : The pedagogy of Janusz Korczak", 《Journal of Thought》, 30 (4/1995).
Lewin A., Tracing the pedagogic thought of Janusz Korczak,《Dialogue and universalism》, No.9-10/1997.
Janusz Korczak, Universal significance of his work and martyrdom (Polish academy of sciences 《Dialogue and universalism》, Vol.VII, No.9-10/1997).
Moacir Gadotti, Janusz Korczak, As the Pioneer of Child's Rights, The sixth international Janusz Korczak Association in Israel, December 15-17, 1998.
Jadwiga Binczycka (red.), Korczakowskie dialogi, Warszawa, 1999.
A.Lewin, Korczak znany i nieznay, Warszawa, 1999.
Janusz Korczak, Educating the World (Polish academy of sciences《Dialogue and universalism》, Vol.VII, No.9-10/2001.

Daniel Galperin, Janusz Korczak : educater, poet and humanist,《Children in Europe》, September 2004.

Идеи Корчак сегодня,《Демократическая Школа》, №2, 2006.

Jadwiga Binczycka, Spotkanie z Korczakiem, Olsztyn, 2009.

Waltraut Kerber-Ganse, Die Menschenrechte des Kindes, Die UN-Kinderrechtskonvention und die Pädagogik von Janusz Korczak, 2009.

Gabriel Eichsteller, Janusz Korczak, His Legacy and its Relevance for Children's Rights Today, 《International Journal of Children's Rights》, Jul.2009, Vol.17.

Barbara Smolinska-Theiss, Korczakowskie narracje pedagogiczne, Krakow, 2013.

〈コルチャック伝記研究〉

Marek Jaworski, Janusz Korczak, Warszaw, 1973.

Israel Zyngman, Janusz Korczak, Wsrod sierot (Izraelu), Warszaw, 1976.

Hanna Mortkowicz-Olczakowa, Janusz Korczak, Warszaw, 1978.

Janusz Tarnowski, Janusz Korczak dzisiai, War., 1990.

Erich Dauzenroth, Zycie dla dzieci, Krakow, 2005.

Joanna Olczak-Ronikier, Korczak, 2011 (Wyd.1, 2002).

〈ポーランド教育史・児童養護史〉

O wychowaniu : umysłowém, moralném i fizyczném / Herbert Spencer ; przeł. Michał Siemiradzki. Warszawa, 1884.

Essays on educational reformers, by Robert Herbert Quick, 1890, London.

Reformatorzy wychowania : zasady wychowania nowoczesnego / R.H.Quick ; przeł. z ang. J.Wł. Dawid. Warszawa, 1896.

Key, Ellen Karoline Sofia, Stuletie dziecka, Warszawa, 1904.

W.Szenajch, Sprawy Polskiego Towarzystwa Pediatrycznego 1918-1920, Warszawa.

Polski Komitet Opieki nad Dzieckiem, "Deklaracja Praw Dziecka" w Tworczosci Dziciecej, 1928, Warszawa.

M.Grzegorzewska, O dzieciach, ktore wymagaja specialnei opieki, Warszawa, 1928.

W.Szenajch, Mysli Przewodnie o organizacji opieki nad dziecmi w Polsce, Warszawa, 1945.

M.Balcerek, Rozwoi opieki nad dzieckiem, Warszawa 1978.

Ryszad Wroczyński, Dzieje oświaty polskiej 1795-1945, Warszawa, 1980.

R.Segit, O powrot do mysli pedagogicznei z przelomu wiekow XIX i XX, Od pedagogiki ku pedagogii, pod .red.E.Rodziewiczi M.Szczepskiej-Pustkowskiej, Torun 1993.

Czesław Miłosz : Czesław Miłosz o Januszu Korczaku《Ruch Pedagogiczny》1998, nr 3/4.

K.Batnicka, I.Szybiak, Zarys historii wychowania, Warszawa, 2001.

Cz.Kustra, Powsciagliwosc i praca w wychowaniu czlowieka, Torun, 2002.

D.Kaluzniak, Gneza opieki nad dzieckiem i higiena wychowawcza na przelome XIX i XX wieki, 《Przeglad Historyczno-Oswiatowy》 nr.3-4, 2001.

## Ⅱ. その他本書の研究資料

〈子どもの権利史（ジュネーブ宣言の成立、SCIU の活動などの成立に関して）〉

喜多明人、世界の児童憲章（『立正大学人文科学研究所年報』第 21 号 1983 年）、
同「現代子ども法の法原理と課題」『教育法学の現代的課題』日本評論社、1984 年、
同『新時代の子どもの権利』エイデル研究所（1990 年）、
同「実践的子ども権利学」への道（『子どもの権利研究』創刊号所収、日本評論社 2002 年、
同『子どもの権利条約ガイドブック』所収関連論文（『子どもの権利研究』18 号 2010 年、
同『子どもの権利 次世代につなぐ』エイデル研究所、2015 年。
森田明「少年法手続きにおける保護とデュープロセス――比較史的考察」『憲法学の展望』、1991 年
森田明彦「エグランティン・ジェブとジュネーブ子どもの権利宣言」『子どもの権利条約ガイドブック』
（『子どもの権利研究』第 18 号）、2011 年

Kate Douglas Wiggin, Children's Rights. A book of nursery logic, By K.D.Wiggin and Nora Smith, Boston ; New York : Houghton & Co. 1892. (reprinted)

E.Fuller (Ed.), An International Yearbook of Childcare and Protection, London, 1924.

Eglantyne Jebb, Save the child! : a posthumous essay, by Eglantyne Jebb, 1929.

Save the Children Fund《World's Children》1935, No.12.

United Nations Economic and Social Council, E / CN.5 / 111, 8 March 1949.

E.Chanlett, G.M.Morir, Declaration of the Rights of the Child,《International Child Welfare》, vol.22, 1968.

M.Balcerek, Prawa dziecka, Warszawa , 1986.

M.Balcerek, Miedzy-narodowa ochrona dziecka, Warszawa. 1988.

Philip E.Veerman, The rights of the child and the changing image of childhood, Dordrecht, Boston, 1992.

Patria T. Rooke, R.L.Schnell, Internationalizing a discourse : "Children at risk", The child welfare committee, and the League of Nations (1922-38),《New Education》, 1992, Vol.14, No.1.

Hugh Cunningham, "The rights of child from the mid-eighteenth to the early twentieth century" 《Aspects Education》50 (1994).

Patria T. Rooke, R.L.Schnell, "Uncramping child life" : International children's organisations, 1914-1939, Inter-national health organisations and movement, 1918-1939.ed.by Paul Weindling. Cambridge, 1995.

Edward Dickinson, The Politics of German Child Welfare from the Empire to the Federal Republic (Harvard Historical Studies) 1996.

Dominique Marshall, The construction of children as an object of international relations : The Declaration of Children's Rights and the Child Welfare Committee of League of Nations, 1900-1924《The International Journal of Children's Rights》, Vol.7, 1999.

Jorge Rojas Flores, The rights of the child in Chile : an historical view, 1910-1930 (Los derechos del nino en Chile : una aproximacion historica, 1910-1930,《Historia (Santiago)》vol.3 no.santiago, 2007 ; http://socialsciences.scielo.org/scielo. php?pid=S071771942007000100002&script=sci_arttext.

Lara Bolzman, The advent of child rights on the international scene and the role of the Save the Children International Union 1920-45.《Refugee Survey Quarterly》Vol.27, No.4. (2009)

Clare Mulley, The woman who saved the children : a biography of Eglantyne Jebb founder of Save the Children, Oneworld, 2009.

Urszula Anna Domżał, Międzynarodowa współpraca w zakresie opieki nad dzieckiem(1918-1939) na podstawie publicystyki w II RP, 2009.

Children's Rights : Progress and Perspectives, Essays from the International Journal of Children's Rights, Edited by Michael Freeman. 2011, Leiden-Boston.

M.Liebel, Children's Rights from Below : Cross-cultural perspectives, Basingstoke : Palgrave Macmillan, 2012.

Hugh Cunningham, Children and Childhood in Western Society since 1500, 2-nd Ed, (2005, 1-st ed.1995). (邦訳ヒュー・カニンガム著・北本正章訳『概説子ども観の社会史』新曜社、2013 年)

Waltraut Kerber-Ganse, Eglantyne Jebb-A Pioneer of the Convention on the Rights of the Child, 《The International Journal of Children's Rights》, Volume 23, Issue 2, 2015.

Handbook of Children's Rights : Global and Multidisciplinary Perspectives, Ruck, Martin D. (EDT) / Peterson-badali, Michele (EDT). Freeman, Michae, 2017, Newyork and London etc.

http://www.thomas-spence-society.co.uk/rights-of-infants/The Rights of Infants by Thomas Spence

〈ロシア、ヴェンツェリと子どもの権利・児童保護〉

В.М.Сорокин, Охрана детства, 1893, СПб.

Я.А.Кантрович, Законы о детьях, СПб.,1899.

Т.О.Зейлигер, Публичная охрана детей в современном прав, Труды первого всероссийского съезда по семейному воспитанию, том 2, СПб., 1914, стр.519.

П.И.Люблинский, Первый международный съезд по охране детства в Брюсселе,《Вестник Воспитания》1913, №6, стр.1-41.

Петроградское общество грамотности, Доклады, прения и постановления второй секций, 1-Всероссийского Съезда по вопросам народного образования, 1915, Пг., стр.102-3.

М.Левитина, Права детства,《Свободное Воспитание》, 1913-1914г.№7, стр.63.

К.Н.Вентцель, Освобождение ребенка, (1906), http://anarhia.org/forum /viewtopic.php?f

К.Н.Вентцель, Борьба за свободную школу (1906), http://anarhia.org/forum/ viewtopic. php?f=92&t=29066

Кружок СВОД,К.Н.Венцель, Уничтожение Тюрем, под ред. На устройство деткого дома, М., 1917.

К.Н.Вентцель, Провозграшение декларации прав ребенка,《Свободное воспитание и свбодная школа》, 1918, №1-3, стр.69-78.

Декларация прав ребенка (Кружка свободного воспитания и образования детей) 《Народный Учитель》, 1918, №9,4-5.

И.В.Синова, Жестокое обращение с детьми в России на рубеже XIX-XXвв.,《Педагогика》, 2007, No.3.

Жизнь и педагогика Константина Вентцеля,ред.-сост.Г.Б.Корнетов, 2007, М.

M.Boguslavsky, Konstantin Nikolayevich Ventsel: Advocate for the rights of free children, 《Russian-American Education Forum : An Online Journal》, 2012, Volume:4, Issue : 3, Dec.15, http://www.rus-meeduforum.com/content/en/task=art&article=1000940&iid=13

M.Liebel, The Moscow Declaration on the Rights of the Chilld 1918,《The International Journal of Children's Rights》, 2016, Vol. 24, Issue 1, pp.3-28.

〈その他本研究関連邦語文献・論文〉

小野寺信・小野寺百合子『児童の世紀』冨山房百科文庫 24、1974 年
野沢正三「倉橋惣三と児童保護論」『社会問題研究』25 巻、1975 年
堀尾輝久「世界の教育運動と子ども観・発達観」『子どもの発達と教育 2』岩波講座、1979 年
村田孝次『現代心理学の歴史』培風館、1986 年
クラパレード・原聡介・森田伸子『機能主義教育論（世界新教育運動選書 21）』明治図書、1987 年
見市雅俊「栄養・伝染病・近代化」『社会経済史学』53（4）1987 年
原聡介「新教育理論の人間観的基礎、ケイの優生思想」『新教育運動の理論』明治図書、1988 年
荒川智「新教育運動の基本的諸相、障害児教育運動との関係で」『新教育運動の生起と展開』明治図書、1988 年
山田政信「ストリートチルドレンに見る『取り込み』と『排除』の論理──ブラジル 1927 年未成年法制定の思想的背景とその展開」（上谷博、石黒馨編『ラテンアメリカが語る近代』）世界思想社、1988 年
ミシェル・ペロー『フランス現代史のなかの女たち』日本エディタースクール出版部、1989 年
村田孝次『発達心理学史』培風館、1992 年
高島進『社会福祉の歴史』ミネルヴァ書房、1995 年
辻村みよ子「人権の観念」『講座・憲法学（第 3 巻） 権利の保障』日本評論社、1994 年
松居直『絵本・ことばのよろこび』日本基督教団出版局、1995 年
マイケル・ベーレンハイム『ホロコースト全史』創元社、1996 年
藤原哲也「革新主義時代の母子保護運動」『広島大学 欧米文化研究』1997 年第 4 号
井上洋子他『ジェンダーの西洋史』法律文化社、1988 年
林信明『フランス社会事業史研究』ミネルヴァ書房、1999 年
浜林正夫『人権思想の歴史』吉川弘文館、1999 年
米本昌平・松原洋子『優生学と人間社会』講談社現代新書、2000 年
松原洋子「優生学の歴史」廣野義幸他編『生命科学の近代史』頸草書房、2002 年
喜多明人「実践的子ども権利学」への道『子どもの権利研究』創刊号、日本評論社、2002 年
梶田昭『医学の歴史』講談社学術文庫、2003 年
中川明「子どもの権利をどうとらえるか：保護と自律のはざまで」『明治大学法科大学院ローレビュー』2（3）2006 年
岡部造史「19 世紀フランスにおける慈善児童保護事業：1881 年孤児院調査を手がかりとして」2007 年
中野智世「乳児死亡というリスク」（川越修他『生命というリスク』）法政大学出版局、2008 年
藤川信夫「優生学から見た子ども」（小笠原道雄編『進化する子ども学』）福村出版、2009 年
岡部造史「19 世紀末から 20 世紀前半のフランスにおける民間児童保護事業」2009 年
乙訓稔『西洋現代幼児教育思想史』東信堂、2009 年
篠原初枝『国際連盟』中公新書、2010 年
ジョン・E・B・マイヤーズ『アメリカの子ども保護の歴史』明石書店、2011 年
大江洋「子どもの権利を問うこと」愛敬浩二編『講座人権論の再定位 2 人権の主体』法律文化社、2010 年
藤原辰史『カブラの冬』人文書院、2011 年
山越裕太「国際保健衛生分野の制度形成と感染症：国際連盟規約起草過程の事例から」『コスモポリス』上智大学紀要、2011 年 No.5
柴田千賀子「保育者の『子ども観』に関する 1 考察──J. コルチャック『孤島の王様マチウシ』を題材に」（平成 23 年度福島大学大学院人間発達文化研究科修士論文）、2011 年
ジュール・ヴァレス『子ども（上）（下）』（岩波文庫）、2012 年
天野知恵子『子どもたちの近現代史』山川出版社、2013 年
ティラー・J・マッツェオ『イレナの子供たち』東京創元社、2019 年

〈コルチャック関連絵本・DVD など〉
　カーリン・ストッフェルス『モイシェとライゼレ』未知谷、2002 年
　井上文勝『子どものためのコルチャック先生』ポプラ社、2010 年
　トメク・ボガツキ『コルチャック先生　子どもの権利条約の父』講談社、2011 年
　イヴォナ・フミェレフスカ『ブルムカの日記』石風社、2012 年
　フィリップ・メリュ『コルチャック先生　子どもの権利を求めて』汐文社、2015 年
　タミ・シェム『ぼくたちに翼があったころ　コルチャック先生と 107 人の子どもたち』福音館、2015 年
　DVD　アンジェイ・ワイダ監督『コルチャック先生』（販売）紀伊国屋書店

**塚本智宏**（つかもと ちひろ）

1955 年生。北海道大学大学院教育学研究科博士課程修了　教育学博士。稚内北星学園大学・名寄市立大学を経て、東海大学札幌キャンパス教授。専攻は、ロシア・ポーランド教育史・子ども史研究。近代教育史研究が出発点であるが、近年は近現代の子ども権利史に関心をもっている。

最近の著書・論文・研究テーマなど
『コルチャック　子どもの権利の尊重』子どもの未来社、2004 年
「コルチャックの子どもの権利思想の展開とジュネーブ宣言」
「1924 年ジュネーブ宣言の成立と子どもの権利──E. ジェブと子どもの権利宣言」
「20 世紀初頭ロシア・ヴェンツェリの子どもの権利宣言とその背景」
「コルチャック先生と子どもの権利」『子どものしあわせ』694-710 号
『子どもにではなく子どもと─コルチャック先生の子育て・教育メッセージ─』かりん舎、2018 年

デザイン　　松田志津子
編　集　　堀切リエ

## コルチャックと「子どもの権利」の源流

2019 年 6 月 3 日　第 1 刷印刷
2019 年 6 月 3 日　第 1 刷発行

著　者　塚本智宏
発行者　奥川　隆
発行所　子どもの未来社
　　　　〒 113-0033 東京都文京区本郷 3-26-1-4 F
　　　　TEL 03-3830-0027　FAX 03-3830-0028
　　　　E-mail：co-mirai@f8.dion.ne.jp
　　　　http://comirai.shop12.makeshop.jp/
振　替　00150-1-553485
印刷・製本　モリモト印刷株式会社

©2019　Tsukamoto Chihiro Printed in Japan
＊乱丁・落丁の際はお取り替えいたします。
＊本書の全部または一部の無断での複写（コピー）・複製・転訳載および磁気または光記録媒体への入力等を禁じます。複写を希望される場合は、小社著作権管理部にご連絡ください。

ISBN978-4-86412-156-9　C0037　NDC371

負の遺産を現代アートで残すヨーロッパを観てみよう!

## 「ホロコーストの記憶」を歩く
### 過去をみつめ未来へ向かう旅ガイド

**NDC230**　A5 判
定価 1,200 円＋税
中学生〜一般　石岡史子　岡 裕人・著
ISBN978-4-86412-109-5

現代アートと様々な記念碑を遺すヨーロッパの街を参考にしながら、今なお続く差別や暴力、紛争にどう向き合えばよいのか考える。

絵本を開けばリアルに伝わる。貴重な資料が満載!

## 戦時下の絵本と教育勅語

**NDC210**　A5 判
定価 1,500 円＋税　中学生〜一般
山中　恒・著　ISBN978-4-86412-126-2

戦時下の絵本の根底に流れる教育勅語の精神を、『ボクラ少国民』の山中恒が、豊富な絵本資料を見せながら解説。戦時、絵本研究、教育者、子どもにかかわる人たち皆の必読書。

マンガの神様が描く平和の願い
# 手塚マンガで憲法九条を読む

**分類・社会・憲法**

**NDC323**　A5 判
定価 1,500 円＋税
小学校高学年〜一般
手塚治虫／小森陽一・解説
ISBN978-4-86412-135-4

手塚治虫の永遠のテーマ「命の尊さ」が貫かれた珠玉の 7 編を収めました。未来を見つめ続けた確かな眼差しが、憲法九条を問い直す。各紙絶賛、話題の書。

宮沢賢治研究会・赤田秀子氏推薦！ **全3巻**

## 版画絵本 宮沢賢治

どんぐりと山猫
注文の多い料理店
光村図書 国語の教科書で紹介！
オツベルと象

**日本の名作**
**NDC913**
揃定価 4,800円＋税（分売可）
小学校中学年〜一般
宮沢賢治・文
佐藤国男・画
A4 横判
ISBN978-4-901330-74-9

日本図書館協会選定図書

好評のシリーズ第2弾！ **全3巻**

## 続・新判 版画絵本 宮沢賢治

セロ弾きのゴーシュ
よだかの星
雪渡り

**本の名作**
**NDC913**
小学校中学年〜一般
文・宮沢賢治・文
画・佐藤国男・画
A4 判
揃定価 5,000円＋税（分売可）
ISBN978-4-86412-094-4

版画だからこそ描きだせる宮沢賢治の世界。子どもたちに賢治とのすばらしい出会いを贈ります。